テキスト経営・人事入門

宮下　清［著］

創成社

はしがき

　経営学は新しい社会科学とみられていますが，関連する商学と併せて捉えれば，かなり伝統のある学問とも言えます。1960年代からの経済成長により，日本社会におけるビジネスや企業活動が活発になったことから，経営学の重要性は高まりました。今日では，経営学は現代人の教養というほど，そのプレゼンスは増してきています。対象とする企業経営やビジネス活動の社会的役割が増大すれば，経営学学習の需要が生じ，学習者は増え，経営書が広く読まれるようになったことは当然のことでしょう。

　経営学の特徴は，実践的かつ学際的であることとされています。それはビジネス現場の事象や活動を考察・検証することから経営学が始まり，関連する学問の成果を生かしての解釈や理論形成が図られてきたためです。そうして発見された事実や策定された理論や考え方がビジネス現場での問題解決に役立つのなら，それこそが最も意味のある経営学の存在意義と言えるでしょう。

　この『テキスト経営・人事入門』は，主に大学などで経営学を学ぶための教材（テキスト）として執筆されたものですが，学生のみならず，企業など組織で働くビジネスパースンや社会に関心を持つあらゆる方々に読んで頂くことを想定しています。そうした学習を通して，経営学とりわけ組織・人材マネジメントについての理解を深め，現在や将来の仕事にも役立てて頂くことを目指しています。そのためには，理論と実践をつなぐ役割を果たせるテキストであることが理想です。

　読者の皆さんの多くは学生であり，経営者や管理職の経験はもとより，企業やビジネスの現場で働いた経験はほとんどないかもしれません。また皆さんは，経営の学習は将来，就職してから関連するもので，今すぐ役立つことはないと思っているかもしれません。しかし，そのようなことはありません。なぜなら，皆さんはこれまでも，そして今も人間社会を生きているからです。学校

や地域社会にもビジネス職場と共通する組織や制度があり，そこで他の人たちと共に目的を達成しようとする組織での仕事を経験してきているのです。

　さらに，自らの将来を見据えて，自身を成長させる上で，経営学には多くの有益な知恵が含まれています。キャリアを考え，それを実現させていくことは，経営資源を整え，それを活用していく経営学・マネジメントと共通する部分が少なくありません。自分という人的資源を活かし，育成していくことも，経営・人事の対象となります。自分や所属する組織，地域やそれを取り巻く社会をみると，ビジネス活動は職場，部門，企業組織から国際ビジネスまでつながっていることがわかります。ですから，経営学や人事管理は就職して何年も経って管理職にならないと役立たない，という学問ではないのです。

　企業の経営者や管理職の多くは人材の重要性をよく認識していますが，人事管理の側面だけでは，経営活動の実現に果たせる役割は限られています。賃金や人事評価のような人事管理のハード面だけでは，組織の能力を最大限に活用することは難しいからです。人が集まる組織では，組織の目的，企業文化，メンバーの達成意欲，リーダーシップ，コミュニケーション等は人々に影響力を持ち，組織活動に重要な働きをしています。組織管理では人材のソフト面をも考慮することが求められ，それらを加味することで経営活動はうまく動いていくのです。

　本テキストの特徴としては，次の3つがあげられます。まず本書は組織と人材を主に扱う経営学・マネジメントのテキストであり，人事管理，組織管理，経営学，マネジメント論を取り上げています。そのような専門領域を1冊のテキストで統合しカバーしていることが本書の第一の特徴となっています。

　次に，経営・ビジネスの事象を経営学・人事管理の枠組みにそって，実践的にかつわかりやすく説明していることが本書の第二の特徴です。理論的でオーソドックスな経営学・人事管理の枠組みは堅持しながら，高度複雑な現代の経営やビジネスの諸問題を実践的に取り上げて論じています。また，わかりにくい箇所にはできるだけ図表，事例，論者が提示されていることで，大学や短大の初学者から大学院の経営学専攻生までの学習に役立つ内容になっています。

　さらに各章末のコラムではその章で取り上げた重要な概念や用語に関連する

調査結果や企業事例が紹介され，理論と実践の橋渡しをしていることが本書の第三の特徴となっています。このように，本書は経営学，組織と人材管理を統合していること，実践的で平易な解説が行われていること，最新の調査結果や事例が紹介されていること，以上3つの特徴を有する新しい経営学テキストとして誕生しました。

　この『テキスト経営・人事入門』のベースとなる人事管理を中心とした経営学テキストの執筆を始めたのは2008年末のことでした。その当時にはすでに15年以上の経営学・人事管理の授業を経験し，多くの授業ノートが書き留められていました。しかし，そこから本書の完成までには5年近くもの年月がかかってしまいました。それは1冊の本にまとめるというテキスト作成の具体的な計画がなかったためでした。自主的で任意な執筆計画，締切りの決まっていない仕事で筆が進まないまま，数年が経過していました。

　そんな中，執筆計画が具体化したのは，創成社の西田氏のおかげです。2011年頃から同氏による辛抱強いサポートを頂き，ようやく執筆が進みだし，約2年半で原稿は完成しました。ここに記して感謝の意を表したいと思います。

　筆者がこのような図書を出版し得たのも，これまでに多くの方々から頂いたご指導のおかげです。とりわけ，自由が丘産能短期大学学長の森脇道子先生，目白大学（産業能率大学）教授の森田一寿先生，横浜国立大学名誉教授の故稲葉元吉先生には多くのご教示を賜り，感謝を申し上げます。また勤務先をはじめ，研究や教育を通して，お世話になった教職員，学生，受講生の皆様方にはあらためて御礼を申し上げます。

　最後に私事になり恐縮ですが，本書を米寿を迎える父・宮下博に，そして入院生活を余儀なくされる母・ふじよに捧げることをお許しください。

2013年8月23日

宮下　清

目　次

はしがき

第 1 章　経営・戦略・人事 ──────── 1
1．経営・人事をめぐる環境 ……………………1
2．外部環境と内部環境 ……………………4
3．経営戦略と人事戦略 ……………………7
4．人事管理の機能と管理者 ……………………12
5．人事管理のプロセス ……………………14
6．戦略的人材経営モデル ……………………17

コラム 1　現代日本企業の「企業経営課題」　20

第 2 章　組織とモチベーション ──────── 25
1．動機づけ ……………………25
2．内容理論 ……………………26
3．プロセス理論 ……………………30
4．組織の動機づけ施策 ……………………34

コラム 2　モチベーションを向上させる企業事例　36

第 3 章　経営とリーダーシップ ──────── 41
1．リーダーシップとは ……………………41
2．リーダーシップの研究（Ⅰ） ……………………43
3．リーダーシップの研究（Ⅱ） ……………………46
4．リーダーシップの源泉 ……………………50
5．マネジメントとリーダーシップ ……………………52

6．リーダー育成と成果志向リーダーシップ............56
　　コラム3　リーダーシップを開発する外資系企業　59

第4章　組織文化と組織開発 ────── 62
　　1．組織文化（organizational culture）............62
　　2．組織開発............67
　　3．組織の活性化............71
　　コラム4　企業風土改革を進める企業事例　75

第5章　知識創造と人材 ────── 78
　　1．ナレッジマネジメント............78
　　2．知識資産とナレッジマネジメント............83
　　3．知の創造を行う人材............85
　　4．ナレッジマネジメントと人事管理............88
　　コラム5　現場知を重視する企業の事例　92

第6章　人材育成と教育訓練 ────── 96
　　1．人材育成の概念と歴史............96
　　2．経営と人材育成............99
　　3．人材育成のプログラムと方法............102
　　4．日本企業での人材育成............105
　　コラム6　先進企業の人材育成とは　110

第7章　人事管理とHRM ────── 113
　　1．人事管理とは............113
　　2．人事管理の意義............116
　　3．人事管理の定義と組織............119
　　4．人事管理の発展............122
　　5．現代人事管理の展開............124

コラム7　「人事部」の名称が消える　126

第8章　採用・配置・異動 ── 128
1．雇用管理 ── 128
2．採　用 ── 132
3．配置・異動 ── 136
4．雇用調整・形態 ── 140
5．人材ポートフォリオ ── 142
6．異動に関わる制度 ── 146

コラム8　インターンシップ参加の成果とは　148

第9章　昇進昇格と人事制度 ── 151
1．昇進マネジメント ── 151
2．日本企業の昇進パターン ── 156
3．職能資格制度 ── 157
4．管理職・専門職制度 ── 159
5．複線型人事制度 ── 160

コラム9　昇進・昇格の現状と課題　164

第10章　職務評価と人事考課 ── 167
1．職務評価 ── 167
2．人事考課 ── 170
3．コンピテンシー ── 173
4．成果主義 ── 176
5．目標管理 ── 178
6．目標管理による成果主義の展開 ── 179
7．多面評価 ── 181

コラム10　多面的評価制度とその活用　182

第11章　賃金と報酬の制度 ── 185

1．賃金管理と報酬管理 ……………………………………… 185
2．賃金の決定 ………………………………………………… 186
3．賃金体系 …………………………………………………… 188
4．代表的な賃金体系 ………………………………………… 191
5．年俸制 ……………………………………………………… 192
6．賞　与 ……………………………………………………… 194
7．退職金 ……………………………………………………… 195

コラム 11　リーマンショック後の賃金・人事制度改定　197

第12章　国際人事管理 ── 200

1．国際経営と人事管理（HRM）……………………………… 200
2．多国籍企業の国際戦略モデル …………………………… 204
3．グローバル人材育成と組織学習 ………………………… 211
4．日米欧企業にみるグローバル人材育成 ………………… 215

コラム 12　グローバル企業の人事制度と組織　220

索　引　223

第1章 経営・戦略・人事

> **キーワード**
> 外部環境，内部環境，経営システム，経営戦略，人事戦略

1．経営・人事をめぐる環境

（1）環境と経営

　企業経営には経営戦略，資金や人材など経営資源をはじめとする内部要因と多くの外部要因が関連している。経営管理や人事管理に影響を与える社会環境には多様なものがあるが，代表的なものとして，景気，貿易，金利などの経済，行政や国の施策などの政治・法律，採用・求人，失業率などの労働市場があげられる。製品やサービスをはじめとする当該企業の業績や経営戦略，経営計画も企業の経営・人事管理を決める重要なものである。

　企業をオープン・システム（開放体系）として捉えることで，企業にとって最善の経営・人事管理とは固定的なものではなく，環境や経営によって，そのあり方が決まってくる。人事管理に限らず，それぞれの管理や実行に至るプロセスは，図表1-1に示される通りである。これによると，企業の存在意義や方向性を示す普遍的かつ抽象的な経営理念（哲学）から，経営目標，経営戦略，計画と次第にブレークダウンされ，最終的には日々の計画と業務そのものと具体化される。

図表1－1　経営から実行へのプロセス

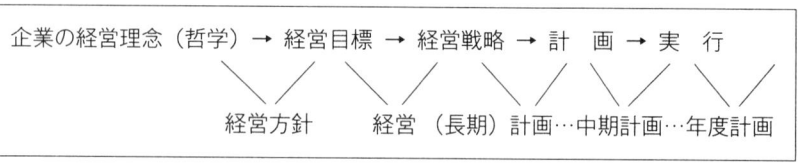

出所：筆者作成。

（2）HRMシステム

　人事管理は人事管理システムまたはHRM（人的資源管理）システムと称されることもあるが，そのような場合は企業内外の環境や組織の要素などに注目し，それらとの関係やプロセスが考慮されていることが多い。そうした関連要素の影響や関わりは常に生じているため，人事管理やHRMにシステムを付加して称することもできる。

　そのため，人事管理，経営管理のことを人事管理システム，経営管理システムと称することもできるが，それらを考慮した上で，通常はシステムの部分が省略されていると考えることが妥当であろう。人事管理システムは経営管理システムとつながり，企業システムの中の一部分となっている。そして人事管理システムには，採用，評価，教育などのサブシステムがその中に含まれている。

　同じ国や同じ地域にある企業にとって，外部環境のかなりの部分は共通と考えられるが，個々の企業にとって環境のそれぞれの要素が持つ意味は異なる。例えば，地域，規模，業種が同様な競争企業であれば，外部環境が与える影響はほぼ同様なはずだが，使われている人事管理システムの内容は異なるかもしれない。

　それは個々の企業はそれぞれの経営理念・ミッションから，独自の経営戦略を策定しているためであり，そこから派生する各企業の人事管理システムは相当異なる可能性がある。事業に対して同様な戦略が取られていたとしても，長期雇用を奨励する企業であれば賃金が年功的であったり，教育制度が充実している等，異なる人事管理が取られていることも考えられる。

ここでは，経営システムにつながるシステムとして人事管理システム，さらにそのサブシステムとしての報酬システム・教育システムなどがあるとの体系を確認しておきたい。

（3）資源の投入と成果

人事管理やHRMをシステムと捉えるためには，インプットとして投入される能力や努力，エネルギー，時間に対して，どのようなアウトプットとしての成果が得られるかを考える必要がある。図表1－2に示されるように，まず「採用」によって人材という資源が投入される。続いて，職場に人材を受け入れることで，そこでの風土や秩序，管理や教育訓練を通して，人材が変化を遂げることになる。これは組織の目的を達成するために，人材の意識，意欲，能力を向上させることを意味する。

その結果，人材の持つ能力，意欲，満足度などが向上するという成果が産出される。これは仕事の成果にも直結するだろうが，ここでは人材の面からみているため，このようなアウトプットを評価対象としている。そして最後には，そうした人材の成果を評価していく。ここで思ったような成果が得られない場合には，その原因を分析し，今後の修正につなげていくことになる。

図表1－2　人事管理システムのプロセス

材料・素材の投入（インプット）	→	目的による変換（スループット）	→	一定の成果を産出（アウトプット）	→	制御・調整（コントロール・アジャスト）
人的資源（採用）	→	変換された従業員（管理，秩序，育成）	→	HRMの成果：従業員の持つ職務能力，帰属意識，労働意欲，満足度	→	評価，原因分析から修正

出所：筆者作成。

つまり，成果が目的に対してどの程度達成されているかを評価し，達成されていない場合はその原因を分析・検討し，その不適切な点を制御・調整してい

く循環プロセスである。このような，投入 → 変換 → 産出 → 制御・調整にわたる全プロセスが「複合的統合体」としての「人事（労務）管理システム」となる。

2．外部環境と内部環境

（1）外部環境と内部環境について

　企業経営に関連する環境とは，従来考えられていた政治経済を中心とする社会環境に留まらず，自然環境などを含め，かなり広範囲のものがその対象と考えられる。企業の外部と内部に分けて環境を考える場合，法律や為替レートなど外部環境は企業が直接統制できない企業外の要因であるのに対し，内部環境は自社の商品，財務，人材など企業内で直接統制が可能な要因である。

　外部環境には，政治経済などの社会的要因，歴史・宗教などの文化的要因，科学・技術などの技術的要因があげられる。近年では温暖化対策など地球環境の問題が大きくクローズアップされ，CO_2 などの排出規制が経営戦略を決定付けることもある。また 2011 年 3 月 11 日の東日本大震災により未曾有の大地震と大津波，さらには原発による被害が生じているように，自然災害をきっかけにした環境への影響も多大なものとなる。日頃から商品・サービスの生産と販売数量，国際貿易収支，株式市場などにみられる外部環境は企業経営に直接的かつ多大な影響を与えている。

　内部環境としては，該当企業の経営理念，組織文化，経営目標といった経営の根幹部分がまずあげられる。続いて，経営戦略，組織構造，管理者のリーダーシップ，従業員のモチベーションといった経営管理のさまざまな施策や活動も重要な内部環境の要因となる。さらに内部環境を構成する具体例としては，企業の財務水準，従業員数や平均年齢，経験・技術・知識，商品開発力，生産能力，品質水準など多くの内部環境の要因があげられる。

図表 1 - 3　外部環境と内部環境

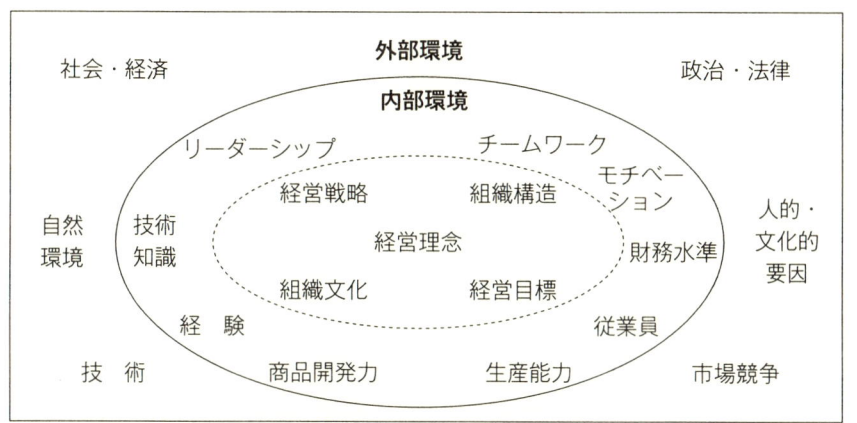

出所：W. L. French（1994）を参考に筆者作成。

　　外部環境―企業外の経済・市場・政治・法律・文化などの変化であり，統
　　　　制できないものがほとんどである。
　　内部環境―経営理念，組織風土，金銭的資源，技術資源，組織構造，従業
　　　　員の意欲（モチベーション）など，特定企業内の要因であり，
　　　　統制できるものである。

（2）外部環境に含まれるもの

・社会動向

　　国民意識，行政，法的規制，文化，人口，年齢構成，出生率，人事管理を
　　規制する法規：労働三法―労働基準法，労働組合法，労働関係調整法など

・経済動向

　　経済政策，経済状況，国際貿易，為替，金利，国民所得，株式市場，経済
　　成長，経済規模，景気指標（経済的要因）

- 企業環境
    決算，売上高，市場，技術，新商品（技術・市場）

- 労働環境
    賃上げ率，労働時間，雇用状況，失業率，労働関連法規，労働市場（経済的要因・市場）

- 経営理念と組織文化
    創業者の遺志，社是・社訓，経営哲学，経営者の理念，管理職の意識，社風，組織風土，組織（企業）文化，共通する価値観など

- 経営資源
    資本・資金（金銭的資源），不動産，工場，事業所，生産設備，技術・ノウハウ

- 従業員
    従業員数，年齢層，勤続年数，学歴，職務経歴，労働時間，研修受講歴，満足度意欲，キャリアプラン，給与

- 経営戦略
    どのような戦略を取るかによって，内部環境は異なる

- 組織構造
    どのような組織を構築するかによって，内部環境は異なる
    日本経済の変化 → 社会・技術・法規・意識など諸要因の変化 → 人事管理の変化

　それぞれの外部・内部環境が，戦略，組織，HRM（人材マネジメント），個人に対して，どのような影響を与えるか。変化に対する的確な対応，対策につ

いて考えてみることは有意義であろう。

3．経営戦略と人事戦略

（1）経営戦略の意味
　経営戦略とは，チャンドラー（Chandler, 1967）による定義では「企業の長期的な目標（方向性）の決定と目標達成のための進路選択，資源配分の決定」とされている。すなわち経営戦略は，企業が自らの事業分野（ドメイン）を設定し，どの方向へ向かうか，その進め方を示す企業の作戦，羅針盤ともいえる。そして大切なことは，経営戦略は環境と組織との相互関係の中で策定されることである。
　これは「戦略が先か組織が先か」という命題とも関連する。ある一定の環境下にあっても，すべての会社が同じ方向に進むわけではない。そこには企業（経営者）の意思があり，どの方向へ行くかが決まってくる。例えば，これからは中国市場と携帯電話事業が有望だからと言って，どの企業も中国での携帯電話事業に進出するわけではない。
　さらに，そうした環境や意思があっても，経営戦略の実現のためには，その企業の持つ組織能力が重要となる。市場で生き残るための技術やノウハウ，ネットワーク，そして人材といった組織の総合力を評価し，最も有効な方向や方法を探り，取り組むことになる。そうしたプロセスを経て，戦略の実現可能性を高めることができる。

（2）経営戦略の階層
　経営戦略についてはどのような戦略を策定するか，その内容が最も重要であるが，組織のどの範囲を対象にするかという組織階層からのアプローチも考えられる。いわゆる全社戦略や部門戦略という区分けである。経営戦略とは企業ごとに策定されるものであり，一般に経営戦略と言うと全社戦略のことが想定される。つまりは全社レベルでの方向性やどの事業で戦うかというドメインを定める戦略となる。このようなドメイン戦略では，事業領域や環境との相互作

用が重要となる。

　次に特定の製品や市場セグメントでの戦略であれば事業戦略ということになる。これは競争戦略が主に想定しているもので，競合他社（ライバル企業）と比較してより高い能力（競争力）を獲得することを重視している。さらに経営資源の生産性を最大限に高めることで独自能力の構築を目指す機能別戦略もある。それらは人事，財務，生産，技術，購買など多くの機能や分野で考えられる。

　高い競争力や組織能力を構築するためには，企業の有形無形の経営資源を独自能力と捉え，その獲得，蓄積，配分を考えなければならない。さらにこうした独自能力を活かす資源戦略に加えて，採用戦略，育成戦略などサブシステムを扱う人事の下位戦略も重要な役割を果たしている。

（3）全社戦略と人事戦略

　人事管理が人的資源管理（HRM）や戦略的人的資源管理（SHRM）に変遷しているとされるが，それを裏付けるように，人事機能や人事部の役割にも変化がみられる。従来は，人事部は給与計算など従業員に対するサービス部署とされていた。しかし今日ではサービスという定型業務だけでなく，どれほど新たな付加価値を生み出せるかが重要とされている。これは，アメリカを中心とする欧米での人的資源管理の捉え方（ウルリッチ）であり，人事部門が従来の固有業務の枠を超えて，企業戦略に関わるなど，全社的な視点や理解が求められている。

　一方，伝統的な日本企業の人事部は，採用はもとより，その後の異動，評価，育成などにおいて，全社的に人材を掌握して人事管理を実施するため，組織の中心という位置付けがなされてきた。昨今ではグローバル経営の影響により，人事職務のアウトソーシングや部門別の人事などが進み，人事部の位置付けは低下しているとの見方もある。しかし，欧米企業における人事管理は戦略的になり，重視されてきている。

　人事管理や人事部の機能が，これまで以上に重要な役割を果たすためには，アメリカで主張されているように，従来の職能部門の枠組みを超えた知識や発

想が求められる。これは人事専門家などのスペシャリストとしてのキャリアが一般的であったアメリカ企業においては，ゼネラリスト的な人材育成を求めるものである。戦略的な人事機能の実現により，組織や戦略に変化がもたらされる可能性がある。

　人事部はライン管理者にとってのコンサルタントとして，事業戦略をより高い立場で評価し，その実現に向けての相談にのる。また，キャリアを考える従業員にとっては，どのような方法や計画で実現を図るかといったアドバイザーとしての役割を果たすことになる。

　このような人事戦略を全社的に実現するためには人事戦略が（全社）戦略と連動していることが必要である。そして，そのような戦略を実行するためには，人事部門のみならず，トップの理解，ライン部門の支援，自律した従業員の協力が求められる。評価のフィードバック，情報開示と同様，ライン管理者や関係者とのコミュニケーションがいかにうまく取れるかが重要となる。このような戦略的な人事機能や人事戦略を成功させるには中長期的な視点に立ち，組織内の複数部門を経験するといったジョブ・ローテーションを通した人材育成が有効なのである。

（4）人事戦略の先駆的企業

　先駆的な人材戦略を有する企業として，長い間，高い評価を得てきた企業の1つはGE（ゼネラル・エレクトリック社）である。同社はエジソンの電球発明以来，アメリカの大企業として長期間，卓越した企業（エクセレントカンパニー）としての地位を保っている数少ない企業としても知られる。

　とりわけ1980年代からは，カリスマ経営者とされるジャック・ウェルチ氏による経営幹部の育成をはじめ経営戦略・マネジメント施策によって称賛され，高い評価を確固たるものとした。GEの他にはHP（ヒューレット・パッカード社），IBM，フォードなどのアメリカを代表する大企業もその人材戦略や人材育成で知られる。

　欧州，日本，そしてアジアにも優れた人材戦略や育成を行ってきた企業はあり，それらはグローバル企業として従来以上に知られるようになってきてい

る。歴史のある英・独・仏・伊などの欧州企業，そして比較的最近注目される北欧，韓国の企業でも人事や人材育成について紹介され，さらに中国，インドの企業でも急速にその経営が知られつつある。

多くの場合，アジアや新興国で発展している企業は米欧のマスコミ，図書・論文などで取り上げられない限り広く知ることは難しい。しかし，業績が好調となれば必ず注目されるようになる。そこで人材戦略や人材育成の優れた点が知られることとなる。

またいったん脚光を浴びた企業であっても，その業績が悪化すると共に，それらの人事戦略や人材育成の名声も消えてしまうことが多い。マスコミの報道としてはそれで構わないが，経営戦略や人事制度を研究対象として捉える場合は，その時代的考証を含めて事象を考察することで意味がある。その時代の現象や関係をできるだけ普遍的な体系や理論構築に結びつけるという姿勢が求められる。

これまで無名の企業であっても高業績を続けたり，他社の業績が落ち込む中で好調を維持したりすると，その理由は何かと注目され，優れた人材戦略の企業として紹介されることとなる。もちろん，それまでにも高い業績をあげ続けてきたということは，優れた経営はよく知られていたのだろうが，経済新聞や専門雑誌，ハーバードビジネススクールのケース教材などとなると，その評価が高まる。リッツ・カールトン・ホテル，ハーレーダビッドソン，サムスン，ノキア等，もちろん各業界のトップ企業であるが，その卓越した経営が広く知られるようになったのは最近のことである。

（5）人事戦略の優れた日本企業

5-1）優れた人事戦略を有する企業の事例

日本には人事戦略や人材育成が優れている企業は多数あり，多くの業界に存在していると考えられる。中小企業にもそうした企業は少なくないであろうが，やはり社会的な影響力や関心が強いことから，製造業の大企業が多くの事例となっている。日本能率協会（2002）がまとめた競争優位を目指す人材戦略をとる企業としては，トヨタ，オムロン，リコー，アサヒビールなどがあげら

れている。刻一刻と時代と状況は変わり，戦略も変化するが，ここでは21世紀初頭の状況における人事戦略の事例をみていきたい。

　2010年，アメリカでハイブリッド車プリウスのブレーキ問題に端を発したリコール問題で，トヨタは高度成長期以来，経験がないほどの大きな壁に直面したように思える。しかし，言うまでもなくトヨタは現代日本を代表する企業であり，昨年破たんしたGMを凌ぎ，生産販売の規模でも世界一の自動車企業としての名声を確立している。トヨタは生産，品質，販売をはじめさまざまな分野において高い評価を得てきたが，特に技能を重要と認識している。またコミュニケーション重視もよく知られ，そこから企業理念の浸透を図るとされている。このようにトヨタは人材育成や組織文化においても，高い評価を得ている。

　次に電子機器のオムロンでは，自律した個人をベースにしてチャレンジ・マインドを育成していること，プロ意識を重視している点が評価されている。また，同じく電子分野のリコーは，社員の専門性を高め，主体性を引き出す人材育成制度を構築しているとされる。

　アサヒビールは1980年代からの新商品「スーパードライ」の大ヒットを皮切りに，長年ビール業界のトップ企業であったキリンビールから業界首位の座を奪うほどの快挙を遂げたことはあまりに有名である。コンピテンシーを活用して，人材の配置と育成に取り組んでいることが同社の人材戦略として評価されている。

5-2）先進的な人事育成企業の事例

　次に先進的な人事育成施策を有する企業として東レ，花王，カシオ，トヨタ，三井物産，高島屋，日本ユニシス，リクルートの8社の事例を概観したい（労政時報，2007，2009）。

　まず人材育成の基本的考え方としてどのようなことが示されているかを見たい。花王，トヨタ，三井物産では総合的な行動憲章としての花王ウェイ，トヨタウェイ，三井物産Valuesといった価値観と規範，そしてあるべき人材像が明示されている。

また重視する育成や方法を明示した例として、東レのプロ人材育成、トヨタのプロ人材開発プログラムなどプロフェッショナルや専門的な人材育成の必要性を示すものやトヨタ、カシオ、高島屋のように、日々の業務を通じたOJTを重視するものがある。

次に教育体系・育成施策の特徴が示されている。例えば花王では、基幹人材育成、基本教育、自己開発は本社が、専門・実践教育は部門が担当している。またトヨタでは、全社教育体系（事技系）は資格別、職位別、知識・スキル、研鑽教育の4区分がある。高島屋では、ライン主体のOJT・部門教育を基本に、自主性ベースの商い塾と人事部主体の職務別・階層別研修が行われている。以上が先進的な人材育成の企業事例である。

4．人事管理の機能と管理者

（1）人事管理の機能

人事管理の機能にはどのようなものが含まれるだろうか。どんな組織においても、人の採用、配置、異動、評価、教育などは必要な機能であり、企業や地域を問わず、ほぼ共通する機能と考えられる。いくつの機能があるか、その括り方について統一した規則はないが、ここでは大きく4つに分ける。それらは「人の導入と組織構成」、「人の訓練と能力開発」、「人の動機づけ」、「安心した働き」という4つである。

「人の導入と組織構成」とは、人の採用から配置、異動、退職（解雇）までであり、人材のフローを扱うもので雇用管理、配置・異動管理などの名称が一般に用いられる。これは代表的な人事の仕事と目されてきた領域で、伝統的な人事管理の機能である。

「人の訓練と能力開発」とは、文字通り、従業員を教育訓練し、能力開発を図ることで、人事の仕事としては、教育部や人材開発部といった独立部門で行われることが多い。その理由は、人事異動や人事考課と教育や能力開発はもちろん関連するが、直接に連動させないためである。

「人の動機づけ」とは、まさに人をやる気にさせることであり、最も中心的

な人事機能と言えるかもしれない。この機能には人事部門よりも，ライン長である各部門のマネジャーの役割が大きいが，従業員が意欲的に仕事に取り組めるように，評価，報酬，処遇，昇進・昇格などの人事制度や施策を策定することで人事部門は動機づけに関わる人事機能を発揮している。もちろん，その実行にはライン長の取組みやリーダーシップが重要となる。

「人が安心して働く」ためには，従業員の権利や健康を守る仕組みも重要である。法令順守かそれ以上に良好な労働環境を保つ上での安全衛生管理，労働者の環境や待遇改善を図る労働組合に対する企業側の折衝窓口となる労務担当，衣食住に関して従業員の生活を側面からサポートする福利厚生の機能がある。

（2）管理者による人事管理

管理・監督者（＝マネジャー）の役割とは，部下の努力を通じて，仕事・サービスを行うこととされる。そのため，いかにして人々の活動を統合し，目標に向かっての行動を起こさせるかが重要なのである。企業などの組織は目標を達成するために作られており，そうした人の活動のベクトルを合わせ，組織目標の達成につなげる仕事は人事部だけでなく，企業全体とりわけ，トップやマネジャーの使命なのである。

人事管理においては，その機能は制度面と運用面とに分けて考えられることが多い。制度面とは，人事制度をはじめとする仕組みや施策を整備することで，これは人事部門の固有の仕事と考えられる。それに対して，運用面とは，そうした制度や施策を使うことや実行していくことで，これはライン管理者，マネジャーによって行われる人事機能ということができる。このように，人事管理では制度面と運用面という双方の役割が果たされることが重要である。

5. 人事管理のプロセス

(1) HRMの主要プロセス

HRMのプロセスとして、フレンチ (French, 1994) の代表的なシステムズ・アプローチがあり、そこではHRMの主要な8プロセスが示されている。それらは、人的資源計画 (Human Resources Planning)、職務設計 (Job and Work Design)、人員配置 (Staffing)、訓練と開発 (Training and Development)、業績評価と再検討 (Performance Appraisal and Review)、給与と報酬 (Compensation and Reward)、保護と代表制 (Protection & Representation)、組織改善 (Organization Improvement) というものである。

このような捉え方や括り方は、日本企業の人事部の組織や職務と比べるとやや違いがみられるが、人事の本質的な機能や果たすべき役割を示している。フレンチによる8つのプロセスはシステムズ・アプローチとされるように相互に影響し合っている。それと同時に、plan-do-see-checkといったマネジメント・サイクル (管理過程論) の考え方が取り入れられ、図表1-4に示される

図表1-4　HRMの8つのプロセス

出所：W. L. French (1994) を参考に筆者作成。

ように人的資源計画から順に右回りに各プロセスが相互に関連しながら，進行している。

ここでは8つのプロセスを「計画・設計・配置」，「訓練・評価・報酬」，そして「保護・組織改善」の3つに括り，それらの内容を順に見ていきたい。

（2）計画・設計・配置

2-1）人的資源計画（Human Resources Planning）

マネジメント・サイクルの初めは，やはり計画であり，HRMプロセスでもHRプランニング（人的資源計画）となる。計画とは，組織の全体的な戦略に関連するもので，人事戦略の中心と考えられる。人事の計画というと採用計画がイメージされるが，ここでは組織目標や環境を考慮し，人材ニーズを評価することとなる。そして，質と量の面から，どのような労働力を雇用し，配置するかの計画を策定することとなる。また，現在組織が有する人材資源をどう配置するか，さらにはその活用や育成についての計画も含まれる。

2-2）職務設計（Job and Work Design）

職務設計は，仕事の分担や担当のために，どう仕事をまとめていくかを決めることである。そこでは遂行すべき仕事（課業：task）の内容や遂行に必要な要件，進め方のルールや方法，予定も含まれる。そのためには職務分析が行われるが，職務設計を通した仕事を明確にしておくことで，適切な人事評価も可能となる。

2-3）人員配置（Staffing）

人員配置は雇用管理の中心的な職務であり，組織に対しての人材の割当である。これは募集採用から，配置，異動，退職までの継続的プロセスであり，ここに企業の戦略，組織構築，育成，モチベーション等人事の本質的な機能が発揮される領域である。ルーチンや手続きとしての形式的なプロセスが多いが，その決定については，重要な意思決定が含まれ，人事がどう関わっているかは注目される。

（3）訓練・評価・報酬

3-1）訓練と開発（Training and Development）

　これは日本で教育・訓練とされる役割とほぼ同様と考えられる。組織にとっては業績をあげるため，それをより改善するために，人材の能力を向上させることに意義がある。また個人にとっても能力向上やキャリアを開発することになり，自らの向上意欲，達成感を満たすこととなる。とはいえ，現実には両者の考えや評価は一致せず，適切な訓練とその成果を得ることは簡単ではない。

3-2）業績評価と再検討（Performance Appraisal and Review）

　これは文字通りの仕事の成果を評価することで人事考課に相当し，組織に対する貢献を継続的に評価すること，そしてその評価結果をフィードバックして再検討することである。業績評価の結果は昇進や昇給の決定のために重要なものとなる。業績評価には，いろいろな方法が考えられるが，常にこれがベストという方法はない。そのため，各組織で試行錯誤をすることになるが，頻繁な変更はさらに問題を生じることも少なくない。

3-3）給与と報酬（Compensation and Reward）

　これは賃金，給与，インセンティブの支払いであり，どこでも共通と言えるが，フリンジ・ベネフィットや非金銭的な報酬をどう捉えるかは個々に異なる。もちろん，給与の水準，決め方や提示の仕方もそれぞれの組織において異なる。生産性を基に同社の業績，物価水準，同業他社の水準などが勘案され，職務評価と生産性には特に関連する。

（4）保護・組織改善

4-1）保護と代表制（Protection & Representation）

　保護と代表制とは，日本の人事では馴染みがない表現だが，労働組合との関係，いわゆる労使関係に関わること，労働組合がなくても従業員の代表との交渉や苦情処理，また健康や安全を守るための仕事が含まれる。具体的には，労働組合からの要求や苦情処理を調整するプロセス，労使関係，賃金，労働時

間・条件の交渉をする団体交渉プロセス，安全衛生管理，福利厚生に関する健康・安全管理プロセスが含まれる。

4-2）組織改善（Organization Improvement）

　組織改善とは，日本の組織名や人事の役割としては違和感があるが，組織の有効性を改善し，従業員の満足を高めること，組織の状況や環境を強化することである。これはライン・マネジャーの役割とされるが，人事がイニシアティブを発揮しての取組みも考えられる。

6．戦略的人材経営モデル

　ミシガン大学のウルリッチ教授（Ulrich, 1997）は，企業戦略の達成に貢献する人材マネジメント部門（専門職）の役割として，①戦略パートナー，②管理エキスパート，③変革推進者，④従業員チャンピオンの4つを提案している。同氏によると，人材マネジメントの役割は，将来・戦略の重視と日常業務・運営の重視という長期と短期という視点とプロセス志向と人材マネジメント活動という二軸で区分することで，4つの役割が分かれる（図表1-5を参照）。

（1）戦略パートナー

　人事の役割の1つは，戦略パートナーとして，人材マネジメントから企業戦略の実現をサポートすることである。これは将来・戦略を重視し，プロセス志向の場合に取りうる人事スタッフのあり方とされる。人材経営とビジネス戦略を統合し，戦略を実現することは，日本企業では当然のことのようで違和感があるが，人事部門が経営の中心的な意思決定から離れていたアメリカ企業では新しい提案と考えられる。

　戦略パートナーの役割を果たすためには，企業の戦略をよく理解している必要がある。しかし，それは経営の文献やケースを読んだだけでは不十分であり，実際に戦略を構築したり，戦略が行われている事業に参画するなど人事部以外での経験が求められる。つまり，戦略パートナーとなるためには，事業や

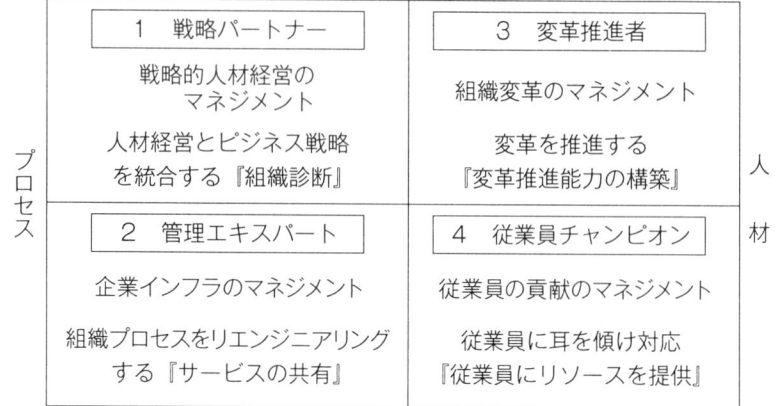

図表 1 − 5　戦略的人材モデル

出所：ウルリッチ（1997）をもとに筆者作成。

戦略部門など他部門での職務経験が重要であり，そのためのジョブ・ローテーションや他部門異動を可能とする人事スタッフのキャリアプランが同時に求められる。

（2）管理エキスパート

　人事の役割の2つ目は，管理エキスパートとして企業インフラを構築することである。日常業務・運営という短期面を重視し，プロセスを志向する場合の人事スタッフのあり方である。これは人事の本来的なスタッフとしてのサポート業務と考えられるが，組織での業務の流れ，プロセスを再検討する，つまりリエンジニアリングをして，より生産性の高いインフラの構築を実現することである。

　この役割から，近年クローズアップされてきたのは，シェアード・サービスやアウトソーシングなどである。これらは人事サービスを見直すことで広まり，より効率化やコスト削減を図ったものである。しかしながら，短期的なコスト削減だけが行われることで，管理のエキスパートになりうるのかとの懸念

もある。

（3）変革推進者
　人事の役割の3つ目は，変革推進者として組織変革を推し進めることである。これは将来と戦略を重視し，人材マネジメント志向をとる場合の人事スタッフのあり方である。変革推進者とはチェンジ・エージェント（change agent）の訳であり，例えばドラッカーは組織そのものがチェンジ・エージェントとなることを主張している。ここでは人事部門が率先して，変革を推進する役割を果たすこと，またはそのための能力を構築することを意味している。

　組織をどう良い方向へ改善していくかは，経営戦略や事業計画はもとより，企業の歴史，理念，組織文化や慣習など総合的な関係性が生じるので，特定部門が変革に責任を持つというものではない。第一義としてトップ責任であり，全管理者がその責めを負うと考えられる。さらに組織の問題には全社員が取り組むべきとも考えられるが，そうなると結局，責任部署や推進母体はあいまいなままである。人事部門が変革推進者となることで，人事部門の存在意義を高め，組織全体の良い方向への変革を実現するものである。

（4）従業員チャンピオン
　人事の役割の4つ目は，従業員チャンピオンとして従業員の貢献を引き出すことである。そうした役割は本来，ライン・マネジャーが果たすべきであり，人事スタッフは間接的に従業員に接する役割だが，これをより身近で現実的なものに改善することになる。従業員の貢献を引き出すためには，従業員からの要望を直接取り込む仕組みを作り，部門間のバラつきを調整し，組織全体の公平さや公正さを高めることも重要となる。

　従業員のコミットメントや能力を向上させるために，人事は間接的な情報収集や机上の制度構築でなく，現場の情報や要望を独自に取り込むことが必要となる。そのためには，問題意識，現場感覚が重要であり，ジョブ・ローテーションの経験や人事異動による人事スタッフの育成が求められる。

コラム1　現代日本企業の「企業経営課題」

　日本能率協会では，企業の戦略立案や経営課題解決に役立つ情報を提供するため，1979年から，国内主要企業の経営者を対象に，企業経営課題に関する調査を実施している。2012年度（第34回）「当面する企業経営課題に関する調査」の結果に基づき，現代の日本企業が直面している経営課題を概観していきたい。

　調査は，2012年8月に実施され，全国の上場企業・非上場企業，計548社の回答を得ている。全国の上場企業（2,465社）および非上場企業（主に従業員300人以上，2,535社）の計5,000社の経営者を対象に，郵送配布，郵送および電子メールによる回答との調査方法で配布数5,000票，有効回答数548票，有効回答率10.9％を得た。また中国／復旦大学 日本研究センター，韓国／日本能率協会コンサルティング　韓国法人の協力を得て，日中韓3カ国の合同調査も行っている。

　調査結果の主なポイントとして，以下の5点があげられている。
＜主なポイント＞
1. 経営の「グローバル化」への課題意識が高まる
　　　　── グローバル人材マネジメントには課題山積
2. アジアを中心にグローバル展開が進む ──「地産地消型」へ
3. 「M&A」と「研究開発」への投資に積極的
　　　　── 事業構造改革による成長への取り組みが進む
4. 「長期的視点」「明確な経営理念・戦略」「組織としての実行力」が改革・成長の鍵
5. 日中韓のパートナーシップ
　　　　── 相手国企業の魅力度は「高まる」（9月上旬時点までの回答）

各項目についてみると，
1. 経営の「グローバル化」への課題意識が高まる
　・現在最も重視する経営課題の上位は，昨年同様，1位「売り上げ・シェア拡大」（54.9％），2位「収益性向上」（48.0％），3位「人材強化（採用・育成・多様化）」（40.0％）があげられている。経年の変化をみると，「グローバル化（グローバル経営）」が，2011年の6位（17.1％）から2012年は5位（19.7％）に上昇し，2009年（7.5％）から増加基調にある。

2．アジアを中心にグローバル展開が進む
- 生産・研究開発・販売の機能ごとに，現在ならびに5年後の海外進出地域について尋ねた。
「現在」よりも「5年後（可能性）」が増えた地域を22の国・地域の中から選択してもらったところ，生産拠点については，「インドネシア」（現在15.8％→5年後24.4％），「ベトナム」（同12.8％→20.3％），「インド」（同9.8％→17.3％），「ミャンマー」（同0.8％→4.9％），「中南米」（同9.4％→12.4％）など16カ国・地域に上った。
研究開発拠点では「中国」（現在13.2％→5年後24.4％），「インド」（同2.6％→6.8％）など，11カ国・地域に上った。販売拠点では「ベトナム」（現在8.8％→5年後16.8％），「中国」（同31.8％→39.2％），「インドネシア」（同11.9％→18.4％），「インド」（同10.2％→15.1％），「ミャンマー」（同1.1％→5.7％），「タイ」（同17.9％→22.3％）など，21カ国・地域に上った。これらのことから，アジアを中心にいっそうの海外拠点の展開が進むものと思われ，生産から販売までを海外現地で行う「地産地消型」傾向が強まると考えられる。

3．「M&A」と「研究開発」への投資に積極的
- 投資予算について，3年前に比べた「現在」の状況よりも，現在と比べた「3年後」の状況（予想）が増加した項目は，「M&A投資」（現在14.4％→3年後29.6％），「研究開発投資」（同32.6％→46.8％），「人材投資」（同46.0％→49.4％），「IT投資」（同41.0％→44.4％），「設備投資全体」（同37.9％→39.7％）の順となった。

4．「長期的視点」「明確な経営理念・戦略」「組織としての実行力」が改革・成長の鍵
- 組織構造改革の取り組み状況と成果について尋ねたところ，取り組み中との回答（「全面的に取り組み中」「部分的に取り組み中」の合計）は，1位「既存組織の再編成」（47.1％），2位「業務プロセスの見直し」（43.1％），3位「人事制度改革」（40.2％）の順となった。

5．日中韓のパートナーシップ
- 今後の日中韓におけるパートナーシップに関して，自社から見た相手国企業のパートナーとしての魅力度を尋ねたところ，3カ国とも相手国2カ国

の企業に対する魅力が「高まる」と答えた比率の方が,「低下する」よりも多かった。
・2国間で比べると,日本からみた中国・韓国企業への魅力度が高まるという比率よりも,両国からみた日本企業への魅力度が高まるという比率のほうが高く,少なくとも本調査を実施した時点においては,両国から日本企業へのパートナーとしての期待の方が高いという傾向がみられる。

経営課題認識（前年比較）

2011年の課題認識（全体）
(n＝510)

1位	売り上げ・シェア拡大	56.3
2位	収益性向上	51.2
3位	人材強化（採用・育成・多様化）	39.8
4位	新製品・新サービス・新事業開発	24.7
5位	顧客満足度の向上	19.2
6位	グローバル化（グローバル経営）	17.1
7位	技術力の強化	13.2
8位	品質向上（サービス・商品）	12.4
9位	財務体質強化	11.8
10位	現場の強化（安全,技能伝承など）	10.9
11位	ローコスト経営	8.5
12位	事業再編（M&A,事業撤退を含む）	7.0
13位	スピード経営	5.0
14位	株主価値向上	4.7
14位	ブランド価値向上	4.7
16位	コーポレート・ガバナンス強化	4.2
17位	企業の社会的責任（CSR）	4.0
18位	企業理念の徹底・見直し	3.2
19位	外部経営資源の活用	1.6
20位	その他	0.4

（3つまで回答）

2012年の課題認識（全体）
(n＝548)

1位	売り上げ・シェア拡大	54.9
2位	収益性向上	48.0
3位	人材強化（採用・育成・多様化）	40.0
4位	新製品・新サービス・新事業開発	23.7
5位	グローバル化（グローバル経営）	19.7
6位	財務体質強化	17.0
7位	技術力の強化	15.5
8位	顧客満足度の向上	15.0
9位	現場の強化（安全,技能伝承など）	14.2
10位	品質向上（サービス・商品）	12.2
11位	事業再編（M&A,事業撤退を含む）	7.8
12位	ローコスト経営	6.4
13位	ブランド価値向上	5.5
14位	株主価値向上	3.8
14位	企業の社会的責任（CSR）	3.6
16位	コーポレート・ガバナンス強化	2.9
17位	スピード経営	2.7
18位	企業理念の徹底・見直し	2.6
19位	外部経営資源の活用	0.7
20位	無回答	0.7

（3つまで回答）

第1章 経営・戦略・人事

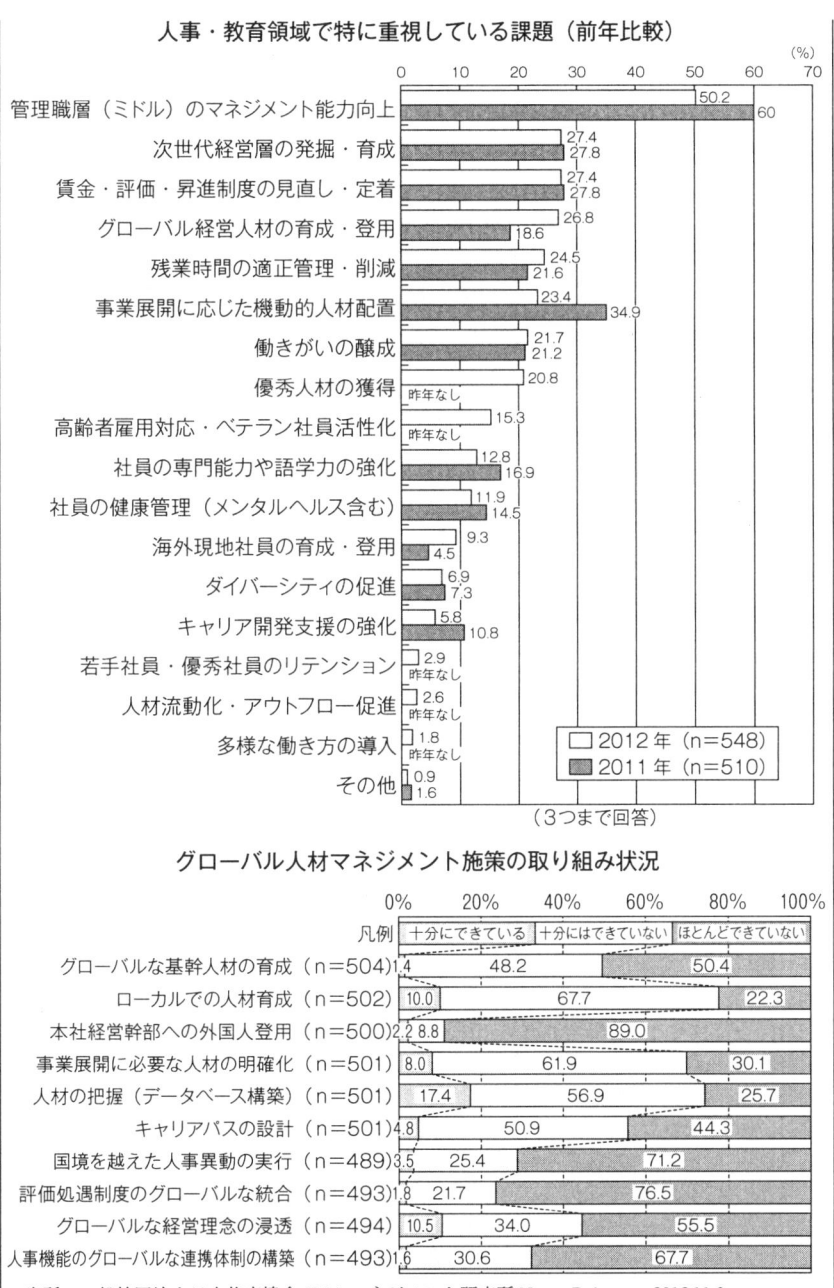

人事・教育領域で特に重視している課題（前年比較）

出所：一般社団法人日本能率協会JMAマネジメント研究所 News Release, 2012.11.6.

【参考文献】

ウルリッチ，D.（梅津祐良訳）『MBA の人材戦略』日本能率協会，1997 年。
中山　健・丹野　勲・宮下　清『知識経営時代のマネジメント』創成社，2007 年。
日本能率協会編『競争優位をめざす人材戦略』日能協 MGTctr., 2002 年。
平野文彦・幸田浩文『人的資源管理』学文社，2003 年。
労政時報「トップ企業にみる研修体系と人材育成施策」『労政時報』3708 号，2007.8.24。
労政時報「これからの人事戦略」『労政時報』3756 号，2009.8.28。
労政時報「社会育成視点の評価制度」『労政時報』3760 号，2009.10.23。
French, W. L., *Human Resource Management, 3rd ed.*, Houghton Mifflin Company, 1994.

第2章 組織とモチベーション

> **キーワード**
> 動機づけ，欲求階層説，二要因論，期待理論，職務設計

1．動機づけ

（1）動機づけとは

　動機づけ（モチベーション）の理論は主に心理学の研究成果であるが，経営学においても重要な考え方となっている。とりわけ，マネジメント（管理論）や人事管理の分野では，組織・人材に関する諸制度や施策を支える理論と言っても過言ではない。

　なぜなら，仕事は人の行動で進むものであり，その行動は欲求を充足するためになされている。動機づけ（モチベーション）の研究はまさにそうした人の行動とそれを動かす欲求に焦点を当てているためである。

　動機づけとはロビンス（Robbins, 1997）によると，何かをしようとする意志であり，その行動ができることが条件づけとなって，何らかの欲求を満たそうとすること，とされている。また，欲求とは生理的あるいは心理的な欠乏のある状態を意味する。

（2）動機づけのプロセス

　動機づけのプロセスでは，まずはじめに欲求が満たされないことから，緊張状態が起きてくる。これにより，心の内部での駆動力，すなわち動因が生じる。続いて，どのようにしてその緊張を解くか，そのために特定の目標を探求

する意欲が呼び起こされる。つまり，探索行動が行われる。そうして目標が達成されることによって，欲求が充足され，緊張が緩和されるのである。

2．内容理論

モチベーションについて研究した理論には，まず動機づけられる欲求そのものを対象にした内容理論があり，代表的なものにはマズローやハーズバーグらの理論がある。

(1) マズローの欲求階層説 (Maslow's hierarchy of needs)

マズローの欲求階層説 (Maslow, 1954) は心理学をはじめ，社会学や教育学などでも広く取り上げられている。もちろん，働く人を対象にする経営学においても雇用，賃金，職務満足などの諸制度の基盤をなす理論の1つである。これはまた経営学において実践と理論をつなぐ好例の1つと言うことができる。

マズローは人間の欲求を生理的欲求，安全・安定の欲求，帰属・愛の欲求（社会的欲求），承認の欲求（自我・自尊の欲求），自己実現の欲求との5つに分類し，それらが階層的に現れることを「欲求階層説」によって提唱した。こうした欲求の類型や階層構造はアメリカをはじめとする欧米人の価値観やライフスタイルにも基づいている。したがって，いつの時代でも，また世界のどこでも常に当てはまると実証されたわけではないが，欲求段階でのまとめやそこでの階層という考え方は広く受け入れられている。欲求は以下の通り，5段階にまとめられ，それらは階層をなしている。

① 生理的欲求　　　　　　　　　-Physiological Needs
② 安全・安定の欲求　　　　　　-Security or Safety Needs
③ 帰属・愛の欲求（社会的欲求）-Social Needs
④ 承認の欲求（自我・自尊の欲求）-Esteem Needs
⑤ 自己実現の欲求　　　　　　　-Self-actualization Needs

こうした欲求階層の存在により，自己実現などの高次元欲求に対応する職務

の充実や意思決定への参画，また目標管理などのマネジメント施策が有効となることが明らかになり，導入されるようになってきている。

図表2－1　マズローの欲求階層説

ニーズ（欲求）が満たされると，さらに高次のニーズが高まる

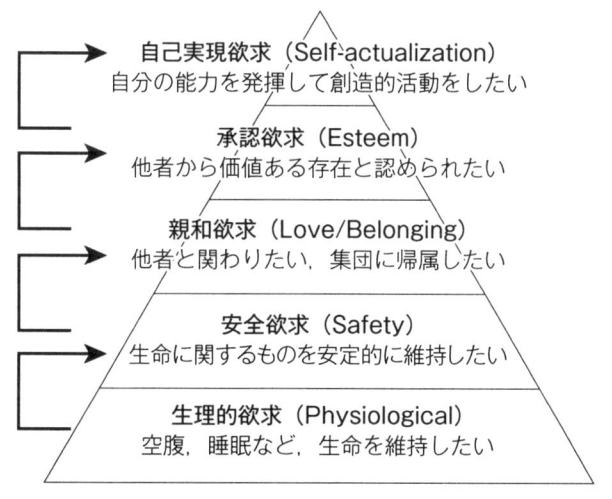

自己実現欲求（Self-actualization）
自分の能力を発揮して創造的活動をしたい

承認欲求（Esteem）
他者から価値ある存在と認められたい

親和欲求（Love/Belonging）
他者と関わりたい，集団に帰属したい

安全欲求（Safety）
生命に関するものを安定的に維持したい

生理的欲求（Physiological）
空腹，睡眠など，生命を維持したい

出所：マズロー（1987）。

図表2－2　マズローの欲求階層モデル

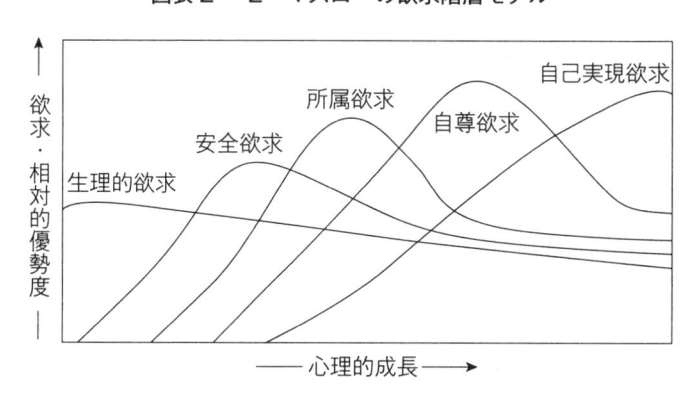

縦軸：欲求・相対的優勢度
横軸：心理的成長

生理的欲求，安全欲求，所属欲求，自尊欲求，自己実現欲求

出所：マズロー（1987）。

(2) ハーズバーグの二要因論

ハーズバーグ (Herzberg, 1959) は 200 人の技術者と会計士に面接し,動機づけについての実験調査を行った。その結果,職務による満足と不満の原因は異なる要因があることを実証し,「動機づけ―衛生理論(二要因論)」を提唱した。職務を満足させる要因「動機づけ要因」には,達成,仕事そのもの,責任,能力の向上などで,職務を不満にさせる原因「衛生要因」には,会社の政策,監督,給与,作業条件などと異なっている。

「動機づけ―衛生理論」では,仕事そのものを動機づけの最重要な要素としており,そこから主体性を持って仕事に取り組むことが職務満足に重要であることが明らかになり,職務充実という考え方やそれを反映した施策が行われるようになった。

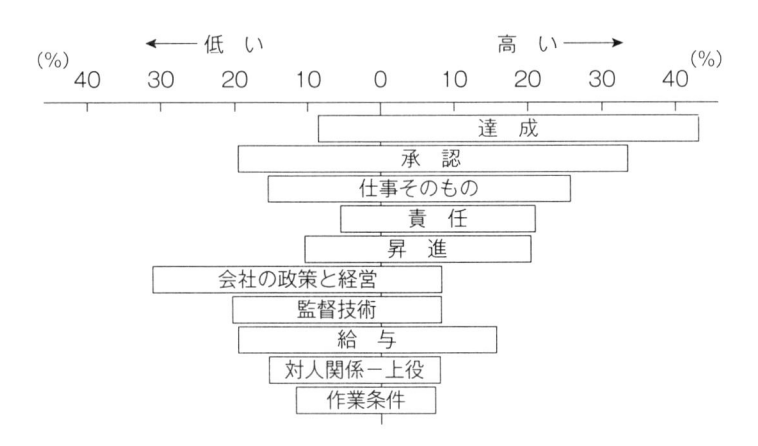

図表 2 − 3　ハーズバーグによる職務態度への影響要因

要因	
達成	
承認	
仕事そのもの	
責任	
昇進	
会社の政策と経営	
監督技術	
給与	
対人関係―上役	
作業条件	

出所：F. Herzberg et al. (1959).

（3）マクレランドの達成欲求理論

アメリカの心理学者マクレランド（McClelland, 1961）は，作業の場には達成動機（欲求），権力動機（欲求），親和動機（欲求）という3つの主要な動機ないし欲求が存在することを提唱した。

① 達成動機（欲求）(need for achievement)
　ある一定の標準に対して，達成し成功しようと努力する欲求
② 権力動機（欲求）(need for power)
　他の人の行動に影響を与えたいという欲求
③ 親和動機（欲求）(need for affiliation)
　友好的かつ密接な人間関係を持ちたいという欲求

　達成動機（欲求）を持つ人は成功の報酬より，自らがそれを成し遂げたいという欲求から努力をする。前よりもうまく，効率的にやりたいという欲望が達成動機（欲求）とされている。マクレランドは達成動機（欲求）の強い人はより高い成績をあげたいという強い願望を持ち，他の動機（欲求）を持つ人との違いがみられる。達成動機の強い人の特徴として，(1) 個人的な進歩に最大の関心があり，何でも自分でやることを望む，(2) 中程度のリスクを好む，(3) 自分が行ったことの結果について迅速なフィードバックを求める，ことがある。

　次に権力動機（欲求）は他人にインパクトを与え，影響力を行使しコントロールしたいという動機（欲求）である。権力動機（欲求）が強い人は，(1) 責任を与えられることを楽しみ，(2) 他者から働きかけられるよりも，他者をコントロール下におき影響力を行使しようとし，(3) 競争が激しく，地位や身分を重視する状況を好む，(4) 効率的な成果よりも信望を得ること，他者に影響力を行使することにこだわるという特徴を持つとされる。

　親和動機（欲求）の強い人は，他者との交友関係を作り上げることに対してとても積極的である。そうした親和動機（欲求）の強い人には，(1) 他人からよくみられたい，好かれたいという願望が強く，(2) 心理的な緊張状況に1人では耐えられない，等の特徴がある。

（4）アルダファーのERG理論

アルダファー（Alderfer, 1972）は，マズローの欲求階層説を修正し，欲求を生存，人間関係，成長の3つに分類した「ERG理論」を構築した。アルダファーの欲求階層性は，マズローほどには厳格ではなく，可逆性があり，また調整的でもある。

マズローの欲求階層説による生理的・安全（物的）な欲求は「生存の欲求（Existence）」に，安全（人的）・所属／愛・尊重（対人）の欲求は「人間関係の欲求（Relations）」，尊重（自己確認的）や自己実現の欲求は，「成長（Growth）の欲求」に対応している。

3．プロセス理論

プロセス理論とは「どのようにして動機づけられるのか，その過程（プロセス）」に焦点をあてた理論である。これは，欲求とは何か，欲求にはどのようなものがあるのかと，欲求の内容について説明しようとする内容理論と異なっている。

（1）目標設定理論

1968年にアメリカの心理学者ロックが提唱した目標設定理論では，モチベーションの違いは目標設定によって生じるとされている。目標設定理論は目標に着目し，モチベーションに及ぼす効果を探った理論である。明確な目標や達成が困難な目標である方が業績は向上する。これは目標管理（MBO：Management by Objectives）の根底をなす理論と言うことができる。

① 目標の困難さと受容

困難度の高い目標を追求する人ほど，高いパフォーマンスをあげている。仕事の遂行のために余裕があると考えると，業務ペースを調整し時間をかけて，生産性を低下させてしまう。しかし，目標達成が困難となると，個人は最大限のパフォーマンスでそれに取り組む。そのためには，その目標に対して本人が

受容していることが前提となる。

② 目標の明確さ

明確で具体的な目標は，あいまいな目標よりも高いモチベーション（動機づけ）を生み出す。この仕事の目的，目標は何か，その意味が明確である場合には，何も知らずに仕事に取り組む場合に比べて高いモチベーションを持つことができる。また，今週は10個を販売する等と具体的な目標が設定されると，さらにモチベーションが高くなる。

③ フィードバックの効果

目標の達成に対してのフィードバックが行われると，モチベーションはさらに高まる。達成された成果にフィードバックがなされることで，目標達成のサポートが行われ，それによって目標設定の効果は高まる。早い段階でのフィードバックや進捗が遅れている場合のフィードバックは特に有効なものとなる。

このように成果を高めるためには，(1) 挑戦的だが高すぎない目標を与え，本人に受容してもらう，(2) 目標を具体的なものにする，(3) 適切にフィードバックする，以上を考慮してフィードバックを行うことが重要となる。

（2）期待理論

期待理論は，ヴルーム（Vroom, 1964）により主張されたもので，モチベーションの大きさは，努力と成果と報酬に対する期待によって決まるという考え方である。報酬とそれが得られる可能性が高まると，人はますます仕事に熱心に取り組むことになる。

最初は，自分の努力が仕事の成果に結びつくという期待であり，次にその仕事の成果が報酬に結びつくという期待となる。最後に，そこで得た報酬の主観的価値がモチベーションにつながるものとなる。自分の努力が仕事の成果に結びつくことを期待するのは，頑張った分，仕事ができる，よりよい成果があがると思うこと，期待することである。

次に，仕事で成果をあげれば自分の給与やボーナスが増えたり，昇進したり

するという期待を持つことである。さらに、そうして得られた報酬に対して、どれほどの価値を感じるかがモチベーションを高める最後の要素になる。例えば、金銭的報酬、昇進や異動のどれにどれほどの価値を見出すかは人によって異なる。個人の主観的価値によってモチベーションの大きさが変わるということになる。

　モチベーションの大きさ＝
　　努力が成果につながる期待×成果が報酬につながる期待×報酬の主観的価値

とあらわすことができる。

（3）衡平理論

　衡平理論（公平理論、Equity theory）はアダムス（Adams, 1963）が提唱したモチベーション理論であり、人が不公平を感じる時、その不公平を解消しようとしてモチベーションが発生するという。ここでの不公平とは、自らの貢献に対する報酬の割合が他者と比較して、同じではないということである。そうした不公平を強く感じるほど、より大きなモチベーションが生じることになる。

　そうした不公平感を個人が知覚した場合、その不均衡を解消するため、人は努力を低下させるなどの行動を起こす。得ている報酬に合うように、あまり頑張らないようにしたり、昇給を要求するなど報酬の増加を要請したりする。また比較することをやめたり、比較の対象となる人を変えたりすることで、貢献に対する報酬の割合を、自ら適切と思う他者と均衡した比率に修正しようとするのである。

（4）モチベーション理論

　ポーターとローラー（Porter & Lawler, 1968）によって提唱されたモチベーション理論のモデルである。ポーター＝ローラーによる期待理論とも称されるように、ヴルームの期待理論をさらに発展させたもので、プロセス理論の代表的な理論である。

報酬 → 努力・能力・知覚（行動）→ 成果 → 報酬 → 欲求充足（満足）

というプロセスを経る。報酬と行動を基本にして，そのプロセスを知覚，能力，努力による成果と内発的・外発的報酬から分析している。個人が報酬に高い価値を認め，努力すればこの報酬が得られるとの期待が高いほど，人はより努力すると捉えている。

このモチベーション理論では，従業員のモチベーションは，業務遂行の努力が何らかの報酬をもたらすとの期待とそうした報酬に対しての主観的価値の2つの要因の積によって決まるとしている。

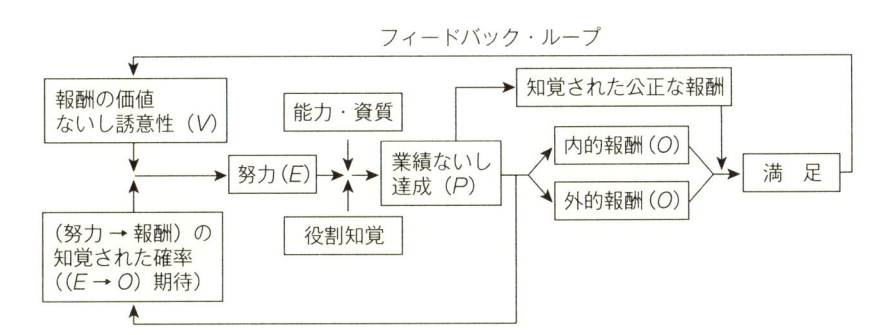

図表2－4　ポーター＝ローラーの期待理論モデル

フィードバック・ループ

報酬の価値ないし誘意性（V）	能力・資質	知覚された公正な報酬		
	努力（E）	業績ないし達成（P）	内的報酬（O）	満足
（努力→報酬）の知覚された確率（(E→O)期待）	役割知覚		外的報酬（O）	

出所：L. W. Porter and E. E. Lawler, Ⅲ. (1965) に基づき筆者作成。

（5）内発的動機づけ理論

内発的動機づけとは，デシ（Deci, 1975）によって提唱されたモチベーション論で，金銭のような物質的・経済的な報酬ではなく，仕事とそこから生じる内発的なものに動機づけの理由があるという考え方である。

仕事とその活動を通して，自己肯定や自己の有能感が得られる場合に，個人の内部に発生するモチベーションである。これは最低限の生存や金銭的な状況が確保されれば，社会的な認知や評価，自己実現が重視される高度な欲求段階にある現代社会に適合している考え方である。

デシによる内発的動機づけ理論では,「有能さ」と「自己決定」が行動の動機づけになると考えられている。有能さは自分の能力を認め,自己決定とは自らの行動を決められるということで,これら2つの要因を感じて活動するとき,人は内発的に動機づけられた行動をしていることになる。

　給料が上がったり,上司に仕事を認められたり,という外発的な動機づけから,人は意欲を得ることができる。さらに,仕事や発揮されたことで得られる内発的な動機づけも大きな達成感や満足感をもたらすことにつながる。そうしたモチベーションは,外発的な動機づけによるものより長続きするかもしれない。自ら決めて自己啓発や教育訓練のプログラムで能力を向上させ,希望する仕事に従事できるなら,モチベーションは高まっているだろう。たとえ,それが金銭的な報酬には結びつかなくとも,内発的な動機づけによる非金銭的な報酬は相当に大きくなると考えられる。

4. 組織の動機づけ施策

(1) 職務設計

　これまでに見てきたとおり,組織メンバーのモチベーションが何によって,またどのように高まるかについて,数々のモチベーション理論が説明している。ここでは,そうしたモチベーションを高める,また動機づけのために行われる経営・人事の制度・施策について取り上げる。

　まず,動機づけ施策として,ジョブ・ローテーションがあげられる。これは主として新入社員や若手層の育成を目的として行われるもので,1～2年程度の期間をかけて,社内のさまざまな部署に3カ月～6カ月ほどずつ配置され,多様な仕事を経験させることである。これにより,仕事の前後プロセスを理解し,全社的な視点を得て,ジョブ・ローテーション後に正式配属や復帰する本来の業務によい影響を与えることになる。

　ジョブ・ローテーションには業務上の要請に応えるという要素も含まれるが,主たる目的は人材育成であり,教育研修の方法の1つと言える。それではジョブ・ローテーションはどのように従業員のモチベーションを高めるのであ

ろうか。まず考えられるのは，育成を通して能力向上が図られるため，高い責任や賃金を得たい，評価されたいという欲求に応えることができる。実際にはそうした結果はすぐに出ないが，自分を高める経験を通して，自分は育成され，よい処遇を受けていると思うことができる。

教育研修がほとんど行われない場合や，短期的で職務に直結する研修ばかりという企業ではジョブ・ローテーションは行われない。それだけに，ジョブ・ローテーションを受けられるだけでも職務遂行能力の向上や自己の成長につながるとプラスに認識でき，モチベーション向上につながると考えられる。

さらに組織メンバーの動機づけ施策として，職務拡大と職務充実があげられる。職務拡大（job enlargement）とは，担当職務を水平的に拡大する，つまり同じ水準の他の仕事を担当することである。これはアージリスが提唱した考え方であり，職務における能力発揮の機会を増やすものである。また現在の仕事と同レベルの他の仕事を行うことで仕事に変化を持たせて単調感を減らし，多様な仕事ができるように育成するとのメリットがある。

職務充実（job enrichment）とは自らの職務を垂直的に拡大することで，現在とは質的に異なる仕事まで担当することである。これはハーズバーグが提唱した考えとされ，仕事に対する意欲や能力を高めることにつながる。職務拡大が同水準の仕事への広がり（水平的）であったのに対して，より大きな権限を持つ仕事やより上位レベルの仕事まで（垂直的）高めることで自らの職務を充実させるものである。

最後に，動機づけ施策として，フレックス・タイムを取り上げる。フレックス・タイムとは1980年代後半から導入された人事制度であり，始業と終業時という仕事の最初と最後の数時間の勤務をフレキシブル（柔軟）にするものである。全員が必ず就業するコアタイム（例えば午前10時〜午後3時）を除けば，始業時間と終業時間を定時から変えて就業時間を変更することができる。また，ある日の就業時間を増減しても，他の日で調整するなど勤務時間を個別に設定することもできる。このフレックス・タイム制度は自らの就業時間を主体的に設定するもので，ハーズバーグが提唱した二要因論の成果の1つとされている。

(2) インセンティブ

　企業が与えるモチベーション施策には，インセンティブ（欲求刺激策）がある。これには成果に基づく昇給や賞与のような賃金制度から，昇進や異動による組織的な仕組みが考えられる。一般的には即効性のある制度，短期的なリターンを得られる施策がインセンティブとされやすい。時間外給与や休日出勤も手当が得られるので，インセンティブにもなりうる。業績給の割合の高い給与制度や賞与の導入，報奨金制度や従業員持株制度などは金銭的インセンティブである。ただし給与制度のような根幹的なものが短期的評価の結果をただちに反映するとなると，その公正さ公平さへの疑問等から，マイナスになることもある。そのため，給与の一部や特別手当など限定的なインセンティブの方が一般的である。

　自己申告など希望に応えた人事異動や昇進，また教育研修の受講，委員の就任などは非金銭的インセンティブとなりうる。プロジェクトへの参加や社内ベンチャーの設立なども非金銭的なインセンティブとなる。

　組織メンバーへのインセンティブとしては多くの仕組みや制度が考えられる。あらゆる人事制度，賃金制度がインセンティブになりうるといえる。金銭的なものと非金銭的なものを組み合わせ，適切なマネジメントを行うことで，組織メンバーをよりよく動機づけるものとして機能させることができる。

コラム2 COLUMN　モチベーションを向上させる企業事例

　企業風土，社員意識改革において，特に重視されているのが，社員のモチベーションである。労政時報による「企業の人事戦略に関するアンケート」では，人事の部課長層の52.9%（複数回答）が「社員のモチベーション向上策」を特に重視していると回答している。また最近では，「個人の力」よりも「チームワーク」を重視した組織づくりを目指す企業も少なくない。そこで労政時報での事例紹介に基づき，「モチベーション」と「チームワーク」の活動を通して，モチベーションを高めている企業の事例を考えたい。

モチベーションが業務遂行に与える影響は大きいが，経営環境の悪化や不安により，その向上が困難なケースも出ているという。労政時報が取り上げたモチベーションを高める事例からは，図表1のような取り組み事例が示される。そのために注目されるのは非金銭的報酬，とりわけ内発的動機づけであるという。

図表1　モチベーションを高める取り組みの例

- 達成感の共有
  - 成果を共有する機会
- 育成面の配慮
  - 面白い仕事やチャンスを与える
- 学び、成長の機会
  - 学ぶ場の提供
  - 成長を実感できる場の提供
- 権限委譲
  - 社員に決定権を与える
- 評価の納得性向上
  - 適正な評価
  - 事実に基づくフィードバック
- 人事制度の見直し
  - 挑戦を促す評価制度にする
  - 労働条件の向上
- 管理者層の意識改革
  - 研修や合宿など
- コミュニケーション
  - 語り合う場を提供
  - 社内SNS
  - 仕事以外でのつながり
- 一体感の醸成
  - イベント
  - 情報共有化
- 働きやすい環境の整備
  - 健康増進
  - 福利厚生
- 褒める風土づくり
  - サンキューカード
  - 表彰

企業理念・経営ビジョンの策定、共有化

経営トップの関与　　担当部門による推進体制

紹介される企業事例から，浮き彫りになったキーワードは，(1)褒める・感謝する，(2)語り合う場，(3)つながる，(4)学ぶ機会，(5)指針・理念を共有する，である。労政時報では，東京海上日動システムズ，コクヨS&T，ブラザー工業，JALホテルズ，アイエスエフネット，IT働楽研究所の事例が紹介されている（図表2を参照）。

図表2　各社の取り組み概要

●東京海上日動システムズ		
	ワークスタイル改革委員会	社員間の交流や主体的活動を促す。SNSのコミュニケーション活動の支援など
	Happy Work & Life Style Project	多様な社員が活躍できる環境づくりを行う。社内のロールモデル（手本となる存在）を紹介したり、座談会を行うなど
	フューチャーセンター	従来のやり方では解決の難しい問題について解決策を考える場を、会社から離れた場所に作る。ワークショップなどを行う
	TEAMレボリューション	チームの仕事のやり方を変える取り組み。「業務のやり方を見直したい」「コミュニケーションをよくしたい」などを支援
	NEXT DREAM	好きなテーマでチームを組んで世界一を目指すプロジェクト。テーマの例は「世界一のITサービスマネジメント」「世界一の総務サービス」など
	全社論議	中期経営目標計画の策定に当たっての、自由参加の対話の場。自社の未来について話し合う
	新人事制度	チームワークと社員の主体性を重視する新人事制度を導入し、個人業績を各人の処遇と切り離した
●コクヨS&T		
	リーダー合宿	組織長の気づきを促す合宿。社長以下、組織長クラス約100人が集まり、徹底的に議論
	コミュニケーション系研修	管理職にはチーム形成力、主任クラス以下にはヒューマンスキルの養成というように、階層に合わせた内容になっている
	YOIKOMI倶楽部	自分から進んで活動する職場のキーパーソンを養成することが目的の、自由参加型研修
	場活39（サンキュー）賞	年1回、場の活性化に取り組み、貢献した人を表彰する。感謝する文化の醸成につなげるのが狙い
	ナレッジ・ポップコーン	社員各人が持っている知恵の創発を図る。社内SNSやeラーニングサイトなど、社員が主体的に行動できる場を用意
	社内SNS	各人の担当業務、資格、得意分野などを〝見える化〟、バーチャルなコミュニティーを自由に立ち上げ
	eラーニング	社員が主体的に学ぶことのできるeラーニングサイトを開設
●ブラザー工業		
	グローバル憲章	価値観を基軸に、人が育ち、そして育った人が役割を担っていく流れを想定。「"At your side."」「全体最適」「誇り」など特徴的な言葉を盛り込む
	グローバル憲章の推進活動	グローバル憲章共有リーダーが各拠点で推進活動を行う
	コミットメント	上級職以上（部長級以上）が「グローバル憲章に従って＊＊＊します」というような約束を、全社員に向けて社内イントラ上に報告
	社長からの働き掛け	直接語る場「テリーさんと語る会」や、イントラ上の「テリーからのメッセージ」「テリーの徒然日記」による働き掛け
	チームブラザー・プロジェクト	意識調査の結果を踏まえて各部門が目標を設定、ファシリテーターが活動を推進
	チームB活動	チームブラザー・プロジェクトにおける具体的な活動
	チームB全社月例会	チームB活動を支援するための、ファシリテーターたちが集まる機会

●JAL ホテルズ		
	行動指針「Origin 8（オリジン・エイト）」	お客様に接するとき、ホテルスタッフとして守るべき八つの行動指針
	Origin 8 運動	日々、商品・サービスを創造するという意味を込め、スタッフ一人ひとりが originate していく姿勢が取れるような仕組み
	Good job！	よい仕事を発見し、褒め、共有する。目的に沿っていれば、細かい運用は各ホテルに任されている
	MVP 表彰制度	収集した Good job！の中から MVP を選定し、表彰する
	サークル活動	「チームワーク」による課題解決を重視した活動。個人で Origin 8 を完結させるのではなく、集団で組織的に実践していくことを狙いとしている
	Origin 8 バッジ制度	積極的に Origin 8 を推進するスタッフに対して、「Origin 8 マスター」などの称号を与えている。マスター取得には、日々の活動＋養成講座の受講が必須
	みんオリ WEB	各ホテルでの Origin 8 活動の好事例を全ホテルチェーン内で共有するための WEB サイト
●アイエスエフネット		
	CORE 組織	業務とは関係のない集団を形成して、部下が自由に好きな〝親〞を選ぶことができる。P－CORE を頂点とした、ピラミッド組織が形成されている
	ほめーる	上司が部下の仕事ぶりを積極的に認め、時には社長や役員が直接褒める。対象は、社内外を問わず、頑張った人
	スタンプマラソン	お互いのいい行動に対し、スタンプを押し合う
	ブランドマスター制度	業務能力ではなく、思いやり、調和、仕事を正しく懸命に行うなど〝お客様に好きになっていただけるヒューマンスキル〞を評価
	ドリームポイント制度	ダイバーシティを実現するために、全社員が協力して仕事を切り出す仕組み
●IT 働楽研究所		
	IT 働楽研究塾	著名な大学教授や一流技術者を招いて行う自由参加の勉強会。これまでに約 80 回開催
	実践講座	先輩社員が講師となって実務に役立つ技術・ノウハウを共有する。IT 働楽研究塾よりも現場の仕事に直結する内容を取り上げる
	業務成果発表会	新卒入社 1 年目の社員が、1 年間を振り返り、自分が取り組んだ課題、それをどう乗り越えたか、今後どのように成長していきたいかを全社員の前で発表する
	研修旅行	グループ討議を行い、社員同士で会社の未来について議論・提言をしてもらう
	全社課長会議	課長の一歩手前の層から役員までが参加、情報共有を図る

出所：『労政時報』第 3824 号，2012.6.22．

【参考文献】

アージリス，C.（伊吹山太郎・中村　実訳）『新訳　組織とパーソナリティ』日本能率協会，1970年。
ダフト，R. L.（髙木晴夫訳）『組織の経営学』ダイヤモンド社，2002年。
マズロー，A. H.（小口忠彦訳）『人間性の心理学』産業能率大学出版部，1987年。
ミンツバーグ，H.（奥村哲史・須貝　栄訳）『マネジャーの仕事』白桃書房，1993年。
ロビンス，S. P.（髙木晴夫監訳）『組織行動のマネジメント』ダイヤモンド社，1997年。

第3章 経営とリーダーシップ

> **キーワード**
> 資質論，行動論，コンティンジェンシー理論，フォロワー，パワー

1．リーダーシップとは

（1）リーダーシップの捉え方

　リーダーシップ（leadership）についての関心は，マネジメントの分野で最も高いものの1つと言えるだろう。とりわけ，リーダー（leader）とされる企業のマネジャー（管理者）やそれに近い立場の社員にとって，リーダーシップが大きな関心事であることはビジネス書やセミナーのタイトルからも伺える。優れたリーダーシップを身に付けていることは，管理者がその組織で力を発揮するためには不可欠なことである。さらに管理者のみならず，組織での仕事や活動に携わっている人たち，すなわち現代社会を生きる，あらゆる人々にとっても，リーダーシップは重要なものとなっている。

　リーダーシップについての一般的な捉え方とは，まず「人を統率する力」というものである。具体的には，人に影響を与え，組織としての動きを実現させる力である。つまり，リーダーシップがある人は，周囲や関係のある他者に対して，その人についていこうと思わせたり，他者の行動を1つに束ねるといった，属人的な影響力を持っている人である。企業など組織について，リーダーシップを論じると，「組織の目的・目標の達成に向けて，個人および集団を働かせるための影響力」とされている。

　またほぼ同様なものであるが，ロビンス（1997）によるリーダーシップの定

義は「集団に目標達成を促すよう影響を与える能力」というものである。これはリーダーシップ研究および組織行動論での定義である。リーダーシップの対象となる人のことをフォロワー（follower）と呼ぶが，これはリーダーシップについての基礎要件の1つであり，個人，または集団が該当する。リーダーシップの基礎的な要因としては，影響（influence）とパワー（power）がある。影響とは，行動，態度，感情などを変化させることであり，パワーとは，他人の行動に影響を及ぼす能力のことである。リーダーシップを生み出す素，つまり影響力を生み出すものがパワーの源泉とされる。それらパワーには，公式権限によるパワー，専門力によるパワー，同一化によるパワーがあげられる。

（2）リーダーとその役割

　ある人間集団があると，そうした集団の行動を決める，つまり集団を率いている人がいる。そうした人間集団のあり方や行動を決める人が集団のリーダーである。実際のリーダーシップの有無や強弱に関わらず，部長や課長など管理職として，その組織集団のトップとして仕事が任命されている人は役割上のリーダーなのである。

　リーダーの役割は3つあるとされ，それらは外，上，下の3方向に向いた顔で表される。外への顔とは，組織を代表して，外の世界に働きかける役割である。上への顔とは，組織の上部への働きかけを行う役割である。下への顔とは，集団の維持，組織内への働きかけを行う役割である。

　外への顔では，どのように環境を察知するか，どう顧客や地域社会に働きかけるかといった活動につながる。上への顔からは，どのような仕事を与えられ，どう引き受けるのか，そして行った仕事の経過や完了の報告をどう行うかにつながる。下への顔では，集団メンバーの意欲を保ち，また必要な知識や能力を保持することや，そのためのコミュニケーションなどが含まれる。

　このように，リーダーの役割とは，組織・集団としての仕事を遂行すること，集団を維持すること，仕事と集団を変革していくこと，が含まれている。最後の仕事と集団の変革とは，仕事を遂行し，組織を維持していく上で，必要になる変革を意味している。何も変わらなければ現状維持さえできなくなるた

め，変革は必須なのである。環境変化，技術進歩，たゆまぬ競争により，常に仕事と成果の水準は高められている。その中で仕事を続け，組織を保持するためには，常に変革，改善が求められる。それに応えていくことこそリーダーの役割なのである。

結局の所は，仕事の遂行に集約されるが，人の集まりである集団を維持していくこととは，そのメンバーの意欲と能力の継続，さらには向上を図ることが必要となるのである。リーダーは，組織を変革し，環境へ適応する能力を発揮させるという役割を持っている。

2．リーダーシップの研究（Ⅰ）

経営学やマネジメント論で研究されてきた「リーダーシップ」とは，どのようなものであるか，歴史的に整理し理解しておくことは，リーダーシップを学習する上では重要である。リーダーシップの研究は，資質論，行動論，コンティンジェンシー理論などに分類されている。

(1) 資 質 論

資質論（資質理論）は初期のリーダーシップ研究であり，リーダーの性格，知能，体格などの個人的資質や特性に注目している。しかしながら，リーダーシップを個人の特性だけで説明することはどうしても無理がある。資質論は特性理論とも言われ，リーダーの特性を探ることで，リーダーシップがなぜ機能するかを探ろうとしてきた。リーダーの特性とされたものは，リーダー個人の性格，欲求，知性，知識などである。

しかし，リーダーシップは生来のものであったり，個人の性格に由来したり，となると，その研究や応用範囲には限界がある。リーダーシップが個人の性格や能力に依存するとなると，リーダーシップがどのようにして発揮されたのかは部下など他のメンバーからは目に見えず，わからないということになる。このように資質論だけでリーダーシップを説明するとなると，リーダーシップの客観的な評価や働き，その習得について説明することは難しい。リー

ダーになった人やなりたい人が持つ関心や期待，例えば，どのような経験や教育によって，リーダーシップを得られるのか，また高めていけるのか，にも応えられない。もっと明確なもの，科学的なもので，リーダーシップを捉えることが求められ，部下や他メンバーが認知できる行動面に着目した研究に次第にシフトしていった。

（2）行動論

次に，リーダーの行動を分析し，そこからリーダーシップのあり方を発見しようとするのが行動論（行動理論）の研究である。代表的な理論には二次元モデルがあり，これは，仕事（タスク）に直結した行動の側面と，感情や気配りといった人間的な側面について2つの次元から，リーダーの行動を説明しようとするものである。

1940年代後半に，オハイオ州立大学の研究グループは，職場のリーダーの行動を部下に質問することで調査を行い，「構造づくり（initiating structure）」と「配慮（consideration）」という2つの因子から，リーダーシップ行動が構成されていることを明らかにした。構造づくりとは，リーダーが目標達成をするために，自分と部下の役割分担を行うことであり，配慮とは，部下との相互信頼によって良好な人間関係を保持しようとする行動である。目標設定，仕事の割り当て，進捗状況の確認など仕事目標を達成するための行動は「構造づくり」についてのものであり，部下の相談，部下への心配りなど人間的な側面は「配慮」となる。

また同じ頃，ミシガン大学のリーダーシップ研究グループも，「生産志向（production oriented）」と「従業員志向（employee oriented）」という2つの次元を見出した。生産志向とは，生産を高めて仕事の達成を志向することである。また従業員志向とは，従業員の気持ちに配慮し，良好なコミュニケーションを図り，その意欲を高め，相互に信頼できる人間関係を志向することである。それぞれ仕事に関する軸と人間に関する軸から，リーダーシップ行動が分析された。

日本においても，三隅（1978）はPM理論において，P「業績（performance）」

とM「維持（maintenance）」という2つの次元により，リーダーシップ行動のあり方を解明しようとした。PM理論でのP機能は，仕事をうまく進め，生産性を高めるリーダーシップ行動であり，M機能は，人間関係に配慮し，組織や集団の相互依存性を高めていくリーダーシップ行動である。

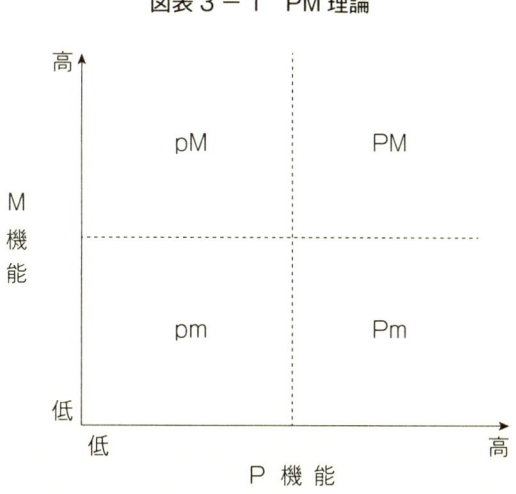

図表3－1　PM理論

```
高
    │
    │    pM      │    PM
M   │            │
機  │────────────┼────────────
能  │            │
    │    pm      │    Pm
    │            │
低  └────────────┴────────────→
    低           P機能          高
```

出所：三隅（1978）に基づき筆者作成。

このように，そのニュアンスや用語は少し異なるが，同時代の3つの研究から，リーダーシップ行動は仕事（生産，組織，業績）と人間（配慮，従業員，組織維持）という2つの次元によって，その機能が捉えられたのである。ミシガン大学の研究では人間志向を重視したリーダーシップ行動の方が，よりよい結果を生み出しているとの結果が示されたが，理想的なリーダーは仕事も人間もどちらにも最大限の関心を持ち対応することで，それが最も有効なリーダーシップ行動とされる。しかし，現実のリーダーにとってそうした対応をとることはなかなか難しい。こうした二次元のリーダーシップのあり方に基づき，リーダーの特質を示しているのが，第4章で示されるマネジリアル・グリッドである。

3．リーダーシップの研究（Ⅱ）

（1）コンティンジェンシー理論

　コンティンジェンシー理論においては，最も有効なリーダーシップ行動は，状況に依存するという考え方が示されている。すなわち，リーダーシップとは，きわめて状況的なものであり，「唯一最善の普遍的なリーダーシップ」を求めることは難しいこととされる。コンティンジェンシー理論は，リーダーが直面している状況とフォロワーの置かれている状況にある変数を加味した考え方である。具体的には，フォロワーの習熟度，達成課題，直面する状況によって効果的なリーダーシップは異なる。

　そのため，コンティンジェンシー理論はさらに現実に近づいたリーダーシップ研究と考えられる。代表的なコンティンジェンシー理論として，フィードラーらによる「コンティンジェンシー・アプローチ」，ハーシー＝ブランチャードによる「SL理論」，そしてロバート・ハウスの「パス・ゴール理論」がある。

（2）フィードラー理論

　フィードラーらによる「コンティンジェンシー・アプローチ」では，唯一最善のリーダーシップはなく，状況によって高い成果をもたらす有効なリーダーシップのあり方は異なるとされる。3つの状況要因（リーダーとメンバーの関係，タスク構造，職位パワー）から，好ましい状況と好ましくない状況が規定される。フィードラーらのリーダーシップ・スタイルの調査では，一般的な状況では人間関係志向が高業績につながる。一方，極めて好ましいか，反対に極めて好ましくないという両極端の状況においては，タスク志向型リーダーの方が高業績をあげられる（図表3－2を参照）。このような結論は実務にも役立つものである。またリーダーシップの有効性を説明しており，リーダーシップ論の発展への貢献は大きい。

図表3-2　フィードラーのリーダーシップ・モデル

.... タスク志向型
―― 人間関係志向型

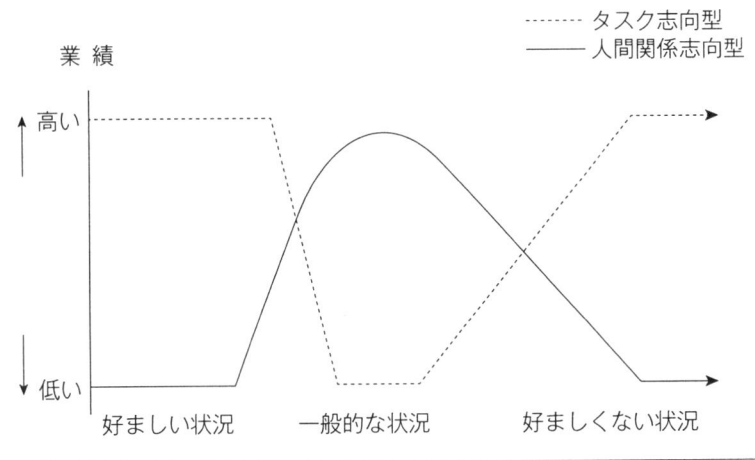

カテゴリー	I	II	III	IV	V	VI	VII	VIII
リーダーと成員との関係	良い	良い	良い	良い	悪い	悪い	悪い	悪い
タスクの構造	高い	高い	低い	低い	高い	高い	低い	低い
地位勢力	強い	弱い	強い	弱い	強い	弱い	強い	弱い

出所：ロビンス（2009）に基づき筆者作成。

（3）SL理論

　ハーシー＝ブランチャードによる「SL理論」では，図表3-3に示されるように，部下の成熟度の段階によって，有効なリーダーシップ・スタイルは変化する。それらは，教示的，説得的，参加的，委任的というように，リーダーシップのスタイルが，部下が成熟するにつれて，教えたり説いたりするものから，部下に任せるものに次第に変わっていく。相手を見て人を見て，話の内容やアプローチの仕方を変えないとうまく指導できない，伝わらないということは日常的にみられるため，これは納得できる結果と思われる。

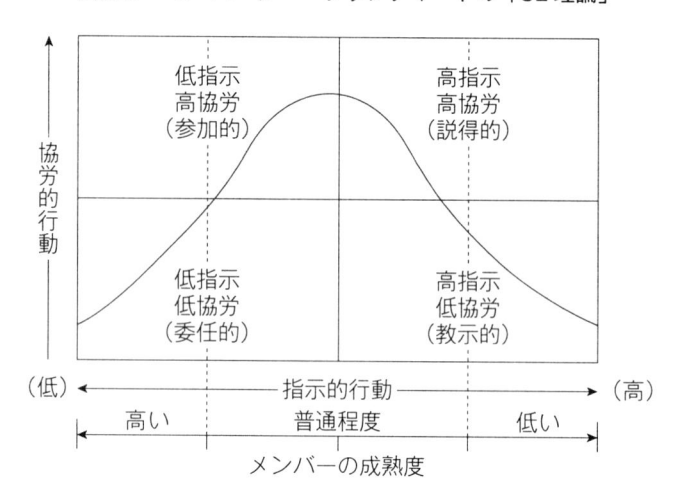

図表3−3　ハーシー＝ブランチャードの「SL理論」

```
         │
  協     │    低指示              高指示
  労     │    高協労              高協労
  的     │   （参加的）          （説得的）
  行     │
  動     │─────────────────────────
         │    低指示              高指示
         │    低協労              低協労
         │   （委任的）          （教示的）
         │
  （低）─┴──────指示的行動──────→（高）
         │　高い　│　普通程度　│　低い　│
                  メンバーの成熟度
```

出所：ハーシー＝ブランチャード（1978）に基づき筆者作成。

（4）パス・ゴール理論

ロバート・ハウスによるパス・ゴール理論は，有効とされている新しいコンティンジェンシー理論である。これは状況適合理論に加え，構造づくりと配慮というリーダーシップの二大行動要因および動機づけの期待理論の要素を用いている。

従業員の目標達成を助けることはリーダーの職務であり，目標達成に必要な方向性や支援を与えることは集団や組織の全体的な目標にかなうというのがパス・ゴール理論の考え方である。ここでのパス（path）とは道筋のことであり，ゴール（goal）とは仕事の達成目標である。すなわち有能なリーダーは従業員に道筋を示して，その業務目標の達成を助けるということである（図表3−4を参照）。

同理論では，リーダーの行動が従業員である部下にとって満足をもたらし，また指導や報酬を与えるとされている。リーダーシップには4つの行動タイプ（指示型，支援型，参加型，達成志向型）が規定されて，リーダーは状況によりリーダーシップ・スタイルを可変的に変えるものとしている。つまり1人のリーダーでも，4つの行動のいずれをもとることがありうる。

図表3－4　パス・ゴール理論

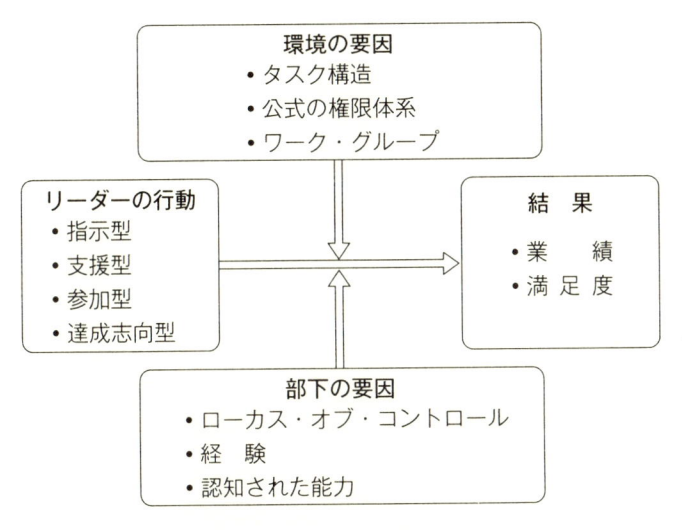

```
           環境の要因
          ・タスク構造
          ・公式の権限体系
          ・ワーク・グループ
                ↓
リーダーの行動              結　果
・指示型         →        ・業　績
・支援型                   ・満足度
・参加型
・達成志向型
                ↑
           部下の要因
          ・ローカス・オブ・コントロール
          ・経　験
          ・認知された能力
```

出所：ロビンス（2009）に基づき筆者作成。

① 指示型リーダーシップ：部下に対する期待を伝え，仕事の計画を設定し，その進め方，達成方法を具体的に教える
② 支援型リーダーシップ：親しみやすい雰囲気をつくり，部下のニーズに気遣いを示す
③ 参加型リーダーシップ：決定する前に，部下に相談し，その意見を取り入れる
④ 達成志向型リーダーシップ：挑戦的な目標を設定し，部下に全力を尽くすよう求める

リーダー行動は結果（業績・満足度）につながるが，環境要因と部下の状況という2つの変数が設定されている。

① 環境の要因（タスク構造，公式の権限体系，ワーク・グループ）
② 部下の要因（ローカス・オブ・コントロール（行動決定源の所在意識），経験，認知された能力）

（5）変革的リーダーシップ

　変革的リーダーシップ（transformational leadership）とは，これまでの組織における通常のリーダーシップとされてきた業務的リーダーシップ（transactional leadership）の対立概念である。業務的リーダーシップは集権的コントロールに基づくリーダーシップであり，管理者・監督者が各組織メンバーの活動をコントロールするものである。それに対して，変革的リーダーシップでは明確なビジョンを提示し，組織メンバーと情報共有を徹底し，組織メンバーの関心を高めることやメンバーの革新的行為を奨励するなど，既存のやり方にとらわれない方法でリーダーシップが発揮される。

4．リーダーシップの源泉

（1）リーダーとフォロワー

　リーダーシップが働くためには，リーダーにフォロワーが従うこと，つまり，フォロワーがリーダーを認めることが重要である。リーダーシップというと，リーダーがどうすべきかなど，リーダーの資質や行動に焦点が当てられがちであるが，リーダーシップがうまく働くかどうかの鍵を握るのは，フォロワーによるリーダーの「受容」とも考えられる。形式上の組織リーダー，例えば管理職になるためには，その職位に任じられることで，リーダーになることができる。

　しかし，リーダーシップを発揮できる真のリーダーになるためには，フォロワーにリーダーとして受け入れられる必要がある。それでは，どのような場合に，リーダーとして受け入れられるのか。そこには，リーダーシップを生み出す源泉としてのパワーの存在がある。

（2）リーダーシップとパワー

　パワーの分類・形態には多くのものがあるが，フレンチとレーベン（French & Raven, 1959）の分類に従えば，つぎの5つのものがある。すなわち，強制的パワー，報酬パワー，専門パワー，準拠パワー，正当パワーである。これらを

整理すると次のようになる。

① 強制的パワー（coercive power）
   活動欲求の充足を妨げる，不快にするなどの罰を与える力
② 報酬パワー（reward power）
   活動欲求を充足させる，または喜びを与える力
③ 専門パワー（expert power）
   専門知識による力，活動欲求を充足させる知識を与える力
④ 準拠パワー（referent power）
   リーダーの持つ属性に基づく力，同一化のための力
⑤ 正当パワー（legitimate power）
   伝統的な力，リーダーの権限に従う信念による力

　伊丹・加護野（2003）は，パワーの源泉について次の5つをあげて説明している。これらは上記のフレンチ＝レーベンのパワーとほぼ共通するものである。まず第1と第2には，懲罰を与える力と報酬を与える力である。これらの力は仕事に基づく，オフィシャルなものであり，管理職などしかるべき職位の権限としてリーダーに付与されているものである。具体的な例としては，仕事上の昇進昇格や異動について，予算配分，懲罰や評価などに関わるパワー（権限）を持っている。

　さらに第3には，判断への信頼感がある。これはリーダーの判断に信頼性があることで，いわゆる専門的知識を持っていることで生じるパワーである。第4には，個人としての魅力である。リーダーの持つ人間的魅力，尊敬できるリーダー，魅力あるリーダーであることがパワーの源泉になっている。これは準拠パワーの説明としては，よりわかりやすいものである。最後に第5として正当性である。これはリーダーの指示に従うのが当然だと考えることである。そのような部下の認識がもたらすパワーであり，具体的にはリーダーの実績，真剣さ，コミットメント，社会的立場や信頼がそうしたパワーの源泉である。このように，正当性の理由になるものは幅広く存在する。

5. マネジメントとリーダーシップ

(1) マネジャーの仕事

　マネジメントの仕事や役割にはどのようなものがあるのだろうか，そしてそこにはリーダーシップがどう関わってくるのだろうか。通常，マネジメントの仕事はマネジャーが行うと考えられるが，リーダーが行うと解することはできないのだろうか。

　一般にマネジャーとは，管理職の総合的な総称と考えられる。管理（management）と監督（supervision）という組織活動を行う企業活動に不可欠な存在である。マネジャーは組織活動全体の統一を図るため，方向性の決定や調整活動を実施していく。一方，リーダーは管理職であるとは限らないし，一般的な役職の呼称ではない。リーダーの仕事はマネジメントとも関連するが，さらに広い使われ方をしている。実際にマネジメントを行う人の呼称は企業組織によって異なる。マネジャーは広い意味での管理監督職であり，企業ではそれが担当部門を持つ重役や部門長といった上級管理職である場合から，小グループやセクションを担当する場合もある。

　マネジャーと同じ意味でマネジメント（経営陣といった管理層を表す）が使われることもある。特にトップマネジメント（全般経営層）やミドルマネジメント（部門経営層）といった使い方がなされる。トップマネジメントは文字通り，社長，CEOというトップから重役や上級幹部層を含む経営陣であり，企業戦略の策定，経営計画，組織と人材の配置，業績評価を行う。さらに一般的な管理職層であるミドルマネジメントには通常，部課長クラスが該当し，部門目標の達成，業務の計画，部下の統率育成，職場の活性化など，典型的なマネジャーの仕事に従事している。ミドルマネジメントはトップと一般社員をつなぐ「連結ピン」の役割も果たしている。

　マネジメントという仕事はそれを行う人の役職名に関わらず，いろいろな場面で生じているため，管理監督のための仕事として人と切り離して捉える必要がある。マネジメントの仕事にはどのような共通点や違いがあるだろうか。業

界，企業，部門，階層，勤務地，職場マネジメントについて考えてみる必要がある。

ここでは，ミンツバーグが示したマネジャーの仕事についてみておきたい。その名の通り『マネジャーの仕事』という著書（ミンツバーグ，1973）は注目すべき研究成果である。そこには以下の通り，3つの主要な役割（P.I.D）とそれに含まれる10の担当が示されている。

[P] 対人的役割（interpersonal）
　　①代表者（figurehead），②リーダー（leader），③連絡係（liaison）

[I] 情報伝達の役割（informational）
　　④監視者（monitor），⑤伝達者（disseminator），
　　⑥スポークスマン（spokesperson）

[D] 意思決定の役割（decisional）
　　⑦起業家（entrepreneur），⑧混乱処理係（disturbance handler），
　　⑨資源配分者（resource allocator），⑩交渉係（negotiator）

このように対人的，情報伝達，意思決定という3つの役割の相互作用により，マネジャーの仕事・役割の全体は構成されている。これらの役割と担当は，マネジャーの仕事を観察し，実証的に見いだされたものであり，マネジメントを分析し，マネジャーのあり方を考察する上で有効である。さらにリーダーやリーダーシップを考える上でも重要な概念と考えられる。

（2）マネジメントのプロセス
　マネジメントがどのように行われるかを示したのが，ファヨールによる管理のプロセスである。これは予測（計画）→ 組織化 → 命令 → 調整 → 統制という，いわゆるマネジメントのサイクルを構成している。

① 予　測：将来を検討し活動計画を立てる
② 組織化：活動の制度・ルールを整える
③ 命　令：従業員を機能させる
④ 調　整：すべての活動と努力を結集し調和させる
⑤ 統　制：進行を監視する，評価する

こうしたマネジメントのプロセスを基に作られたのが，Plan プラン（計画）→ Do ドウ（統制）→ See シー（実行）というマネジメントのプロセスである。

図表3－5　マネジメント・プロセス

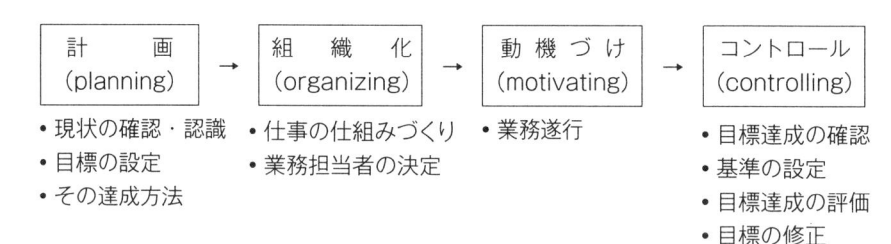

計画 (planning)	→	組織化 (organizing)	→	動機づけ (motivating)	→	コントロール (controlling)
・現状の確認・認識 ・目標の設定 ・その達成方法		・仕事の仕組みづくり ・業務担当者の決定		・業務遂行		・目標達成の確認 ・基準の設定 ・目標達成の評価 ・目標の修正

出所：筆者作成。

これによると，マネジメントとは，組織も目標を達成するために，メンバーを活用し，特定の仕事を共同で効率的に行い，成果を上げていく活動ということになる。リーダーシップは，この中のそれぞれの活動で発揮されることになる。目標を設定することやそれについての相談を受け，計画を決定すること，仕事の担当を決め，仕事に従事させること，目標達成を確認することなど，いずれもリーダーがメンバーと一緒に取り組まなければならない。

（3）マネジャーとリーダー

それでは，マネジャーとリーダーとの違いは何であろうか。すでに述べた通り，マネジャーはマネジメントをする，つまり，計画，統制，能率，管理，収益，段取り，秩序，規律，方針，手順に従ってメンバーをして仕事をこなしていく。

それに対して，リーダーの定義はかなり幅広い。よく知られているのは，マネジャーの下でより小さなグループを担当するリーダーである。そうしたリーダーは管理職（マネジャー）ではないが，より小規模なマネジメントを行う立場である。また一方では，マネジャー以上に高い位置づけをされているリーダーもいる。そうしたリーダーは傑出した政治家や実業家を指していることが多い。リーダーは戦略を練り，人を動かす，革新する。リーダーは，方向，未来，ビジョンに焦点をあてる。リスクを冒す，人を動かす，人をリードするといったリーダーは，仕事の枠組みの決まっているマネジャーより，大きく根源的な仕事をしている。

このように定義が噛み合わないマネジャーとリーダーであるが，論者はどのようにみているのだろうか。経営学者のミンツバーグ（1973）は，リーダーシップ機能はマネジャーが果たすべきであるとしている。これは，マネジャーの仕事にみられる対人的役割の中でリーダーとしての役割が示されている通りである。マネジャーは組織内の情報伝達を司り，優先順位を決定し，またトラブルの処理を通じて前例を作り，資源配分を行うことによって，組織内の意思決定をガイドする役割を担っている。これこそ現実的なマネジャーによるリーダーシップの発揮のあり方である。

また，組織心理学の大家であるシャイン（Schein, 1985）によると，リーダーおよびリーダーシップの果たす中心的な役割は文化管理機能とされている。文化とリーダーシップは表裏一体であり，切り離すことはできない。リーダーシップの唯一の，そして本質的な機能とは組織文化を操作することであるという。リーダーの仕事とは文化を創造し，管理し，必要に応じて，文化を変容させたり，破壊したりすることである。

さらにマネジャーがリーダーシップを発揮し，強力な組織文化を創り上げることができるかどうかが，企業成功のカギと主張している。強力な組織文化を持つ企業では，①従業員は目標が何かを正確に知ることができる，②日々の活動の指針が示される，③大目標から下位目標への分割ができるという。以上により，強力な組織文化を持つ企業では従業員の動機づけの程度も高いというのが，シャインの主張である。

（4）組織文化とリーダー

　教育社会学者のディールとマッキンゼー社のケネディ（1982）は，組織文化の要素として，企業環境，理念，英雄，儀礼と儀式，文化のネットワークの5つをあげている。組織文化を形成するのは，創業者などの強力なリーダーである。創業者や企業の中で英雄視されている人物こそが，従業員にとっての見本となる役割モデルなのである。

　英雄とは「ここで成功するためには，こうしなければならない」という模範を示し，行動様式に影響を及ぼしている。行動の枠組み，基準，価値体系を形作り，企業を創造していくのは英雄であるが，その機能を生かして，組織文化を創造，管理するのは経営者の役割である。ここからは，英雄がリーダー，経営者がマネジャーという位置づけがみられる。

6．リーダー育成と成果志向リーダーシップ

（1）リーダーの育成

　意外にも，リーダーシップ研究の権威たちはリーダーの育成についてはあまり明確に示しておらず，曖昧なようである。リーダーの育成は，各年代や段階におけるリーダーシップの要素に関わっている。

- 遺伝と幼少期：DNAの影響もあるだろうが，これを別として，幼少期の経験はきわめて重要なものである。

- 教　育：適切な教育は必要である。教育とは情報や知識を得るものであり，スキルやテクニックを身に付ける，伸ばすといった研修のことではない。

　　　　　教育で知恵を得る → 謙遜や尊敬につながる → リーダーシップ教育の内容は何か。ビジネス，それとも自然科学，文学，歴史などの教養か。

・経　験（失敗）：20歳代，30歳代でのリーダー経験は重要である。挑戦，危険，成功・失敗の経験。組織に変化を，リーダーシップの難しさ，管理テクニックではない。
　　　グローバルな事業展開をするリーダーは，若い頃の経験が共通している。

・的を絞った研修：講演や研修ではリーダーシップは身に付かない。
　　　リーダーシップに磨きをかける。特定スキルの部分では有効。

（2）成果志向のリーダーシップ

　経営学者のウルリッチ（1999）は，リーダーシップの成果に着目し，特性と成果からなる新しいリーダーシップを主張している。多くのリーダーは，特性と成果のどちらかに偏りがちである。効果的なリーダーシップは，リーダーシップの特性と期待される成果の双方から，最も適切な行動をとっている。優れたリーダーは，特性を成果に結びつけるという。
　まずリーダーシップの特性であるが，これには以下の4つがある。

① 方向の設定（ビジョン，顧客，将来）
　リーダーは将来に向けて企業を位置づける。
　外部環境の理解，未来志向，ビジョンの行動への転換，という3つを念頭において行動している。

② 個人的コミットメントの動員（他者を動かす，パワーの共有）
　社員の一体感を高める。リーダーは他者を巻き込んでビジョンを実現する。
　将来への希望を，個々の社員に求められる日常行動，実践レベルに置き換える。
　リーダーは協動的な関係を構築し，パワーと権威を共有しなければならない。

③　組織のケイパビリティの構築（チームの結成，変革のマネジメント）
　　組織のケイパビリティ（組織の価値を創造するプロセス，行動，実践）をつくり出す。
　　ケイパビリティを構築するために，リーダーには5つの能力が求められる。それらは，組織インフラの構築，多角化の推進，チームの展開，人材システムのデザイン，変化の喚起の能力である。

④　個人的人格の表現（習慣，誠実，信頼，分析的思考）
　　人格的特性を発揮する。人格を備えたリーダーは信頼性（人を鼓舞する能力，公平性，サポート力）がある。

　次に，期待される成果に明確に焦点を当て，特定の特性と成果をリンクさせることが望まれる。これがウルリッチによる効果的なリーダーシップの発揮である。

　「社　員」→ 人的資本 ＝ 社員のケイパビリティ × 社員のコミットメント
　「組　織」→ 組織資本（学習，イノベーション）＝ 組織メンバー1人ひとり
　　　　　　　　の能力 × メンバー数

以上のことを成し遂げる。
　同様に，

　「顧　客」→（ターゲット顧客を楽しませる）強いブランド力などのマーケ
　　　　　　　ティングと企業文化の2つから構成される。
　「投資家」→（キャッシュフロー）配当金と株価の上昇によって測定される，
　　　　　　　株主に対して生み出される経済的なリターン。

以上により，株主価値（コスト削減，組織の成長，マネジメント資産の向上）を高める。

　望ましい成果とは，4つの成果目標によって示される。

・第一の基準：望ましい成果はバランスする。
　　　　　　他の成果を無視（失敗）して，ある1つの側面だけを成功させることはできない。

・第二の基準：望ましい成果は戦略的である。
　　　　　　究極的に組織の独自性，競争力に貢献する。

・第三の基準：望ましい成果は継続する。
　　　　　　短期的な利益のために，長期的な成功を犠牲にはしない。

・第四の基準：望ましい成果は無私である。
　　　　　　特定のグループ，分野のためだけではなく，より大きな全体の利益に貢献する。

コラム3　COLUMN　リーダーシップを開発する外資系企業

　ここでは，外資系企業におけるリーダーシップ開発の実際例を見てみたい。労政時報による事例紹介に基づき，日本マイクロソフト，ノバルティスファーマ，日本ヒューレット・パッカード3社のリーダー人材の育成についてである。
　リーダーシップは，あらゆる層で働くものである。そのため，リーダーシップ開発の対象は一般層から経営層まで，どの層も考えられる。もちろん管理職，経営幹部層は，さらにリーダーシップを発揮する場面が多く，リーダーシップ開発の必要性も高いことは明らかである。
　掲載されている3社について，図表にみられるように，リーダーシップ開発の必要性や求められる人材，対象層について示されており，それぞれに特徴があり，異なっている。日本マイクロソフトは，経営層手前の管理職層に絞り，リーダーシップの開発を行っており，ノバルティスファーマと日本ヒューレット・パッカードは，新入社員から幹部層まで全社員を対象にし，その中でいくつかの段階に絞り，人材育成を行う制度としている。

図表　掲載3社の取り組み概要

企業名 (従業員数)	日本マイクロソフト (2208人)	ノバルティス ファーマ (4417人)	日本ヒューレット・ パッカード(約5100人)
人材育成のポイント・方向性	期待役割と成果、コンピテンシー、経験を基に上司・部下が継続的に対話、PDCAサイクルを回す	テーマとして、①リーダー層の強化、②グローバル人材の育成、③女性リーダーの育成——を設定	スキルやジョブレベル、キャリアステージで区分し、各階層に最適な育成体系・方法により展開
リーダーシップ開発の目的・必要性	管理職から経営層に至る人材パイプラインを強化し、将来のビジネスニーズに対応し得る多様な人材プールを整備	イノベーションを通じた持続的な成長を目指すには、多様性を受け入れ、変化を加速させるリーダーの育成が不可欠	グローバルなマトリクス組織で"所属"の枠を超えタテ・ヨコ・ナナメの関係をうまくマネジメントできる人材の発掘・育成が重要
求める人材像・要件(想定するリーダー像)	求める成功要因の行動として、人・組織・ビジネスの三つの視点からリーダーシップを設定(リーダーには「経営層としての成熟」「後継リーダーの育成」を特に強く問う)	10項目による社員の行動規範「バリュー&ビヘイビア」を高いレベルで実践することを期待(リーダー像:職場でリーダーシップを実践する、もしくは周囲に影響を与える人)	社員の行動規範「HP Way」※の推進・体現者をリーダーと位置づけ(※価値観[人材面]と会社の目的[ビジネス面]につき、それぞれ七つの要素で構成)
対象層	経営層手前の部課長層(管理職をキャリア早期の段階から育成)	全社員(一般社員から幹部層まで、等級・職位に見合ったリーダーシップ発揮を求める)	新入社員〜経営リーダー層を3段階に大くくりし、それぞれハイポテンシャル人材を選抜
開発:現職か将来候補か	将来候補:リーダー後継者の早期発掘・育成が主眼	現職(昇格者)および将来候補(選抜)ともに実施	将来候補:将来のリーダー・幹部候補を早い段階で選抜
育成スタイル:「選抜」かどうか	選抜型:能力・意欲・コミットメントの高い「HiPo人材」(ハイパフォーマンス人材)を選抜(対象者の潜在的資質を能力、意欲、コミットメントから見極め)	絞り込み型:昇格者対象の研修時に実施、選抜型:上司の推薦や人事による選定を基にハイポテンシャル人材を選抜の上実施	選抜型:本人の上司→その上司からの報告に基づき、事業部門長クラスが「将来の自分のポストの担い手を育てる」観点から選抜
何を「開発」するのか	上記三つの成功要因の行動(リーダーシップコンピテンシー)	バリュー&ビヘイビアの各項目につき、等級別に達成すべき水準「リーダーシップレベル」	HP Wayの各要素を軸に、上司との面談に基づき各人が個別に育成計画を策定。主体的な開発が基本
開発の基本的な枠組み	HiPo人材を階層別に3区分。1期2年間(1年×2期)による専用開発プログラムを体系的に実施	新入社員フォロー研修のほか、階層・等級別に「昇格時研修」と「選抜研修」の両軸で展開	大きく①グローバル全体、②グローバル共通、③国内独自——の三つのプログラムで構成
プログラムの構成・内容	1サイクル1年で運用。「仕事70:他者との関係20:研修10」のラーニングモデルにより、それぞれの視点・ウエートを踏まえたプログラムを展開。1年目は「意識的な能力開発」、2年目は「会社の戦略実行への貢献」に力点を置く	【昇格時研修(ポテンシャル人材)】3〜5等級昇格時等に実施【選抜研修(ハイポテンシャル人材)】一般社員:MRI向けTop Gun School、トップタレント向け維新塾/管理職:社内版ビジネススクール・Novartis University等	[グローバル共通プログラム]①後継者計画(ポジション)と②人材評価(人物)を軸に、両者をつき合わせる中で、③育成計画を作成、実行
特徴・工夫点	運用をベースにリーダーが育つ要素を議論。①仕事を通じて育つ、②リーダーと積極的に関わりを持つ、③適切な人脈を築く、④上司とパートナーシップを築き、支援を得る、⑤効果的な能力開発プランを作成する——を基軸にリーダーシップ開発を進める	研修では、該当等級で期待されるリーダーシップ発揮レベルの例示は行うが、リーダーシップ発揮の方法・スタイルは本人が模索。受講者間のグループワークや意見交換による「対話」と「内省・気づき」を重視し、自分なりのリーダー像を模索させる	リーダーシップ開発の専用プログラムを用意するというより、個々人が自身のキャリアを意識し、どうすれば目指すポスト、経営リーダーに必要な能力が身につくかを主体的に考え、実践することを重視。「その過程で必要なスキル・経験はおのずと積める」と認識

[注]　上記は、各社リーダーシップ開発の特徴を編集部でまとめたもの。
出所:『労政時報』第3842号、2013.3.22.

【参考文献】

ウルリッチ，D. ほか（DIAMOND ハーバードビジネスレビュー編集部訳）『脱コンピテンシーのリーダーシップ』ダイヤモンド社，2003年。

シャイン，E. H.（清水紀彦・浜田幸雄訳）『組織文化とリーダーシップ』ダイヤモンド社，1989年。

ディール，T. E., ケネディ，A. A.（城山三郎訳）『シンボリック・マネジャー』岩波書店，1982年。

ハーシー，P., ブランチャード，K. H.（山本成二ほか訳）『行動科学の展開』生産性出版，1978年。

ブレーク，R. R., ムートン，J. S.（田中敏夫ほか訳）『新・期待される管理者像』産業能率大学出版部，1979年。

三隅二不二『リーダーシップ行動の科学』有斐閣，1978年。

ミンツバーグ，H.（奥村哲史・須貝　栄訳）『マネジャーの仕事』白桃書房，1993年。

ロビンス，S. P.（髙木晴夫訳）『組織行動のマネジメント』ダイヤモンド社，1997年。

第4章 組織文化と組織開発

> キーワード
> 経営理念，組織文化，価値観，マネジリアル・グリッド，目標管理

1．組織文化（organizational culture）

（1）経営理念と組織文化

　経営理念（corporate philosophy）とは，企業経営に対しての基本的な考え方や信念を表したものである。そこには企業の存在意義が示され，組織の理念と目的，人間尊重や顧客重視など経営の基本的な考え方が含まれている。創業者や経営者による強固な意思信念が示される例として，松下幸之助による「産業人の使命」があげられる。企業が成立してはじめて組織文化や企業文化が生じるのであり，経営理念は組織文化にとっての基盤である。

　経営理念の存在意義やそのメリットについては次のようないくつかの点が考えられる。1つは経営理念があることで，従業員にとって自分の仕事が意味あるものと感じられることである。誰もが自分の行動の正当性や意義を求めているが，自分だけではそうした納得を得ることは難しい。そこで経営理念に頼ることで，自分の仕事に意義を感じ，仕事への意欲を維持・向上させることができるのである。

　2つには，経営理念が従業員間，顧客との間など社内外のコミュニケーションのベースとなることである。経営理念を共有することで，基礎的な思考のベースを共有することができる。それは，仕事の意欲やコミュニケーションを有効にする上でも重要なのである。

経営理念が浸透し，組織の内部に根付いてくると，それは組織文化を生み出す1つの重要な要素になると考えられる。もちろん組織文化は，公式なメッセージである経営理念だけから生まれるわけではないが，そこから大きな影響を受けている。経営理念から生じる組織文化とは，組織文化の中でも理念的でトップダウンな部分を構成すると考えられる。

組織文化の意義も，経営理念の意義と同様と考えられる。つまり，モチベーション，判断の基準，コミュニケーションにおける存在意義が見出される。組織文化が浸透することによって，まず自らの行動に対する正当性が持てることにつながる。そして，コミュニケーションが容易になることも大きな利点と考えられる。これらにより，人々の行動がよりよく調整され，意思決定が速くなることや学習活動が促進されるという効果が生じる。

（2）組織文化の意味

組織文化とは，組織のメンバーが共有するものの考え方，規範，信念の体系を指している。企業（組織）文化は組織のカルチャー，組織メンバーが共有している価値であり，当該組織を他組織から区別する基盤となっている。つまり組織の独自性の源泉でもある（梅沢，1990）。組織風土（organization climate）において組織特有の雰囲気や固有の観念があり，組織成員は知らず知らずのうちに，それらに準ずる行動をとることになる。

企業文化，組織風土，社風等と呼ばれるものと組織文化は狭義では着眼点や強調点が異なるものの，一般には同様な意味で使われている。組織文化をさらに分類するなら，抽象的なレベルでは「価値観」「パラダイム」であり，具体的なレベルでは「行動規範」となる。

組織文化の最も基本的な部分はその価値観である。これは組織の人々は何に価値をおくか，何を重視するかということである。組織の理念的な目的は主に組織の存在意義を与えるもので，経営理念の第一の部分に対応している。

パラダイムとは，人々に共有された環境についての世界観と認識・思考のルールのことである。人は身の回りの出来事を認識し，その出来事から意味を見出し，判断し，最後に行動をする。その中で人々に共通な認識と思考のパ

ターンこそがパラダイムなのである。これは世界観，人生観，企業観であり，自分を取り巻く世界をどう見るかの考え方や信念を意味している。

　価値観やパラダイムは抽象的であり，具体性が欠けるので，実際の行動においては指針とはなりにくい。そのため行動規範が，組織の中で遭遇するさまざまな状況において人々がいかに行動すべきかについてのルール，暗黙のルールとなる。行動規範は，価値観とパラダイムの具体的な表現となっている。

（3）組織文化の生成と定着

　組織の価値観がどのように生成されるかを考えると，過去の成功体験を元に，その体験を言語にすることが1つの方法である。そうした体験の結果が経営理念として表現される場合もあるし，そうはならない場合もある。組織の人々によって共有されることで，人々の理解や納得を得られることになる。パラダイムは組織固有の価値観であり，仕事で扱っている商品，技術，市場，経営システム等からの影響を受けている。人々の考え方のベースになるパラダイムはこうした経営の内外の要素と相互に影響を与えられ，作られたものである。

　組織文化が組織全体に共有されるためには，単に日常的な経験だけでは十分ではなく，経営においての努力も必要になる。組織に定着させるためには次世代にもつなげていくこと，すなわち伝承が必要になる。基本的には組織文化の生成につながる現象が継続的に行われれば，その組織での共有につながる。共有と伝承のために重要なのは，言語の表現である。それは人々にとってわかりやすく，例えば人間の形成，視野を世界に，完全な調和，公明と正義など，理想を感じさせるような表現でなければならない。反対に，あまりに身近で現実的な表現では，人々は理想を感じることは難しい。

　具体的行動や象徴があれば，それらを共有することが考えられる。企業内のイベントや儀式において，成功した仕事や特別な出来事を共有することである。松下幸之助や本田宗一郎のようなカリスマ的な企業創設者は英雄であり，象徴的な存在となっている。教育や選抜など人事制度も組織文化の生成や共有に関わっている。人の選抜（採用，昇進など）は重要な人事施策であると共に，

経営からのメッセージでもある。ここに価値観やパラダイムの共有や継承が含まれている。企業の価値観を強く持つ人を昇進させる，パラダイムを説くための研修制度を実施するなど人事施策は有効な方法となる。

　経営理念や組織文化を企業組織に定着させることはなかなか難しい。それらはいったん浸透したようでも形式的で表面的なもので終わることも少なくない。これは，トップが本気にはなっていなかったことが第一の原因と考えられる。トップの言動，行動が真剣に経営理念や組織文化の定着を図るものとなっているかどうかである。また言葉として理解されても，行動レベルでどれほどの共感を得ているか，コミュニケーションが図られているかによって組織の変革や個人の態度変容を引き起こすかが決まってくる。さらに組織の権限，意思決定の方法，情報の流れ，評価の仕組みなど，経営の仕組みやあり方が経営理念や組織文化を実現させるものとなっているかも重要となる。

（4）組織文化の先行研究

　組織文化（organizational culture），企業文化（corporate culture）は，1980年代以降の経営学における主要なトピックの1つとなっている。組織メンバーにより共有された行動パターン，集団規範，支配的な価値観などがその対象とされる。

　ピーターズとウォーターマン（Peters and Waterman, 1982）によると，IBM，P&G，3Mなどのアメリカの優良企業は強い組織文化（strong culture）を持つという。そして，強い組織文化を持つことこそ優良企業たるゆえんであると指摘される。創業者や経営者の作り上げた組織文化は世界中に浸透し，巨大な企業群を1つの組織としてまとめている。このようなエクセレント・カンパニーとされる企業群は強力な組織文化を持つ企業であり，その求心力は強く，従業員の動機づけも高いため，十分な貢献を引き出すことが可能となる。

　オランダの社会心理学者ホフステッド（Hofstede, 1980）は，40カ国のIBM本社，海外子会社でアンケート調査を実施し，権力の格差，個人主義対集団主義，男性らしさ対女性らしさ，不確実性の回避という国民文化を測定するための4つの指標を開発した。ホフステッドは，国民文化と組織文化はレベルの違

う現象であると論じている。国民文化の違いは価値観に現れるが，組織文化の違いは価値観よりも慣行に現れる。なぜなら，国民文化は人間が幼い頃から家庭や学校といった社会化の場を経てプログラムとして組み込まれるのに対し，組織文化は職場での社会化を通じて学習されるものだからである（ホフステッド，1980）。

また，アメリカの社会心理学者シャイン（Schein, 1985）は，組織文化を観察可能な行動パターンではなく，その根底にある基本的仮定のパターンとしている。ある社会集団のみに共有される行動の準拠枠や価値観が存在していると考えられる。シャインは，文化とは組織のメンバーによって共有され，無意識のうちに機能し，基本的仮定や信念として使用されるべきもので，外部環境での生き残りという問題や内部統合という問題に対応して学習されたものとしている（シャイン，1985）。

（5）組織文化の逆機能

組織文化は経営にとってプラスになるという前提でこれまで論じられてきたが，果たして常にそれが正しいだろうか。組織文化と言ってもさまざまな内容があり，それが経営や戦略の実現の妨げやマイナスになりうることは容易に想像できる。それは外部の環境と行くべき方向としての戦略，そしてどのような内容を持つ組織文化かによって変わってくる。

問題とされる組織文化は成功体験によって形成され，状況が変わってもその行動様式が変わらないために新たな意思決定や組織変革を妨げるものである。つまり，いったん大きな成功を収めた組織であるほど，その変革は難しくなると言える。その理由としては，①思考が均質化・固定化すること，②自己保存本能が強くなること，が考えられる。

思考が均質化・固定化するとは，当然ながら新しい環境や変化への対応が弱まることにつながる。多様性や変化を認めない組織となれば，新たな発想やイノベーションが失われることになり，これは組織の発展にとっては危機的な問題となる。自己保存本能が強くなると，現在の組織文化を守ることのみに重点が置かれ，現状を保持するだけの組織に陥りがちになる。同一の価値観やパラ

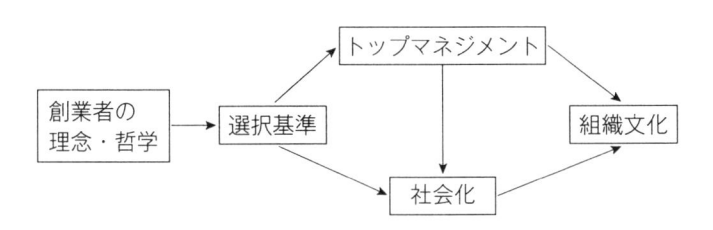

図表4−1　組織文化の形成プロセス

```
創業者の              トップマネジメント
理念・哲学  →  選択基準              →  組織文化
                      ↓      ↗
                     社会化
```

出所：ロビンス（2005）に基づき筆者作成。

ダイムによって，思考や行動のパターンが決まり，経営にマイナスであっても，その組織文化を守ることを優先してしまう恐れがある。

　ここで留意すべきは，組織文化は固定的で表面的なものではないことである。普遍的な姿勢，根源的な価値についてさらに理解がなされていれば，環境変化にも柔軟に対処することができるのである。さらに積極的に捉えれば，変革にチャレンジするという組織文化こそが優先されるべきであろう。いずれにしても，人々が現状保持の行動を取るのではなく，真に強い組織，競争力のある企業であり続けるために組織文化を役立てるべきである。しかし，問題は，そうした理念や言葉としての文化を，どのようにして人々の行動，現実の動きにつなげるかである。

2．組織開発

　企業などの組織における人材育成や人材開発は，集合的に行われる場合であっても，個人を対象にしたものである。それに対して組織開発（Organization Development）は，組織全体を対象に組織の変革を図り，組織全体の問題解決につなげていこうとするものである。本論では，1960年代から展開されている組織開発について，その歴史・背景，意義，現状，課題について概観していきたい。

（1）組織開発とは

　1970年代からの産業構造や内外環境の変化により，従来の組織で環境への適応ができるのかが問われてきたことが，組織開発の必要性が高まった背景にある。また，組織目標と個人目標の統合をどうするか，コミュニケーションやモチベーションをどう良好にしていくかも，組織開発に期待されていることである。

　組織開発論の代表的な論者として，ベニス（Benis），シャイン（Shein），ベッカード（Beckhard）らがいる。彼らによる共通な定義は「行動科学（知識・技法）により，組織マネジメントのプロセスに計画的に介入し，組織の有効性や健全性を高めること」というものである。ベッカード（Beckhard, 1960）によると，組織開発は，行動科学の知識を利用しながら，計画的に，組織全体にわたり，経営者の管理の下で，組織の有効性と健全性を増大させるために，組織の過程に介入する努力であるとされる。したがって，組織開発とは組織風土・組織文化を計画的に変革することであり，単なる既存の制度や手続きの変更ではない。また，個人の断片的・個別的な働きや措置ではなく，階層・権力による運営でもない。

　森五郎（1979）は，組織開発を「多くの教育訓練や能力開発が個人を対象としたものであるのに対し，組織を対象として組織全体の能力（有効性・健全性など）を向上せしめようとする訓練の一種と考えることが出来よう」と述べている。また，フレンチとベル（French and Bell, Jr.）は，組織開発を「組織文化のより効果的かつ共同的診断ならびに管理を通じて，組織の問題解決と再生プロセスを改善するためのトップ・マネジメントによって支援された長期にわたる努力である」とした。また「その改善には公式のチーム・ワーク，一時的なチーム，そして集団間の文化に特定の強調を置き，またコンサルタント，促進者の助力やアクション・リサーチを含めた応用行動科学の理論と技術が活用される」と述べている。

　組織開発とは，組織マネジメントのプロセスに計画的に介入し，組織を有効性の高い状態に変革させることを目指し，ステップを踏んで移行していく。組織メンバーの変革を未成熟から成熟段階へと移行させるアージリス（Argyris,

図表4－2　組織メンバーの変革

	未成熟 ⇨	成　熟
組織メンバー	受動的，依存的 限りある能力 自己統制力なし 短期的判断 ⇨	能動的，自律的 可能性を秘めた能力 自己統制力あり 長期的判断可能
管理方式	強権的管理 緻密な管理 ⇨	参画・自主性を 許容する管理

出所：アージリス（1970）に基づき筆者作成。

1957）の理論に依拠している。

（2）組織開発の方法

　組織開発を進める方法としては，次のようなステップが考えられる。①組織運営，構成員の行動，態度について情報を収集し，問題点を分析する，②組織開発の参加集団に問題点をフィードバックする，③問題解決のための組織変革計画作成とその実施，④安定化のためのフォローアップ活動，以上の4つのステップである。組織全体の変革を求める組織開発は，組織の問題解決を改善するための長期的な努力や再生のためのプロセスにもなっている。

　変革推進者（change agent）を中心として組織に計画的に介入（intervention）することは，組織の業績向上や体質改善を進める施策となる。組織開発とは個人変革からのアプローチではなく，より直接的に組織風土に働きかけるものである。代表的な組織変革として，リッカートの「システム類型論」とブレーク＝ムートンの「マネジリアル・グリッド（managerial grid）」がある。日本企業においては，小集団活動，提案制度，目標管理などが組織開発の手法の1つになると考えられる。

　リッカート（Likert, 1988）のシステム類型論においては，システム1が相互不信，威圧的・権威主義的マネジメント，システム2が表面的な温情主義，報償と懲罰の動機づけ，システム3はかなりの信頼関係，ある程度の参画，システム4が部下を全面的に信頼，目標達成，改善，達成評価に参画する状態と

される。その中で，システム1とシステム2の段階では，短期間には高い生産性が得られても，長期的には生産性が低下する。しかしながら，権威的リーダーシップから集団参加的リーダーシップに変えることで，組織をシステム4に変革させていくことが組織変革の1つの方法と考えられる。

(3) マネジリアル・グリッド

ブレーク (Blake) とムートン (Mouton) によって提唱されたグリッド理論 (1978) による組織開発手法であり，管理者の行動スタイルを業績に対する関心と人間に対する関心との2つの面から考察し，5つの類型に分類している。

この分類に基づき，チーム学習によって個人啓発と組織改善を統合的に追求しようとする組織開発の手法である。業績と人間の2つの要素は互いに矛盾するものではなく，両要素の統合は可能であるとの前提に立っている。これは

図表4-3 マネジリアル・グリッドの類型

タイプ	特徴，背景となる考え方など
9.1型 ［権力型，業績志向型］	業績に関心が強く，部下は言う通りにすればよい 目標は自分で決める （X理論　ワンマン　同情なし）
1.9型 ［ニコポン型，人間関係志向型］	他人によく思われたい，部下に圧力かけても無駄 誰でも賛成する漠然とした目標を掲げる （イエスマン）
1.1型 ［落第型，無関心型］	関心は自分の安泰だけ，仕事・部下は放任， 特に目標なし，職場では目立ちたくない （メッセージ運搬人）
5.5型 ［妥協型，堅実志向型］	ある程度の枠のなかで，業績と人間のバランスをとる 実行可能な目標設定，多数決，前例重視 （組織人）
9.9型 ［理想型，問題解決志向型］	組織の業績と個人の欲求は統合が可能， 理解と納得のゆく両方向のコミュニケーションで目標設定 （Y理論）

出所：ブレーク・ムートン (1978) に基づき筆者作成。

Y理論や成熟した組織という考え方につながる。マネジリアル・グリッド（managerial grid）では，図表4－3のように，9.1型，1.9型，1.1型，5.5型，9.9型の5類型に分けられる。

このような5類型の中で，自分はどのような位置づけにあるか，自己評価と周囲からの評価を行うことで，認識と現実のギャップを埋めることや自分の強み・弱みを理解し，今後の育成の課題や方向性を見つけることにつながる。

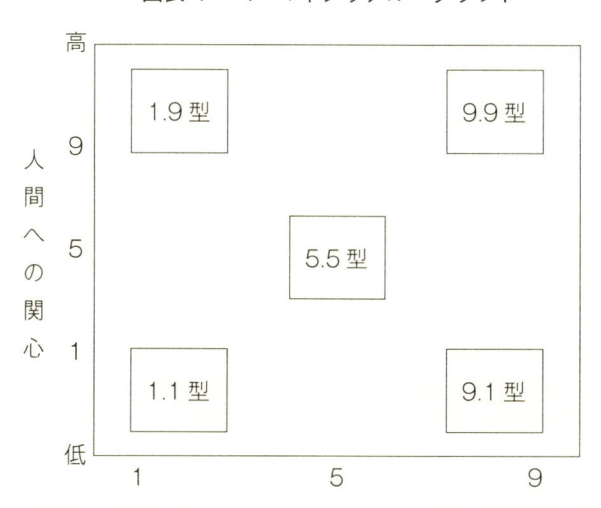

図表4－4　マネジリアル・グリッド

出所：ブレーク・ムートン（1978）に基づき筆者作成。

3．組織の活性化

（1）組織の活性化とは

組織の活性化については統一した概念規定はなく，活気＝バイタリティ，積極性，元気な職場といった表面的な捉え方がなされがちである。組織開発（OD：Organization Development）が1960年代のアメリカで生まれた概念であるのに対して，組織活性化は1970年代半ばから，日本企業で注目されてきたものである。こうした実態から，組織活性化とは，組織が効果的にその目的を

達成できるように，個々の構成員や構成員間の活動力を増加させることと考えられる。

組織活性化が注目されるようになった背景としては，価値観の多様化による組織力と低成長時代での企業モラールの低下が考えられる。前者については，世代間の断絶，生活水準の向上，多様な労働形態が関連している。また後者については，オイルショック後の産業構造変化，合理化，職種転換，減速経済，労働者の失業不安が関わっている。

組織活性化のためのステップとしては，まず硬直化した組織，階層が多くなった組織の対策を行うため，組織階層の削減が考えられる。具体的には，組織の上下間のコミュニケーションを活発にするため，組織下部の階層への責任権限を増やし，自主性を高めることである。組織とメンバー活動に有効な施策として，コミュニケーションと参画，組織開発，目標管理，小集団活動，チームワーク強化，リーダーシップ・トレーニングなどがあげられる。これらを活用しながら，組織の活性化を図っている。

図表4-5　企業における組織活性化の事例

I．アサヒビールや日産の復活は代表的な組織活性化の事例
- 企業のトップによる，組織全体の価値観の変更
- ミドル（部長，課長など）による，社員の考え方や行動の仕方の変更

II．企業独特の価値観，考え方，行動パターン＝「企業文化」
- 企業文化を変える → 組織が活性化される → 企業活動の改善

III．アサヒビールの変化
- 長期的な低迷　シェア3割（1950）→ 1割（1970）へ低下
（あきらめ感，甘え）＝業務用から家庭用への市場変化　家庭用に重点を置くキリンのシェア向上
- 新製品ドライビールの開発（1986）
＝ 業界シェアは，縮小から拡大へ転じ，キリンに追いつく（1996）トップブランドを獲得（キリンとの激烈なトップ争い）（意識改革）

（２）小集団活動と提案制度

　小集団活動とは，職場に少人数のグループを作り，グループが自主的に業務に関連する目標や計画を立てて実行していく活動を意味している。アメリカの統計的品質管理技法から始まり，日本の主要産業に広まったもので，1970年代からは日本企業の生産性と高品質を支える仕組みとして世界的にも注目された。小集団活動は，日本における組織開発の成功例なのである。小集団活動にはZD（Zero Defects；欠陥品ゼロ）グループ，QC（Quality Control；品質管理）サークル，自主管理活動などがあり，部門や企業全体での大規模な活動として取り組まれた。このように製造現場を中心に全社的な活動として定着したのが，日本での小集団活動である。

　小集団活動の実際は，次のようなステップにより行われる。まず第一にはテーマおよび目標の選定である。第二は活動計画の立案である。ここでは計画の作成に全員が参画しているかを確認する必要がある。第三には原因の究明，問題点の把握と分析がある。ここでは事実をもとにした原因把握がなされているかが重要となる。続いて第四に改善案の作成となる。その改善案ではどのような効果が期待できるかを確認しておかなければならない。第五には改善案の実施，最後に，効果の確認・歯止めである。歯止めとは，実施後の効果を継続させるため，元に戻らないようにする施策である。

　次に提案制度の概要として，提案とは，日本企業で広く実施されている経営参画の1つの方法と言える。この提案の設計や設置形態は自由度が高く，職種・職場環境を問わず実施が可能である。提案制度の利点は，自らの創造性を発揮し，そこに働くことの意義，喜びを味わうことができることである。

　一般に提案制度では，自分の仕事・職場に関する改善案を所定の用紙（提案票など）に記入して提出する。提案箱などと言われる提出用のボックスが職場に置かれている場合も少なくない。提案の内容としては，仕事の進め方の工夫や環境安全，モラール，コミュニケーションなどの向上に関するものが多い。提案内容が評価され，採用されることで，業務改善が実現し，企業は効率性向上などで利益が得られ，提案者やグループには報奨金などが与えられる。仕事での職務拡大・職務充実がうまく機能しない場合でも，提案での改善や適応は

可能である。

（3）目標管理（MBO：Management By Objectives）

　目標管理は育成のための制度とされてきたが，現在の日本企業では人事評価制度としての活用が多くなっている。目標管理制度は，1950年代にピーター・ドラッカーがその必要性を強調し，日本に導入されたのは1965年のことである。ドラッカーだけでなく，ダグラス・マクレガー，ジョージ・S・オディオーンなど著名な専門家や学者らによって提唱されてきた。目標管理（MBO：Management By Objectives）という言葉で広く知られるが，MBOの後には「through Self Control／自己統制による」という文言が加わるため，本来は「自己統制による目標管理」というのが，正確な用語である。

　業績評価を中心とする人事評価が一般的になり，目標管理（MBO）によって，個人目標と組織目標の統合を図ることが求められている。自らの目標を上司との面談を通して設定する。その後，自主的な取組み，成果の自己評価，数値的目標とそれによる達成を評価する。目標達成度とそれに至るプロセスをも評価の対象とすることで，評価の公平性，客観性，納得性が得られることが重要である。

　目標が上司によって一方的に決定されるのでなく，自ら設定し，それに向けて自らを律していくもので，組織メンバーの自己実現欲求に働きかける方法でもある。目標管理というと，数値の管理となる傾向がどうしても強くなるため，プロセスや達成の努力や取組みをどのように評価に加えられるかが重要である。導入の分類としては，戦略的全社活動，個人的目標達成，能力開発目標の3つが考えられる。

　目標管理制度はマネジメントの方法論の1つであり，組織開発の方法としての役割が本来のあり方で，最も適するものと考えられる。ここでは組織開発としての目標管理のあり方を概観しておきたい。目標管理では達成目標を設定し，達成への取組みが行われ，目標達成の自己評価につなげている。こうした一連のサイクルが目標管理のプロセスとなっている。

　さらに目標管理の進め方を詳しくみてみると，①全社目標と達成方針の明

示，②部門目標（方針）の設定，③個人目標の設定（最終決定には上司との調整），④目標達成への取組み（上司よりの助言・支援），⑤目標達成の評価（自己評価と上司よりの評価）という手順を踏むことになる。

　目標管理は個々人を目標設定の過程に参画させ，また目標遂行の過程を個人の主体性に任せることによって，個人を動機づけ，目標達成を促進していく管理方法である。目標管理を行うことで，組織活力の向上が期待でき，成果指向のマネジメントを進める上でも有効である。

コラムA　COLUMN　　企業風土改革を進める企業事例

　企業風土改革は大変困難なテーマである。それは全社的な取組み，社員の意識変革が求められるためである。ここでは，事例報告（労政時報）に基づき，企業風土改革に成果を上げている5社の事例を概観する。

　各社が企業風土改革に取り組む理由はさまざまである。「デンソー」は自社らしさの伝承に危機感を感じ，「NTTコムウェア」は社員の自己責任やコミュニケーション不足としている。また「キューピー」は改善活動のマンネリ化と内向きの風土，「武蔵野」は社員のやる気のなさ，「KUURAKU GROUP」は若い社員・アルバイトの気持ちをつかむ，ことを理由としている。

　各社の事例の概要は，図表1の通りであるが，ここには各社の企業方針，経営戦略，組織の課題が抽出されている。各社に共通する風土改革への取組みのポイントは，①経営によるビジョンの提示，②コミュニケーションを促進し，価値観の共有を図ること，③社員同士の交流の仕掛け・場を設定すること，④社員の納得感，自主性を重視すること，⑤社内の一部の取組みとせず，横展開を図ること，⑥継続的に取り組むこと，以上である。

図表1　掲載事例の概要

会社名 (従業員数)	テーマ	施策の概要
デンソー (連結11万9919人、 単独3万6768人)	共通の価値観「デンソースピリット」で社員が一体となり、競争力を高める	●デンソースピリットの策定プロセス：国内外の管理職150人にインタビューを実施。また、同社の価値観を表現したエピソードを社史等から抽出して反映 ●共有方針：デンソーという会社の実状に合ったものを見いだすため、日米の先進各社の事例や、歴史的に実証された理念浸透の基本として、キリスト教の布教活動を調査。その知見を基に「職場での対話と共体験」を重視。10年掛けて取り組む ●共有活動の具体策：独自の工夫を凝らした冊子やビデオの活用、職場ディスカッション、役員・管理者が自らの体験を語る「語る会」などを展開
NTTコムウェア (5110人)	オフサイトミーティングにより"想い"を共有、今後は業務改善に注力	●NEXT10活動(2006年8月開始)：変革意欲の高い有志社員が「オフサイトミーティング」と呼ばれる語り合いを通じて"想い"を共有。ボトムアップで企業変革を目指す。新しい企業ビジョンも策定 ●2008年度の風土改革：オフサイトミーティングを全社展開。経営幹部との対話会や、「いきいきスマイルポイント」という社員の意識喚起のための制度など、さまざまな施策でコミュニケーションを活性化 ●2009年度の風土改革：コミュニケーション施策を継続しつつ、組織ごとの業務改善活動にシフト。事業を遂行する中で、組織ごとに適したやり方で業務改善に取り組み、「自ら考え、仕事の改善に取り組む集団」に変革することを目指す
キユーピー (2609人)	「夢多"採り(ムダとり)活動」で、品質と生産性の向上を"楽しく笑顔で"推進	●夢多"採り活動：小集団活動を基本とする、ボトムアップ型の改善提案活動。大目的は品質の向上。チーム単位は柔軟に設定し、目的や改善提案内容の大きさによって、チーム同士が自由に合体・分離することも可能。トップ主導の短期プロジェクトが置かれるケースもある ●わくわく活動合同発表会：品質管理(QC)にとらわれず、おのおのが職場の中でチャレンジしている活動内容を「自慢していく」もの。年に1度、同社の全グループ会社による大規模な発表会(全国大会)を開催する ●改善推進者研修：小集団活動の中でリーダーとなる社員を「改善推進者」と位置付け、改善スキルやマインドを身に付けるための育成を行う
武蔵野 (360人)	トップダウンによる「環境整備」で意識を一変、ボトムアップ型組織への変革を遂げる	●環境整備：毎朝30分、全社員に社内清掃を強制。チェックリストによって評点がつけられ、賞与額にも反映する ●100回帳：人材育成を目的としたポイント付与制度。社内勉強会へ参加する、上司との面談に出席する——など会社が定める30の義務を果たすたびにスタンプが押され、100個貯まると旅行券を支給 ●サンクスカード：褒め合うことを仕組み化。コミュニケーション量を増やす ●部門横断型のチーム活動：課長クラスの社員がチームリーダーとなり、全社共通の課題について改善策を検討。月に1度の頻度でミーティングを行い、経営計画を具体化した「実行計画書」を半期ごとに作成
KUURAKU GROUP (正社員39人、アルバイト約200人)	「信じて任す」「承認する」を基本にした人事施策で、若者の気持ちをつかむ	●ハッピー&サンクス：朝礼時に、24時間以内にあった"うれしかったこと""感謝したいこと"を社員同士が伝え合う ●チャレンジシップアワーズ：毎年全店を休業して開催するアルバイトの改善活動の成果発表会 ●ナレッジマネジメントシステム「KUURAKU I's」(くふ楽アイズ)：イントラネット上で、アルバイトを含む全従業員に社内情報を公開。店からの情報発信も可能にし、コミュニケーション・ツールとしても活用 ●その他のイベント：アルバイトの卒業式や、家族も参加が可能な運動会&バーベキュー、誕生日会などの各種イベントも定期的に開催

[注]　今回取り上げた主な施策の概要のみをまとめた。各社とも、このほかにも多彩な施策を展開している。
出所：『労政時報』第3754号、2009.7.24.

【参考文献】

アージリス, C.（伊吹山太郎ほか訳）『新訳 組織とパーソナリティ』日本能率協会, 1970 年。
梅沢 正『企業文化の革新と創造』有斐閣, 1990 年。
シャイン, E. H.（清水紀彦・浜田幸雄訳）『組織文化とリーダーシップ』ダイヤモンド社, 1985 年。
ドラッカー, P. F.（上田惇生訳）『現代の経営』ダイヤモンド社, 1996 年。
西川清之『人的資源管理の基礎』学文社, 2010 年。
ピーターズ, T. J., ウォーターマン, R. H.（大前研一訳）『エクセレント・カンパニー』講談社, 1983 年。
ブレーク, R. R., ムートン, J. S.（田中敏夫ほか訳）『新・期待される管理者像』産業能率大学出版部, 1979 年。
ホフステード, G.（岩井紀子ほか訳）『多文化世界』有斐閣, 1995 年。
リッカート, R., リッカート, J. G.（三隅二不二訳）『コンフリクトの行動科学』ダイヤモンド社, 1988 年。
ロビンス, S. P.（髙木晴夫訳）『組織行動のマネジメント』ダイヤモンド社, 1997 年。

第5章 知識創造と人材

> **キーワード**
> ナレッジマネジメント，暗黙知，形式知，知識資産，
> ナレッジワーカー

1. ナレッジマネジメント

(1) ナレッジマネジメントとは

　ナレッジマネジメント (KM：Knowledge Management) は，1990年代にその概念が確立され，21世紀初頭にかけて多くの企業で新たな経営の1つの手法として注目された。しかし現在においても，「ナレッジマネジメント」やその日本語である「知識経営」という用語や概念は一般的なものになったとは言えない。実際にはナレッジマネジメントとの名称が使われていなくても，その考え方は現代の経営において広く用いられている。

　ナレッジマネジメントの成立には，IT（情報技術：Information Technology）の発展が前提条件であり，情報システムとナレッジマネジメントとの関係は密接である。一方，人と組織はナレッジマネジメントの実現とその運営において重要な役割を果たしている。IT はナレッジマネジメントの環境を支える基盤としての役割があるが，人材にはそれを生かして，実際に成果を生み出すという役割がある。

　ナレッジマネジメントの代表的論者であるダベンポート (Davenport, 1999) によると，ナレッジマネジメントは，はじめに知識を商品としている専門性の高いサービス業，医薬産業や研究開発部門に導入されたという。その後，ナ

レッジマネジメントは製造，財務部門をはじめ急速にその利用が拡大し，間接部門の仕事のほとんどに採用されてきた。

野中ら（1995）による，ナレッジマネジメントの定義は「知識の創造，浸透（共有／移転），活用プロセスから生み出される価値を最大限に発揮させるプロセスのデザイン，資産・環境の整備，それらを導くビジョンとリーダーシップ」というものである。ナレッジマネジメントを推進し，定着させるには，それが自分の仕事の一部となるような仕組みや文化が必要となる。ナレッジを重視する企業文化，共有・利用する動機づけ，ナレッジマネジメントの観点からの仕事を再考することが重要なのである。

（2）知識とナレッジマネジメント

企業活動に用いられる経営資源として，ヒト（人材・労働力），モノ（資材・設備），カネ（資金），情報が認識されてきた。そのため，ナレッジ（知識）はそれらに続く第5の経営資源とも考えられる。ナレッジマネジメントとは，人の持つ知識（経験，知恵，ノウハウなど）を収集・蓄積・共有し，それらを利用する方法や技術を意味する。ナレッジマネジメントの目的は，知識を管理することではなく，知識を有効に使えるようにすることなのである。

ナレッジマネジメントが注目された理由は，知識価値が認識されたことと情報技術の進展にある。知識という資源の価値が認識されてきた背景には，従来のモノづくりにみられる既存の経営資源による競争の成熟化があげられる。つまり，製品の機能や品質による差別化が明確でなくなり，発想やアイデアを取り込んだ新たな使い方や仕組み，いわばソフトやシステムを含めた総合能力の競争が重要になってきたためである。

こうした新たな競争への変化が起きた1つの理由は，情報技術の発達である。例えば，屋外でも自由に電話ができれば，とても便利であると誰もが願っただろう。そうした無線の電話が実現できたとしても，高度な技術や高額な費用が必要であれば，一般の人は利用できない。実際の所，報道や警察などの仕事では使われていても，1980年代まで，一般の利用は夢や構想に過ぎなかった。しかし今日では，携帯電話やそれが発展したスマートフォンが普及し，外

出先とオフィス・自宅はもとより,山村や海外との通話も現実のものになった。さらに文字情報を伝達する電子メールの普及は,情報伝達のあり方を大きく変えた。

　情報技術は急速に発展し,さらにその進展は進んでいる。これは技術の高度化,インフラの普及,費用の低下をもたらし,世界中の情報革命を引き起こしている。インターネット,電子メール,データ共有のクラウド技術など従来の常識や限界を超えた情報伝達や情報共有が実現したことにより,ナレッジマネジメントが真価を発揮できる環境が整ってきたと言える。

（3）知識価値の認識

　ナレッジマネジメントにおいて知識を的確に認識し,また活用するためには,知識についてさまざまな面から考えておく必要がある。図表5－1では,知識の時代には従来の情報の時代に対してどのような変化があるかが示されている。ここに示される通り,無形資産である知識は人と組織の中に埋め込まれて（embedded knowlege）,製品やサービスといったアウトプットにつながっている。情報を処理するホワイトカラーから知識を活用する知識ワーカーへの変化は,仕事の重要性が質的な情報や知識にシフトしたことを意味する。定形的な作業や製造業を中心とした時代から,サービスをはじめ非定型で新たな質的なアウトプットが求められる時代となった。

図表5－1　知識の時代への変化

	情報の時代	知識の時代
価値の源泉	有形資産（ハード）	無形資産（ソフト）
利益の創出	工場（製品）	人と組織（知識）
仕事プロセス	ホワイトカラーの情報処理	知識ワーカーの知識活用創造
組　　織	階層組織	多元的組織
	（分業中心）	（チーム・協業中心）
業務プロセス	定型的業務プロセス	非定型的業務プロセス

出所：筆者作成。

ナレッジマネジメントで先駆的と評価される企業は，どのようにナレッジマネジメントを捉え推進させてきたのだろうか。それを理解するためには，どのような知識を資産と捉え，戦略と結びつけているかが重要となる。野中ら（1999）がマイクロソフト，GE，コカコーラといった企業について整理したのが図表5－2である。これらの企業はナレッジマネジメントの先駆的企業とされているが，いずれもエクセレントカンパニーとしても有名な企業である。ここから，さまざまな知識を資産として捉え，それらを中心に据えた戦略が採られていることが伺える。

　ナレッジマネジメントの対象や内容については，従来の市場，技術，情報を重視する戦略やマーケティングからも考えられるが，知識という切り口から捉えることで，顧客，ブランドなどの知や知識資産という重要資源がさらに明確になる。また，それらのマネジメントはどうあるべきかとの，より優れた考察や新たな発想につなげることもできる。

図表5－2　ナレッジマネジメントの先駆企業における知識資産とは

	知識資産	成長戦略
マイクロソフト Microsoft	顧客資産 プログラム資産 ブランド	顧客の組織化 市場支配 継続的製品進化
ゼネラル・エレクトリック GE：General Electric	サービス化製品の知識 技術的資産	顧客知の蓄積 継続的サービス進化 グローバルサービス
コカ・コーラ Coca-Cola	ブランド 原液 マーケティング・ノウハウ	ボトラーズおよびチャネルのグローバル化 ブランド価値還元

出所：野中（1999）を参考に，筆者作成。

図表5－3　個人知・組織知と使用例

知識の種類	知識が使用される具体例
個人知（Individual Knowledge）： ・個人に帰属する知識や知恵 ・個人が再利用・活用する ・共有化しにくい	・アイデア，ひらめき，人脈 ・経験，体験，感覚，嗜好
個人知と組織知の双方に属する知	・帳簿，提案書，業務マニュアル ・顧客データ，技術やノウハウ ・セミナー資料など
組織知（Organizational Knowledge）： ・組織の価値創造に貢献 ・他の人と共有化しやすい	・知的所有権 ・設計図，図面マニュアル集 ・方法論やツール

出所：野中（1999）を参考に，筆者作成。

（4）知識の種類

　組織の中には個人知と組織知が混在しており，個人に帰属する知識はそのままでは共有化できないものが多い。知識はそのすべてが文字やデータとして管理されているわけではない。

　組織知を増やしていくことで，個人の問題解決能力も高まり，組織全体の能力や価値を高めることができる。個人知を組織知に変換し，その組織知を効果的に用いることで，環境変化への適応能力，問題解決能力も向上させられる。組織全体として知識が拡大すること，最大化できることが重要となる。暗黙知と形式知という知識の概念は，野中郁次郎（1990）による提唱で世界的にも知られる日本発の経営理論とされている。

- 暗黙知：言葉，文章で表現するのは難しい（言語化，形式化が困難）主観的，身体的な知，個人的経験，技能，文化，風土などで表される
- 形式知：客観的に捉えることが可能。言語，文章で表現できる客観的・理性的な知

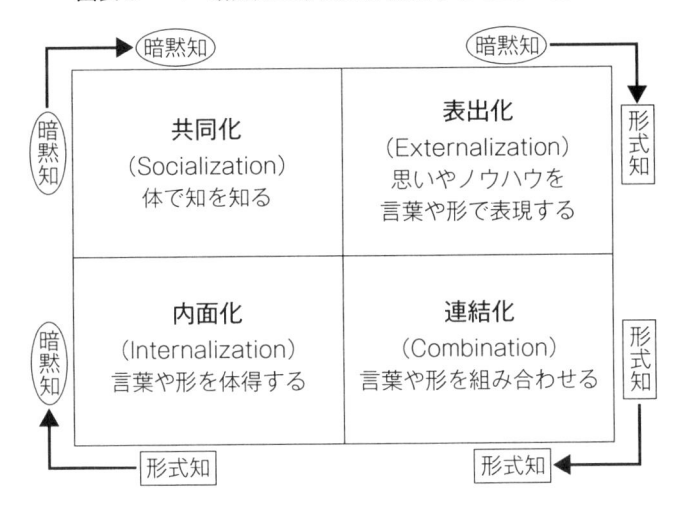

図表5-4 暗黙知と形式知が循環するSECIモデル

	暗黙知	暗黙知	
暗黙知	共同化 (Socialization) 体で知を知る	表出化 (Externalization) 思いやノウハウを 言葉や形で表現する	形式知
暗黙知	内面化 (Internalization) 言葉や形を体得する	連結化 (Combination) 言葉や形を組み合わせる	形式知
	形式知	形式知	

出所：野中（1999）を参考に，筆者作成。

2．知識資産とナレッジマネジメント

(1) 知識資産のある場所

　市場知識資産（市場知・顧客知）とは，企業が市場活動を通じて獲得蓄積した資産である。顧客，市場や流通が持つ知識，顧客と共有する知識，顧客情報データベースに基づく顧客の動態についての知識が含まれる。組織的知識資産（組織知，人間知）とは，この知識ワーカーあるいは組織として獲得した資産であり，組織内の従業員の持つ技術・製品についての知識，企画・製品開発などの知識，組織内の場で集団が共有する知識が含まれる。製品ベース知識資産（製品知，科学知）とは，製品（もの）にまつわる知識資産であり，製品に埋め込まれた知識，知的所有権，技術的知識等が含まれている（野中・紺野，1999）。

(2) 知識資産の類型

　次に知識資産の類型をみると，経験的，熟練的，概念的，定型的，常設的と

の5つの知識資産の類型に分けることができる。経験的知識資産（経験，文化，歴史）とは，経験として蓄積，共有された独自の知識資産（暗黙知の割合大）である。熟練的知識（業務経験による知識）とは，SECIの共同化や組織文化等に埋め込まれた知識資産であり，他企業の模倣困難な企業独自のコンピタンスとなる知識である。

概念的知識資産（コンセプト，ブランド，デザイン）とは，知覚・概念・シンボルなどの知識資産であり，消費者や顧客の知覚に依存して成立するものである。概念的資産は，人々のイメージによる社会的位置づけ，存在であり，ブランド力はその知覚に支えられた品質やシンボルによって収益を生み出している。

定型的知識資産（ドキュメント，マニュアル，フォーマット）とは構造化された知識資産（形式知の割合が大きい）で，明文化された技術や製品仕様など特定のフォーマットに還元された知識である。ライセンスや特許など法的に保護される知識資産もこの中に含まれる。常設的知識資産（実践法，プログラム，ガイド，教育システム）とは，組織的制度，仕組み，手順で維持された知識資産である。教育プログラム，カリキュラム，実験など制度や仕組み，システムが支えている資産，内面化を支援し，そこで活用される知識が含まれる（野中・紺野，1999）。

（3）ナレッジマネジメントのタイプ

これまでは知識という資産のある場所や類型についての議論がなされたが，今度はナレッジマネジメント（KM）の4つのタイプ，ベストプラクティス共有型，専門知ネット型，知的資本型，顧客知共有型をみていきたい。

ベストプラクティス共有型とは，組織内や企業内の成功事例とそのノウハウ，日々の業務分析に基づく学習を通じて知識の共有・移転を行い，効果をあげるタイプのナレッジマネジメントである。共有の対象となるベストプラクティスやその分析から学ぶこと，成功事例のコンテンツや有用な知識をいつでも利用できるように整えることが必要となる。

専門知ネット型とは，組織内外の専門的知識，意思決定権を持つ人々をグ

ローバルにネットで結び，特定の課題解決や意思決定を行うものである。これは専門家のネットワークを生かす仕組みについてのナレッジマネジメントとなる。

知的資本型では，経済的価値に変換できる知識資産が対象となる。特許，ライセンス，著作権のあるプログラム，ブランドなど組織の知識資産を整備し，社内外で活用し，収益に結びつけることが課題となる。必ずしも形式化や法的保護がなされていなくても，企業活動に価値があることが対象となる。

顧客知共有型では，顧客との知識の共有，顧客に対する継続的な知識の提供を主とするナレッジマネジメントである。製品やサービスを媒介にして，顧客と共通の経験をする（そして知識を得る），また製品・サービスの利用法などのノウハウを顧客と共有することは，現代的競争に不可欠なものとなっている。

（4）ナレッジマネジメントの効用

ナレッジマネジメントとは，人が持つ知識（経験，知恵，ノウハウなど）を収集・蓄積・共有し利用するための方法や技術のことである。マネジメントという言葉があるものの，知識を管理することというより，知識を有効に使えるようにすることを目的としている。

組織に埋もれた「知識」を掘り出し，有効活用を図ることがナレッジマネジメントの効用であり，そのためには知識の価値を最大化し，限られた資源から最大価値を創出することが必要となる。ナレッジマネジメントをうまく生かせば，人材の力を引き出し，組織として最適な利用の仕方が実現する。それはマネジメントそのものであり，ナレッジマネジメントはそのための枠組み，仕組み，ツールとなる考え方である。

3．知の創造を行う人材

（1）ナレッジワーカーとなる人材

ドラッカー（Drucker, 1993）は，知識社会において知識だけがただ1つの意味ある資源であるとし，「ナレッジワーカー（知識ワーカー）」こそが知識の価

値を具現化できる存在であり，企業にとって最大の資産となることを主張した。これは知識を企業の知的資産として認識し，それを生かし，価値創造につなげることの有効性を意味している。知識社会では，専門性を有し，それによって複雑多岐な職務での意思決定ができる「知識ワーカー」が主役となる。反対に，定型業務に従事する「マニュアル・ワーカー」からは競争優位性は生まれない。多くの情報を活用し知識を創造することで，持続可能な優位性となり，そうした専門性やスキルは組織の独自能力となる。

ドラッカー（Drucker, 2002）はその著書『ネクスト・ソサエティー』において，ナレッジワーカーとはエンジニア，科学者，医者，作家，ソフトウェア・デザイナー等であるとし，プロフェッショナルとほぼ同義のものと位置づけている。企業の中では各部門でラインを担当するマネジャーに加え，知識活用を担当するマネジャーやコーディネーターが典型的なナレッジワーカーであると考えられる。

ナレッジマネジメントが進展すると，ナレッジワーカーは職務への専門性を重視し，プロフェッショナルとしての意味合いが強まる。そのため，職務への帰属が雇用組織への帰属よりも重視されることが考えられる。ナレッジワーカーはフラット組織において実現が難しくなる昇進を志向するのではなく，職務経験による専門性の向上や教育訓練による成長機会を重視する人材といえる。

タイト（Thite, 2004）は，ナレッジが既存の製品とサービス，プロセス，市場を改善するイノベーションと創造力であることから，ナレッジワーカーを広く捉え，すべてのワーカー（労働者）がナレッジワーカーとなりうるとした。例えば，ナレッジワークの大半はクリーニング，ファーストフード，小売，ホテルなどサービス業の仕事にあるとしている。また，インドの弁当配達業者を改善により生産性を高められるナレッジワーカーの事例とするなど，従来のような高学歴な人材とのイメージとは異なる事例を紹介している。ナレッジとは学問的な知に限らず，実践的な知であるとの理由からであろう。

守島（2002）は新しい価値を作り出す人材を「知識創造型人材」とし，戦略人材マネジメントの重要性を主張した。このような知識創造型人材は外部労働

市場からの調達が困難であり，育成や評価も時間がかかるため，コア人材として長期雇用と内部育成が必要と考えられる。このような主張は伝統的な日本的人事管理の妥当性を示すもので，ナレッジマネジメントの文脈からは，日本型人事は古くて新しいあり方とも考えられる。

（2）ナレッジマネジメントを推進する人材

　組織にナレッジマネジメントを根付かせるには，知的作業を支援する組織構造の設計が不可欠とされる（ダベンポート，1999）。これまで研究開発，市場調査，情報システム部門で，知という経営資源が特に多いと思われてきた。そうした組織ではナレッジマネジメントに関わる人材として，チーフナレッジ・オフィサー（Chief Knowledge Officer：CKOまたはナレッジ担当役員），ナレッジ・マネジャー（ナレッジ担当職），ナレッジ・コーディネーター（ナレッジ調整役）といった役職がみられる。

　CKOは新たな役員職として，プロフェッショナル・サービス分野の企業で設置されてきた。ナレッジマネジメントに取り組む責任者であることと，シンボルという2つの意味を有している。CKOは，知を生み出し活用するためのグランド・デザインを描いた上で，知の専門家たちを統率しながら，ナレッジマネジメントに必要な情報技術を統括し，外部からの知の調達にも責任を負う。さらにナレッジマネジメントのアーキテクチャを設計するチーフ・デザイナーであり，必要な技術全般のトップクラスの専門家でもある。

　ナレッジはプロジェクト単位で管理されるため，CKOの任命だけでは十分ではなく，ナレッジのプロジェクト・マネジャーと言うべきミドル・マネジメントを必要としている。それは「ナレッジ・マネジャー」と称されるもので，こうしたマネジャーの仕事とは，ビジネスのさまざまな局面で必要なナレッジが何かを把握することである。

　具体的には，どのようにすればメンバーがナレッジを効率的に生産し，共有，活用するかを個人別に把握すること，どのような技術をどう用いれば，その知的活動を向上させられるかを知っていることが求められる。

　ナレッジマネジメントに取り組むナレッジ・マネジャーは，さまざまな仕事

を通じてナレッジを共有するためのネットワークやシステムを創り，組織でも最重要に位置づけられる。ナレッジ・マネジャーとは元来，研究者，図書館司書，技術専門家，ジャーナリスト，組織変革のプロといった人たちとされる。

　ナレッジを重視して設計された組織では，新たなナレッジマネジメント部門とナレッジを管理する従来部門との関係を調整しなくてはならない。これまでナレッジを重視する事業部門が複数存在しているが，新たなナレッジマネジメント部門はその代行ではなく，部門業績を向上させることを目的とすべきである。

（3）ナレッジワーカーの仕事とプロセス

　ダベンポート（1999）は，ナレッジワーカー（知識ワーカー）はプロセスを重視せよと論じているが，それはナレッジが仕事のプロセスの中にあるためである。ナレッジマネジメントのプロセスは，ナレッジの創出 → 収集 → 蓄積 → 精製 → 分配 → 利用に至る一連の流れである。欧米企業はナレッジの収集，蓄積，分配への関心は強いものの，知の創出，精製，利用について，組織的にほとんど取り組まれていないという。これらは定型化が難しいプロセスでもある。

　知的作業は，ナレッジワーカーがデータをインプットし，作業を行い，その後，ナレッジとしてアウトプットするまでである。こうしたナレッジマネジメントのプロセスは，企画，マーケティング，コンサルティング，管理，販売，顧客サービス，製造プロセスでよくみられる。ナレッジワークではマネジャーが行ってきた監督業務はコンピュータに替わられ，経営者やマネジャーに求められるものは業務プロセスの管理・監督でなく，ナレッジマネジメントになるとの主張もみられる。

4．ナレッジマネジメントと人事管理

（1）ナレッジマネジメント時代の人事管理

　アメリカにおいては，人事部門や人事担当は当初からその存在の危機に直面

してきたとされる（Thite, 2004）。それは人事管理の必要性が疑問視されていることでもある。ドラッカーが指摘したように，人事部門が企業への貢献を証明できない，存在意義を示せないでいるためである。人事管理に専門性があるとしても十分なものではなく，人事部門のトップが役員に就任しても，他部門から高い評価を得ているとは言えないのがアメリカの状況とされている。

　他のマネジメント機能と比べて人事管理（Human Resource Management）は個人的かつ状況依存的であるため，確立された専門性や技術だけではうまく管理できない。また人事における貢献を数値で評価することは難しい。このような認識がアメリカの人事部門に対する見方とされてきた。いわゆる職位（ポスト）に人を任命する，昇進させるといった人事に関する決定はトップダウンで指示されるため，人事スタッフが戦略の形成や人事の決定に関与することがあまりない。またジョブローテーションや長期的なゼネラリストの育成がみられないため，人事部門が専門家だけの狭い職能の集団となり，企業のビジネス環境や戦略の認識や対応が難しくなりがちである。

　このような状況下にあるアメリカの人事部門では，ナレッジマネジメントは人材の重要性を示す考え方として注目されている。ナレッジエコノミー（知識経済）において人事部門が人材中心の組織を作る上で，これまで以上に重視されることは明らかで，人事部にはトップの支援と他部門の協力が求められる。ナレッジマネジメントでは，人材はバリューチェーンのハイエンドとなり，人事部門はコストセンターやプロフィットセンターでなく，投資センターとなって戦略的な位置づけがなされている。

（2）ナレッジマネジメントを推進する人事の役割

　人事の専門スタッフだけで構成される人事部門や業務サポート機能だけの人事管理では，戦略やイノベーションなどを通して経営に貢献することは難しい。人事管理をより戦略的なもの，ビジネスに貢献するものとすることは，欧米の人事部門のみならず，日本においても人事部門の課題であろう。グローバル競争やこれまで以上に熾烈な技術競争において，企業は組織能力を向上させるための競争を行うが，そのための重要な手法の1つがナレッジマネジメント

となる。そのナレッジマネジメント（知識経営）の推進役となる人材を支援するのが人事管理である。

　ナレッジマネジメントの主役は人事部でも情報システム部でもなく，ナレッジワーカーであるという主張もなされている（Stewart, 2001）。現代社会では，コンピュータが事務スタッフと中間管理職に取って代わった。事務処理能力や正確さの問題は克服され，目標の設定や解決のための取組み，変化への対応こそが人間のするべき仕事となっている。仕事には暗黙知も形式知も含まれるが，本当に価値のあるナレッジは形式知化できないのである。そこでナレッジワーカーである人材の能力をどう高めるか，どう発揮させるかが重要になる。それこそが人材育成を中心としたナレッジマネジメントの課題でもある。

　欧米型ナレッジマネジメントの特徴としては情報活用に主眼があり，形式知が注目されがちである。ナレッジマネジメントは知識の収集・蓄積・精製・分配・利用のためのデータシステムやツールと捉えられる傾向にある。しかし，こうした情報活用のみでは経営改善の実現には結びつかず，人材・組織との関わりが重要となる。

　従業員間でのナレッジ共有を進めることが，人事管理のナレッジマネジメントへの貢献を成功させる重要な要素と考えられる。また情報・知識社会における人事管理の重要な役割としては，①知識の創造と保持を重視する文化醸成，②暗黙知の理解・活用の促進，③信頼とコミットメントの確保，④過去にとらわれない従業員の評価，⑤ナレッジワーカーへの依存と組織権限の良いバランス，以上の5点が指摘されている。

(3) ナレッジマネジメントと学習する組織

　ナレッジマネジメントも学習する組織もやや複雑で理解しやすい概念ではないため，一般に知られたものとは言えない。しかし，得られた情報を個々人や組織が生かして，さらに有益なものに高めていくという点で両者は共通する。シェブロン社では「ナレッジマネジメント」に代えて「学習する組織」という言葉を使っているほどである。シェブロン社の戦略としての「学習する組織」とは，ベンチマーキング，ベストプラクティスの共有と実行，経験からの学

習，継続的な個人の成長を通して，競合他社より早く，より上手に学習する組織を創りあげることとされている。

同社の「学習する組織」には，組織から得た利点をどのようにして組織全体に浸透させていくかが含まれ，そのためには学習のサイクルを回すことが必要となる。学習サイクルには，データ，情報，ナレッジ，インテリジェンス（知恵），戦略，計画，実行，評価が含まれる。

学習と仕事の場の両者をつなげることは，人事管理（HRM）が担当すべき役割であると主張されている。ナレッジマネジメントにおいてHRMが成功するには長い時間がかかり，多くは暗黙知による個人の能力とインフォーマルな組織に依存している。暗黙知を共有し，協力関係，インフォーマルな学習を活かすことが重要とされる。

つまり，学習する組織ではいかに個人が成長し，よりよい組織とできるかという発想であり，ナレッジマネジメントではいかに個人の知識を生かし，よい組織運営につなげるかとの発想になる。シェブロン社では，ベンチマーキング，ベストプラクティスの共有と実行，経験からの学習，継続的な個人の成長を通して，競合他社に比べ迅速に上手に学習する組織を創っている。これは学習する組織となる戦略であり，またナレッジマネジメントを進める戦略でもある。

（4）ナレッジマネジメントと人材育成

人材育成につながる教育の機会が得られることは，ナレッジワーカーにとって重要なことである。教育を重視する企業は人材を引き付け，それを保持できるのでナレッジマネジメントもうまくいくはずである。教育投資から大きな利益が得られるのは企業だけでなく，個人なのである。

ドラッカー（Drucker, 2002）によると，知識ワーカーの育成には集合研修ではなく，アクション・ラーニングのように実践を通じた学習が効果的とされる。その理由としては，①望んだ学習効果が得られやすい，②学習しながら現実の業務を遂行するので投資の見返りが得られる，③ネットワーク作りのきっかけになる，ことがあげられる。そのためには，教材も模擬的なものではな

く，現実の業務でなくてはならない。

　このことから，OJT のような職務を通した育成はナレッジワーカーの育成に適していると考えられる。ある範囲の学習は OffJT として教育プログラムと研修所で行われるものの，それよりはるかに多くの学習は構造化された OJT の経験で行われている。人材を外部から取り入れる中途採用を行う戦略もあるが，内部人材より優れた外部人材が見つかるかどうかはわからない。そこで，現有人材に投資するのが育成の戦略である。育成戦略の代表的企業としては，モトローラやゼネラル・エレクトリック社（GE）が知られ，従業員が新しい専門的そして管理的なスキルを習得できるよう，多大な投資をしている。そして日本企業も育成戦略をとってきたが，これはナレッジマネジメントに適した人材育成なのである。

コラム 5　現場知を重視する企業の事例

　エーザイは，新薬創出力の高い企業，いわゆるイノベーションに優れた企業である。同社は社員を大切にする会社，社員に能力を発揮させ，それに報いる会社とされている。「ヒューマン・ヘルスケア（hhc：human health care）」という企業理念を持つように，患者様やご家族に思いを馳せ，強い信念を持って新薬開発やサービスに取り組み，顧客の信頼・支持を得ているという。

　そうした企業理念の徹底には，内藤晴夫氏が社長直轄組織として創設した「知創部」の存在がある。この知創部こそ，その名称が示すように，ナレッジクリエーションという一橋大学の野中郁次郎教授が提唱する知識創造理論にちなんだものである。知創部は，現場体験から暗黙知を得るという SECI プロセスにあるように，現場知を重視する同社の企業理念，イノベーションのあり方を示している。

図表1　エーザイの企業理念

1. 本会社は，患者様とそのご家族の喜怒哀楽を第一義に考え，そのベネフィット向上に貢献することを企業理念と定め，この企業理念のもとヒューマン・ヘルスケア（hhc）企業をめざす。

2. 本会社の使命は，患者様満足の増大であり，その結果として売上，利益がもたらされ，この使命と結果の順序を重要と考える。

3. 本会社は，コンプライアンス（法令と倫理の遵守）を日々の活動の根幹に据え，社会的責任の遂行に努める。

4. 本会社の主要なステークホルダーズは，患者様と生活者の皆様，株主の皆様および社員である。本会社は，以下を旨としてステークホルダーズの価値増大をはかるとともに良好な関係の発展・維持に努める。
   ①未だ満たされていない医療ニーズの充足，高品質製品の安定供給，薬剤の安全性と有効性を含む有用性情報の伝達
   ②経営情報の適時開示，企業価値の向上，積極的な株主還元
   ③安定的な雇用の確保，やりがいのある仕事の提供，能力開発機会の充実

定款　第1章第2条より

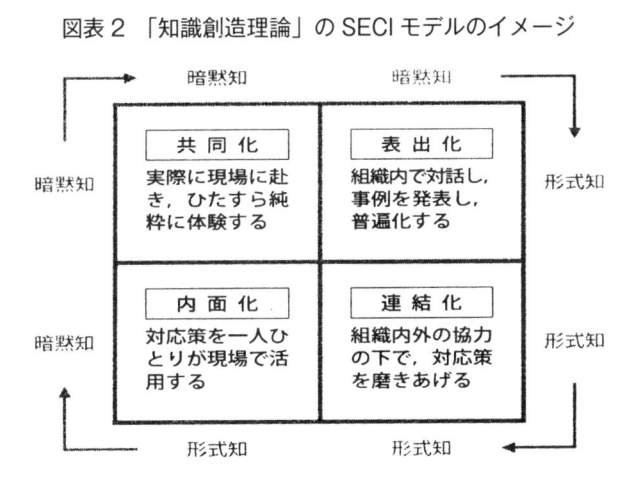

図表2　「知識創造理論」のSECIモデルのイメージ

	暗黙知	暗黙知	
暗黙知	**共同化** 実際に現場に赴き，ひたすら純粋に体験する	**表出化** 組織内で対話し，事例を発表し，普遍化する	形式知
暗黙知	**内面化** 対応策を一人ひとりが現場で活用する	**連結化** 組織内外の協力の下で，対応策を磨きあげる	形式知
	形式知	形式知	

[注]　1. 一橋大学の野中郁次郎名誉教授が提唱した「組織的知識創造理論」において，暗黙知と形式知の交換と知識移転のプロセスを図式化したもの。詳しくは，同氏の著作（『知識創造企業』（共著，東洋経済新報社）など）を参照。
　　　2. 「SECI」とは，共同化（Socialization）～内面化（Internalization）のそれぞれの頭文字をとったもの。
　　　3. 枠内の説明は，同社における活動。

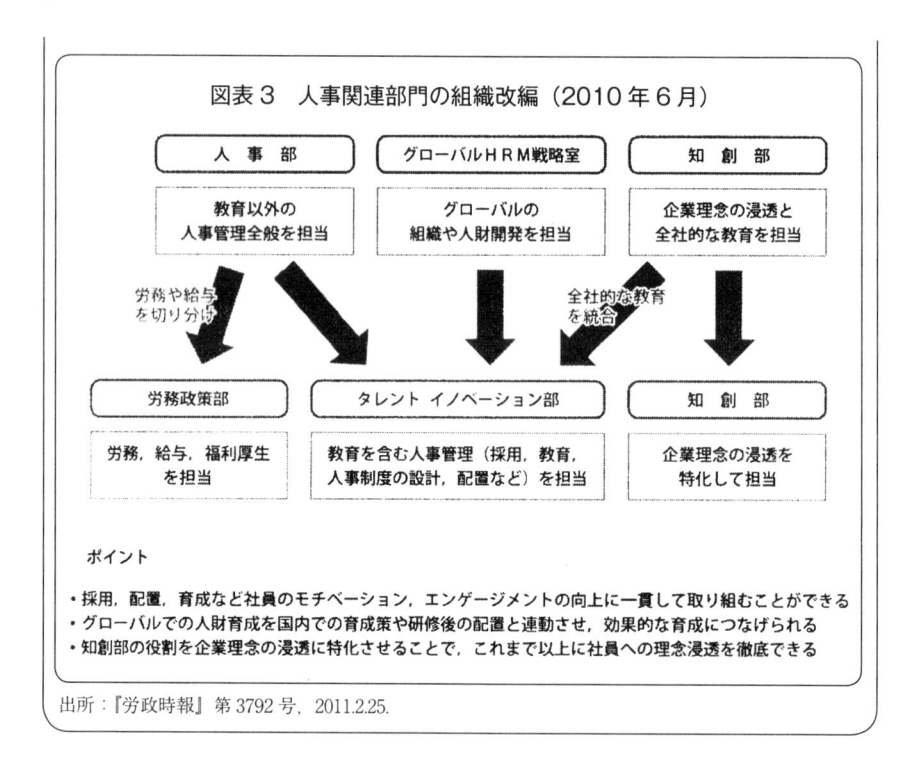

図表3 人事関連部門の組織改編（2010年6月）

```
┌─────────────┐  ┌─────────────────┐  ┌─────────────┐
│   人事部    │  │ グローバルHRM戦略室 │  │   知創部    │
└─────────────┘  └─────────────────┘  └─────────────┘
  教育以外の        グローバルの         企業理念の浸透と
  人事管理全般を担当  組織や人財開発を担当   全社的な教育を担当

  労務や給与                            全社的な教育
  を切り分け                             を統合
      ↓              ↓         ↓            ↓
┌─────────────┐  ┌─────────────────┐  ┌─────────────┐
│  労務政策部  │  │ タレント イノベーション部 │  │   知創部    │
└─────────────┘  └─────────────────┘  └─────────────┘
 労務,給与,福利厚生   教育を含む人事管理（採用,教育,  企業理念の浸透を
 を担当              人事制度の設計,配置など）を担当   特化して担当
```

ポイント
- 採用，配置，育成など社員のモチベーション，エンゲージメントの向上に一貫して取り組むことができる
- グローバルでの人財育成を国内での育成策や研修後の配置と連動させ，効果的な育成につなげられる
- 知創部の役割を企業理念の浸透に特化させることで，これまで以上に社員への理念浸透を徹底できる

出所：『労政時報』第3792号，2011.2.25.

【参考文献】

アメリカ生産性品質センター編（高橋　透＋福島彰一郎訳）『欧米先端企業のナレッジマネジメント』日本能率協会マネジメントセンター，2000年。

アランバートン＝ジョーンズ（野中郁次郎監訳）『知識資本主義』日本経済新聞社，2001年。

植木英雄・植木真理子・齋藤雄志・宮下　清『知を創造する経営』文眞堂，2011年。

ゲオルク・フォン・クロー，一條和生，野中郁次郎『ナレッジ・イネーブリング：知識創造企業への五つの実践』東洋経済新報社，2001年。

国領二郎・野中郁次郎・片岡雅憲『ネットワーク社会の知識経営』NTT出版，2003年。

紺野　登『知識資産の経営：企業を変える第5の資源』日本経済新聞社，1997年。

スチュワート，T. A.（徳岡晃一郎監訳）『知識構築企業』ランダムハウス講談社，2004年。

センゲ，P.（守部伸之訳）『最強組織の法則』徳間書店，1995年。

ダベンポート，T. H.，プルサック，L.（梅本勝博訳）『ワーキング・ナレッジ』生産性出版，2000年。

ダベンポート，T. H.（臼井公孝訳）「ナレッジマネジメント実践法」(Diamond Harvard Business Review), 26-36, Aug.-Sept, 1999年。

ドラッカー，P. F.（上田惇生訳）『ネクスト・ソサエティー』ダイヤモンド社，2002年。
ドラッカー，P. F.（上田惇生訳）『ポスト資本主義社会』ダイヤモンド社，2001年。
野中郁次郎・竹内弘高『知識創造企業』東洋経済新報社，1996年。
野中郁次郎・紺野　登『知識経営のすすめ』筑摩書房，1999年。
野中郁次郎・徳岡晃一郎『世界の知で創る―日産のグローバル共創戦略』東洋経済新報社，2009年。
宮下　清『組織内プロフェッショナル』同友館，2001年。
守島基博「知的創造と人材マネジメント」（組織科学第36巻第1号），41-50，白桃書房，2002年。
Argyris, C., *On Organizational Learning*, Blackwell Publishing, 1993.
Thite, M., *Managing People in the New Economy*, Sage Publications, 2004.

第6章 人材育成と教育訓練

> **キーワード**
> 人材開発,企業内教育,OJT,研修,自己啓発

　企業などの組織でその従業員の能力を高めていくことは,「教育研修」や「能力開発」などと呼ばれている。これらについて新しい概念や捉え方として,「人材育成」や「人的資源開発」（HRD：Human Resource Development）がある。いずれにしても組織内の人材の知識,能力や意欲を向上させ,よりよい成果を生み出せる人材に育てていくことについては共通である。人を育てることは,ゴーイングコンサーン（継続事業体）としての企業の存続を支えることであり,経営者・管理者にとって最重要な仕事の1つとされている。本章では「人材育成」を代表的な用語としているが,人的資源開発（人材開発）や教育訓練とほぼ同じ意味で用いている。

1. 人材育成の概念と歴史

(1) 人材育成と人材開発

　人材育成とは,企業内のみならず,学校,家庭など,あらゆる場所における人の成長に関わることが含まれる。本章では,企業など組織における人材の教育,訓練,開発,能力開発等,いわゆる「企業内教育」を主とするが,人の育成に関して包括的に捉えている。しかしながら教育,訓練,（能力）開発については次の通り,ある程度の区別がなされている。
　モンディとノエ（Mondy and Noe, 1996）は現代社会での変革を必然のものとし,そのことを人的資源開発（人材開発）の前提としている。彼らは人的資源

開発について「従業員の能力水準（competency levels）や組織業績を，訓練や開発計画を通して改善する管理者の計画的，継続的努力」と定義した。彼らによると，訓練とは学習者に現在の職務に必要な知識や技能を身につけさせるものであるのに対し，開発は将来に注意を向けた学習でより長期の視点を持つものとし，教育訓練と人的資源開発（HRD）を区別している。

　メギンソン（Megginson, 1985）は，教育・訓練・開発について次のように定義している。すなわち，教育（education）とは，いくつかの課題についての幅広い一般化された知識の習得であり，訓練（training）とは特定の職務，責任，技能，テクニックの学習のこと，そして開発（development）とは学習し適用する情報，知識，技能，態度，知覚を通して人が成長する体系的プロセスとしている。

　森五郎（1979）によると，教育は現在就いているか，近く就く予定の職務に必要な知識を学ぶこと，訓練はその職務に必要な知識や技能を身につけ，使いこなせるようにすることである。さらに，今後必要になる知識や技能などの能力を主に自己啓発（self-development）で拡充していくことを，能力開発（ability development）としている。

（2）日本企業での人材育成

　企業での人材育成施策としての企業内教育が日本企業で本格的に行われるようになったのは，第二次世界大戦後の1950年代とされる。日本の企業内教育を中心とした人材育成の歴史について，次の通り，5期に分けて概観する。

2-1）戦後復興期（1950年代）

　GHQ（General Headquarters：連合国軍最高司令官総司令部）による監督者訓練プログラムとして，TWI（Training Within Industry）が，また管理者訓練プログラムとして，MTP（Management Training Program）が導入された。TWIは工場現場の職長や組長など現場監督者を対象に，管理能力の向上，能率的な作業方法，効果的な人の扱い方を中心とする，基盤となる訓練プログラムである。MTPは，管理者向けの基礎講座として，人間行動，組織運営，管理プロ

セスなど管理の原理原則を訓練するプログラムである。

　さらにQC（品質管理：Quality Control）教育の導入としては，1946年に日本科学技術連盟（日科技連）が設立され，品質管理教育がスタートし，その後の日本の産業界での品質向上に大きな貢献がなされた。

　この時期には，人事院が事務能率化や民主化を促進するため開発した管理監督者向けのJST（Jinjiin Supervisor Training＝人事院監督者研修）も含め，アメリカの教育技法が模倣・導入された。

2-2）高度成長期（1960年代）

　1960年代は日本の高度成長の時代であり，電機・自動車などが基幹産業に育ち，日本経済が量的な拡大から質的な充実に至る時期である。日経連総会において能力主義人事・労務管理の確立が決議（1965）され，技術力や創造性などに主眼が置かれ，人材の能力開発が行われるようになった。

　能力開発の体系化が図られ，職能資格制度の進展と連動し，新入社員，中堅社員，管理者など階層別教育が一般的になった。また，目標管理（MBO：Management By Objectives）など行動科学の成果を生かした方法が企業内教育に導入されたのも，この時期の特徴である。

2-3）減量経営期（1973～1985年）

　オイルショック後には，日本経済は高度成長から低成長・減量経営の時代に移り，減量経営により一時的に企業内教育は停滞したものの，合理化に対応して，TQC（Total Quality Control：全社的品質管理）や小集団活動が盛んになった。

　小集団活動にはQCサークルの他に，ZD（Zero Defect：欠陥品ゼロ）運動や提案活動などがあり，1980年代へと受け継がれ，職場の自主管理体制や職場開発の方法として発展していった。またこの時期はME（マイクロ・エレクトロニクス）が導入され，工場ではFA（Factory Automation）という工場設備の自動化が，オフィスではOA（Office Automation）化により，生産性向上や事務効率化がもたらされた。

　しかし，こうした業務の電子化，コンピュータ化は中高年者をはじめとする

従業員のリストラや窓際族の増加につながり，仕事面，ポスト面からも多くのストレスを生み出した。従来の効率化，生産性追求だけでは，教育目的は果たせず，企業内教育にとって大きな転換期となった時期である。

2-4) 国際化対応期（1986～1990年）

円高危機を乗り切るための経営国際化に対応した動きがみられる時期であり，語学研修から体系的計画的な海外要員育成制度が発展した。大企業を中心に，MBA（Master of Business Administration：経営管理学修士）取得などのため海外ビジネススクール（経営大学院）への派遣も増加した。

1986年の男女雇用機会均等法の施行を契機に，女性の雇用や活用のための施策が充実し，中高年者も含めた職業能力開発，CDP（Career Development Program：キャリア開発計画）に基づく，いわゆる人材育成の認識がなされた。この時期の企業内教育では，経営戦略論や組織文化論の影響から，戦略研修や企業文化の改善が研修のテーマとされたことも特徴と言える。

2-5) 平成不況期（1991年～現在）

1990年代の初頭からのバブル経済崩壊により，戦後最悪の不況期になり，企業はリストラ，リエンジニアリングなどにより経営体質の改善・強化を図った。そのため，従来の一律人事，全体教育の抜本的見直しを図り，新たな人材育成の模索を行うことにつながった。

人材育成はもとより，人事制度の再構築，さらには経営の大変革が必要となり，長い間の慣行とされた終身雇用，年功制の見直しが行われた。企業内教育においても，これまでの全員ボトムアップを図る従来からの階層別研修など方法を見直し，選抜型・選択型の研修にシフトしている。

2．経営と人材育成

（1）経営における人材育成

企業などの組織において，人材育成は組織の目的や戦略との関わりが大き

い。組織能力の多くは人材の能力に依拠することから，人材育成を行うためには，企業目的や経営戦略の構築がまず先に考えられる。これは，組織は戦略に従う，という命題に沿った考え方である。しかし，同時に人材の現状や方向性も考慮する必要がある。

人材の持つ知識や能力を確認しなくては，必要な育成方法やプログラムも明確にはならない。企業目的とその実現のための戦略，それと同時に組織と人材の実力を考慮し，それらのマッチングを満たす人材育成でなければ有効なものとは言えない。企業目的，経営戦略の策定から，具体的な人材育成となる教育課題の設定は，図表6-1のようにつながっている。

図表6-1　経営と教育課題

企業目的 → 経営戦略 → 組織編成 → 要員配置 → 教育課題

出所：筆者作成。

（2）経営戦略と人材育成

経営戦略の実現には，組織，教育（人材育成），人事制度が関与している（図表6-2を参照）。従来の人事管理と比較すると，HRM（人的資源管理）においては経営戦略とのより密接な連係が必要とされている。これは人事制度や人材育成が戦略の実現に大きな影響を与えると考えられるようになったためである。

人材育成においては，どのような人材を育成したいかというビジョンや理念が求められる。これにより，持つべき能力，職務，資格など具体的な人材育成の目標が明確になる。そして現状の把握と育成につながることになる。つまり，現有能力と必要能力がわかることで，人材育成の計画策定とその実施ができるのである。

ポイントとなるのは，各プログラム，上司のフォローや権限委譲について，また必要な人材をどう確保するかという点である。内部での人材育成には時間とコストがかかるというデメリットがあるが，一度に多くの人材を育成できる

ことや組織内に育成のノウハウが蓄積される点はメリットである。
　一方，外部から人材を調達する場合は，即戦力の獲得が可能であることや雇用形態によってフレキシブルな活用ができることがメリットしてあげられる。

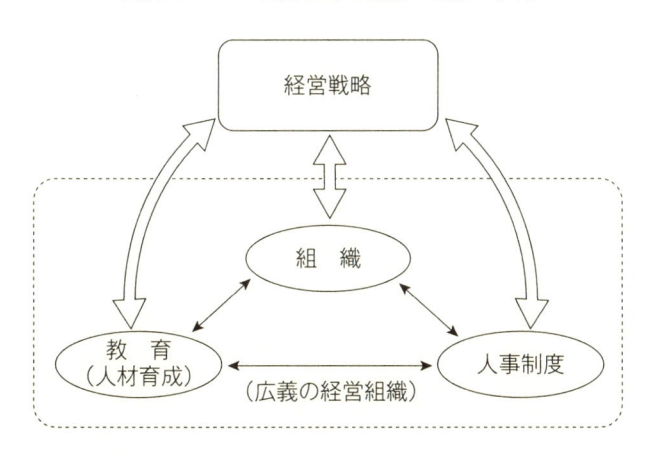

図表６－２　経営戦略と組織・教育・人事

```
            ┌─────────┐
            │ 経営戦略 │
            └─────────┘
         ↗ ↕ ↖
    ┌ ─ ─ ─ ─ ─ ─ ─ ─ ─ ─ ─ ┐
    │       ( 組 織 )        │
    │      ↙       ↘         │
    │ (教 育)      (人事制度) │
    │ (人材育成)              │
    │   （広義の経営組織）    │
    └ ─ ─ ─ ─ ─ ─ ─ ─ ─ ─ ─ ┘
```

出所：筆者作成。

（３）人材育成のプロセス

　企業経営で重要資源となる人材をどう管理・活用・育成するか。とりわけ，その中で，育成をどう進めるかを考える。経営の成果とは，資源を人材が活かした結果である。そして人材が成果につながる働きをするためには，能力とモチベーション（意欲）を兼ね備える必要がある。
　人材育成では，マネジメントが組織メンバーである人材の職務遂行能力を引き出せるよう，能力（基本能力，専門能力），モチベーション（仕事に対するやる気），行動様式（特定集団での行動様式）を向上させることが求められる。これはマネジメントの課題とも共通するが，業務については側面から，知識や能力については直接的に支援することになる。
　モンディとノエ（Mondy and Noe, 1996）は，人材育成（HRD）のプロセスについて，次のように提示している。これは人材育成を実際に進める際の参考に

なる。

① 人材育成必要性の決定：人材育成（HRD）が必要（有効）かどうかを判断する。
② 人材育成目標の決定：人材育成（HRD）の目指す目標を明確にする。
③ 人材育成技法の選択：どのように人材育成（HRD）を実施するか，その方法を決める。
④ 人材育成メディアの選択：人材育成（HRD）を知らせる方法を決める。
⑤ 人材育成プログラムの実施：選択された人材育成（HRD）プログラムを実施する
⑥ 人材育成プログラムの評価：実施した人材育成（HRD）プログラムを評価する

3．人材育成のプログラムと方法

(1) 人材育成のプログラム

　人材育成のプログラムは，その内容と対象から大きく階層別教育（能力開発），職能別教育（部門別・職種別能力開発），課題別教育（テーマ別能力開発）に分けられる。

① 階層別教育

　階層別教育とは，新入社員，中堅社員や新任管理者層など同一階層（役職や職務等級）の従業員を対象にして行う教育である。各階層で共通して必要となる職務能力や知識の獲得のために実施される研修であり，経営幹部，管理職，監督者層から若手社員層まで，広く行われる研修を中心とした人材育成プログラムである。

② 職能別教育

　職能別教育とは，各職能部門で必要な職務能力の開発，向上を図ることを目

的として実施される教育で，専門教育とも呼ばれている。営業，製造，研究開発，海外事業，技術管理，物流，情報システムなど各部門・職務の専門性，特殊性を反映する人材育成プログラムである。

③ 課題別教育

課題別教育とは，品質教育・語学研修，WLB（ワークライフ・バランス）研修やコンプライアンス研修など，部門や階層の枠にこだわらず，特定の課題・テーマについて全社的に実施する教育である。

（2）人事育成の方法

① OJT（On the Job Training）：職場内訓練

OJTとは，職場で仕事を通して行われる実践的な訓練のことである。公式な人材育成方法となるOJTは，人事部などが主導し計画的で体系的な人材育成施策として展開するものである。新入社員や新たに配属された従業員に対して，上司や先輩が主にマンツーマンで指導を担当することが一般的である。非公式なものを含めると，OJTはあらゆる職場で行われており，最も一般的な企業内の人材育成方法である。OJTは，特に技能の習得・獲得に有効とされる。

OJTが任意（非公式）に行われる場合は，いつまでに何をどう教えるかは必ずしも明確でなく，その成果はバラツキが大きくなりがちである。実態として，目標管理制度などと連動する計画的OJTと任意のOJTは多くの場合，混在している。

② Off-JT（Off the Job Training）：研修（職場外訓練）

OJTに対比してOff-JTという言葉があるように，一般には集合研修と言われ，職場外・企業外で行われる教育研修を指している。これは社内外の研修施設や会議室など職場以外の場所で行われる。

例えば，英語や中国語などの語学講座を社内の会議室で，早朝や就業後に1～2時間行うといったものから，就業時間と同様に，1日中，講義や討議を行

うもの，さらには社外の研修施設やホテルに泊まり込み，数日から1週間程度の合宿研修を行うといったものまで，その形態は幅広い。

学校教育のように講義やグループ討論などを通して，知識・技能の獲得，態度・人格の改善，問題解決力の獲得・向上，創造性の開発などに有効とされる。

③ 自己啓発

自己啓発（SD：Self-Development）とは自ら主体的に学ぶことであり，企業での人材育成方法としては，通信教育（eラーニング）の受講が典型的なものである。そうした学習費用を企業が援助することは広く浸透しているが，その対象となる通信教育プログラムは業務に関連するものなどに限定されている場合が多い。

企業では自己啓発支援制度として，費用の援助だけでなく，業務時間の配慮も行う場合がある。自己啓発支援の対象となるのは認定された通信教育・eラーニングプログラムの紹介と費用援助，研修参加など教育受講の援助である。自己啓発は主に，知識・概念の理解に有効となる。

以上の3つの人材育成方法とその有効性をまとめたのが，図表6－3である。

図表6－3　人材育成方法と有効性

有　効　　人材育成方法	集合研修	OJT	自己啓発
(1) 事実・概念	◎	○	◎
(2) 問題解決・創造性	◎	○	○
(3) 技　　能	○	◎	○
(4) 態度・人格	○	◎	○

◎有効性が高い　○有効性がある
出所：筆者作成。

（3）具体的な人材育成方法

　階層別や対象別にどのような人材育成が行われるかを概観すると、新入社員から中堅社員の能力開発においては、新入社員研修をはじめとする集合研修とOJTが併用されている。集合研修では仕事に必要な知識、考え方や行動を体系的かつ集中的に学び、職場に戻ってからは、OJTで仕事の進め方を実際に従事しながら習得する。この繰り返しにより、仕事をする力を高めることができる。

　次に、新任マネジャーについては、それまでのように自分の仕事をする力だけでなく、メンバーを扱う力が重要になる。ここではヒューマン・スキルといった人間の心理、欲求や行動特性を学ぶこと、それらを駆使して仕事を計画的に進めるマネジメント能力を習得することが期待される。

　さらに、経営トップ層、上級管理者層となると、OJTはほとんどなくなり、研修も外部での受講が一部あるくらいで、少なくなってくる。トップ層の人材となると仕事そのものより、見識や構想力を高めることに主眼が移ってくる。そこでは歴史や哲学に学ぶように、読書や思考などの自己啓発が中心となる。まさに総合力、人間力の育成を経て、トップ人材として経営理念、戦略を策定する能力を高めていくのである。

4．日本企業での人材育成

（1）人材育成の現状

　既述の通り、日本企業での人材育成にはOJT、Off-JT、自己啓発（SD）があり、時期によって変動があるが、2011年度の調査結果からみると、OJTと自己啓発の実施率は6割程度、Off-JT（研修）は7割程度の実施率とされる。

　最近の傾向として、2010年度に教育方針を「全体の能力を高めることを重視（近いを含む）」とした企業の割合が正社員では5割を超え（53.5％、前年度49.5％）、「選抜した労働者を重視（近いを含む）」の46.5％（前年度50.5％）を逆転したように、全体重視の傾向がみられる。2011年度の結果でも、「全体の能力を高めることを重視」は56.1％と、さらにその傾向を明確にした。バブル崩

図表6-4　人材育成方法の実施率

```
              (2000   2001   2007   2008   2010   2011)(年)
・計画的 OJT   (41.6 → 44.8 → 45.6 → 59.4 → 57.8 → 63.0)(%)
・Off-JT      (64.9 → 60.2 → 77.2 → 76.6 → 67.1 → 71.4)(%)
・自己啓発支援 (81.1 → 74.7 → 79.7 → 79.2 → 62.2 → 66.7)(%)
```

出所：厚生労働省「能力開発基本調査」平成23（2011）年度調査結果。

図表6-5　Off-JTの受講内容（複数回答）

社外で行われたOff-JT
- 階層別研修：正社員 15.8／非正社員計 7.6
- 階層別研修：35.2／19.1
- 階層別研修：22.3／11.7
- その他：12.6／7.0

社内で行われたOff-JT
- 階層別研修：36.3／24.1
- 階層別研修：35.9／37.4
- 階層別研修：32.3／29.5
- その他：21.8／14.0

凡例：□正社員　□非正社員計

出所：厚生労働省「能力開発基本調査」平成23（2011）年度調査結果。

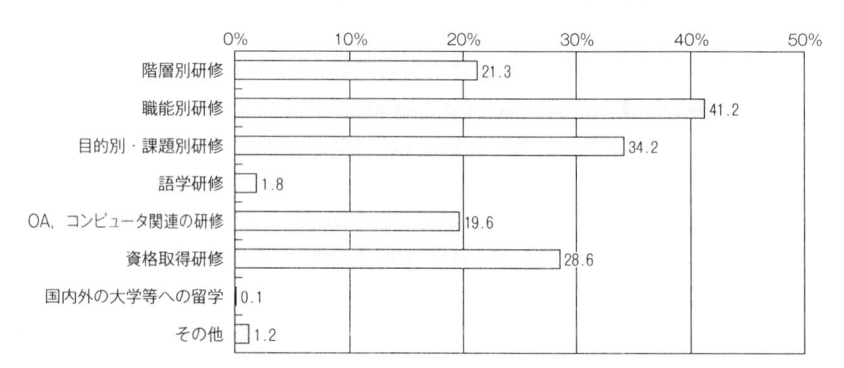

図表6-6　受講したOff-JTの内容（複数回答）

内容	%
階層別研修	21.3
職能別研修	41.2
目的別・課題別研修	34.2
語学研修	1.8
OA，コンピュータ関連の研修	19.6
資格取得研修	28.6
国内外の大学等への留学	0.1
その他	1.2

出所：厚生労働省「能力開発基本調査」平成23（2011）年度調査結果。

壊後，全体底上げという従来からの教育研修から，選抜型の個別研修へとシフトした動きが止まり，また全体底上げへと復帰する兆しになっているかもしれない。計画的OJT，Off-JT，自己啓発支援とも再び高まる傾向にある。

（2）人材育成の組織

　人材育成を担当するスタッフの役割としては，全社の人材開発体系の作成，人材育成の方向付け―教育ニーズの把握，集合研修（人材育成プログラム）の実施運営がある。人材育成を担当するのは，いわゆる人事部や人材開発部といった人材育成スタッフ，ライン長と言われる各部署の管理職，本人がある。

　図表6－7では，各人材育成ごとの役割分担について提示している。やはり集合研修，OJT，自己啓発となるに従い，人材育成スタッフ，ライン長，本人へと役割の比重が移っていることが伺える。

図表6－7　関連組織の役割分担

		集合研修	OJT	自己啓発
人材育成スタッフ	企画	◎	○	◎
	実施	◎	○	○
ライン長	企画	○	◎	○
	実施	○	◎	○
本　　人	企画	○	○	◎
	実施	◎	◎	◎

◎役割が大きい　○役割は少ない
出所：筆者作成。

　もちろん，担当である人材育成スタッフは，すべての人材開発プログラム（集合研修，OJT，自己啓発など）について，それらを有機的に関連させて企画する必要がある。ただし，実際のプログラムの運営を直接担当するのは，集合研修などに限られる。

(3) 人材育成の技法と有効性

　人材育成の内容・テーマを分類すると,知識・スキル型と態度・行動型の2類型に分けられる。まず知識・スキル型では,仕事に必要な知識や技能(スキル)の習得が目的で,定型的業務に直結する場合,その学習成果に即効性がある。反面,こうした知識やスキルは早く身につくが,それだけ陳腐化しやすいという特徴もある。

図表6－8　人材育成の方法とその形態,技法,有効性

人材育成方法	研修の形態と技法	主たる有効性
OJT（職場内訓練）	個別指導,ローテーションによる指導,面接,権限委譲,職場勉強会,トレーナー制度,職務拡大・職務充実	技能の獲得,向上
SD（自己啓発）	通信教育,図書紹介・購入,公的資格取得奨励,研修参加援助,社内講座開設,教育受講制度,国内海外留学など	知識・概念の理解
Off-JT（集合研修）	講義,テキスト学習,見学・視察,勉強会,ロールプレイング,VTR,事例研究,討議,実習など	知識・技能の獲得,向上,
	ST（感受性訓練）,マネジリアル・グリッド・セミナー,グループ討議,面接,オリエンテーリング,TA訓練など	態度・人格の改善,向上
	プロジェクト,事例研究,ケプナートリゴー法,インバスケット,特性要因図,ビジネス・ゲーム,系統図	問題解決力の獲得・向上
	ブレイン・ストーミング,KJ法,特性列挙法,職場ぐるみ訓練,TQC/QC/小集団活動,目標管理,PM理論	創造性開発,組織開発

出所:筆者作成。

次に、態度・行動型では、対象者の考え方や態度を変革し、その行動を変容させようとするものである。これは考え方だけでなく、実際の仕事にどう生かしていくかも考慮されるため、即効性はあまりないが、安定した効果につながりやすい。

図表6－8は、人材育成方法ごとの研修形態、研修技法、主たる有効性がある内容について、まとめられている。

（4）人材育成の課題

どんな時代になっても、またどのような組織であっても人材育成の課題は存在する。現状とあるべき姿のギャップは常に生じるため、人材育成の必要性は永遠になくならないと言える。これまでと今後の人材育成の課題を図表6－9で概観したい。

図表6－9　人材育成の課題の推移

従来の主な課題 （主に1980年代まで）	2000年頃の課題 将来の人材ニーズ調査 （1998 産能大調査）
① 組織活性化とモラールアップ ② 管理者の能力開発 ③ 開発・営業部門の強化 ④ 国際化要員の育成強化 ⑤ 女子の能力開発と活用 ⑥ 中高年の活性化	① プロフェッショナルなど高度専門家 ② 新規事業を立上げる社内起業家 ③ 部門横断プロジェクトを指揮するリーダー ④ 円滑に仕事を進めるゼネラリスト ⑤ 経営企画立案部署の管理職 ⑥ 研究開発など専門部署の管理職
人事担当者が直面する課題とは （2011 労政行政研究所調査）	2010年代日本企業の人材育成課題 （2010 リクルートワークス調査）
「従業員のモチベーション向上」 「優秀な人材の確保・定着」 「従業員の能力開発・キャリア開発」 「従業員のメンタルヘルス対策」 「管理職層のマネジメント力の向上」	① 若手に対するOJTの機能不全 ② ミドルの活力低下 ③ 次世代リーダー育成の迷走 ④ グローバル人材の圧倒的な不足

このように人材育成の課題は，対象や内容を変えて常に現れる。今後，多様な人材に対する育成およびそこから生じる労働力の確保は，ますます重要になると思われる。人材の定着，意欲，マネジメント，キャリア等に課題は現れてこよう。

コラム6　先進企業の人材育成とは

　経営環境が厳しく，先行きが不透明な今日，企業が人材をどう育成しているかは大きな課題である。ここでは労政時報で紹介された先進的な企業7社の人材育成について概観してみたい。具体的には，人材育成の方針，求める人材像，教育体系，主な研修内容，グローバル人材育成の在り方について示されている（図表を参照）。

　日本能率協会やリクルートなど他の調査においても，重要な経営課題として，人材強化や次世代経営人材の育成・登用，ミドルマネジメント層の能力開発，現場・職場での育成力の強化，中堅社員の育成，新人・若手社員の戦力化などがあげられている。

　取り上げられた企業は，キヤノン，資生堂，住友商事，ユニ・チャーム，ジョンソン・エンド・ジョンソン メディカルカンパニー，オリックス，あいおい同和損害保険と，いずれも業界を代表する一流企業である。これら企業に共通する点や特徴となる点を見ると，まず，求める人材像においては，かなりばらつきがあるが，自立，変革，リーダーシップ，専門性といった言葉がキーワードとなっている。

　次に人材育成の中心をOJTとした上で，それを補完する位置づけとして，Off-JTを捉える企業が多い。グローバル人材の育成については，各社ともかなり力を入れており，キヤノンのように階層別と機能別育成の組み合わせや資生堂のように経営幹部はじめ各階層にグローバル・リーダーシップ・プログラムの設定などがみられる。他の会社でも，語学，トレーニー，ビジネス研修など多彩なプログラムを用意している。

　他には，経営人材育成としてのビジネススクールを含めたマネジメント研修やアウトプット型の新入社員研修など，より主体的な取組みを求める育成や長期的で職場全体で取り組むOJT制度などがみられる。

第6章 人材育成と教育訓練 111

図表　掲載7社における人材育成の考え方・取り組み姿勢

会社名 (従業員数)	人材育成方針・求める人材像	教育体系とその特徴	グローバル人材育成の在り方
キヤノン (2万6019人)	創業以来の「進取の気性」や「三自（自発・自治・自覚）」の精神、「共生」を共通理念に、グローバルで（世界に通用する）、イノベーティブな（変革を成し遂げる）人材育成を強化	階層別研修のほか、キヤノン経営塾、「CCEDP研修」や「CIL研修」など独自の経営幹部・リーダー研修も設定。ほか、ビジネススキル・ヒューマンスキルなどを伸ばす選択研修や、自己啓発として語学研修・通信教育を用意	トレーニー制度・技術留学の拡大や「海外での人材育成」を推進するとともに、インターンを招くといった方法により、「内なる国際化（国内拠点の国際化）」を推進
資生堂 (4万5800人：グループ全体)	"魅力ある人"で組織を埋め尽くすこと」を目指し、「資生堂"共育"宣言」で、育みたい能力と感性の指針を「自立性」「変革力」「美意識」と設定。特に、リーダーには「人を育て組織を動かすこと」を求める	2007年に企業内大学「エコール資生堂」を開講。7分野の執行役員が「学部長」を務め、役員自らが事業と教育を一体化して人材育成を主導	2007年から国内外の経営幹部層を対象に「グローバル・リーダーシップ・プログラム」を実施。2011年からは、現地法人のダイレクタークラス対象に「リージョナル・リーダーシップ・プログラム」も開催
住友商事 (5159人)	①「経営理念・行動指針」を理解し、「SC VALUES」を実践できる、②各階層でリーダーシップを発揮する、③プロフェッショナルとして高い成果を生み出す――人材を育成していく	入社から10年間を「育成期間」と位置付け、計画的・育成的なローテーションで複数の部署を経験させる。人材育成プログラム「住商ビジネスカレッジ」で、マインドとスキル、知識の習得を図る	①スピーキングにシフトした英語研修、②多くの若手社員を海外に派遣させる研修制度、③現地スタッフの育成――などに注力
ユニ・チャーム (1221人)	全社員が共有すべき企業文化・精神（＝ユニ・チャームスピリット）の「実践と伝承」を徹底できる人材を育成。少数の「ヒーロー」発掘より、全員で組織力を高めることを重視	ベースは"自学"。OJTと日々の「SAPS経営モデル」（全社員が週次の戦略と行動、反省点を毎週公開し、アドバイスし合う）の実践を軸に、節目で階層別・役職別、部門別の研修を実施	グローバルでSAPS経営モデルに取り組むため、加除式のシステム手帳「ユニ・チャームウェイ」（倫理・行動規範や仕事上・マネジメント上の心得等を記載）を国内外の全社員に配付し、価値観の共有化を図る
ジョンソン・エンド・ジョンソン メディカル カンパニー (1588人)	「グローバルで全社員が共有するコア・バリュー『我が信条』（クレドー）を実践し、これを継承できる人材」の輩出を狙う。特に、グローバルリーダーの育成に注力	新入社員を含めた階層別（7区分）に研修を実施。大きく、全社共通の「リーダーシップ研修」（国内・海外）と「職種別研修」で構成。後者は、一般社員・管理職とも、昇格後や職位の一定年数経験後に実施	クレドーに基づき、全世界共通のコンピテンシーモデル（階層別に、責任・役割・行動レベルで、求められるリーダーシップ像を明確化）を設定。社員は同内容を踏まえ、自らの目標を定め、能力開発を進める
オリックス (3876人)	「評価」と「配置」に軸足を置いた育成を志向。現場での成長をベースに、「高い専門性を有し、これを追求し続ける人材」「チームワークを意識したマネジメント力に長けた人材」を輩出	①選抜系（次世代リーダー・グローバル人材育成等）、②公募・選択系（語学力向上、専門知識養成等）、③階層系（役職、年齢階層別研修）、④ダイバーシティ推進系（主に女性総合職一般～課長級対象）で構成	選抜・公募を通じて、海外の現地法人や大学に派遣したり、国内の専門機関の研修を受講させたりして、現地法人での実務経験や、より実践的な語学力を身につけてもらう
あいおいニッセイ同和損害保険 (1万2909人)	目指す社員像として「自ら学び自ら考え、チャレンジし、成長し続ける社員」を掲げ、自己研鑽・OJT・研修により「学ぶ風土」「育てる風土」を醸成し、人材育成重視の文化を定着させる	全社員共通教育と部門別教育で人材育成体系を構築。前者は、研修・自己研鑽・OJTを組み合わせて体系化。研修は、階層別のほか、昇格候補者対象の「アセスメント」、自発的参加型の「エントリー研修」で構成	「グローバル研修」として、グローバル人財に求められる要件・異文化ビジネスの理解に焦点を当て、年齢層、職務内容等を問わず、幅広い社員を対象に、ダイバーシティや異文化への理解を進める

[注]　上記は、各社の人材育成方針・施策のポイントを編集部で整理したもの。
出所：『労政時報』第3807号、2011.10.14.

【参考文献】

今野浩一郎・佐藤博樹『人事管理入門』日本経済新聞社,2002年。
楠田　丘『労務管理実務入門』労務行政研究所,1993年。
佐藤博樹・藤村博之・八代充史『新しい人事労務管理』有斐閣,2007年。
西川清之『人的資源管理入門』学文社,1997年。
西川清之『人的資源管理の基礎』学文社,2010年。
平野文彦・幸田浩文編『人的資源管理』学文社,2003年。
森　五郎『新訂 労務管理概論』泉文堂,1979年。

第7章 人事管理とHRM

> **キーワード**
>   人事管理，HRM（人的資源管理），組織目的，協働体系，行動科学

1. 人事管理とは

(1) 人事管理と人事管理論

　「人事管理」とは，経営資源である人的資源（人材）を対象にして，その管理・活用・育成をテーマとする経営学の一分野を意味している。「人事」という言葉は政治家や企業トップの交代などニュースでもよく使われるが，人事管理となると，その定義や内容はあまり知られていないと思われる。同様な意味で使われる「労務管理」「人材マネジメント」「HRM（ヒューマン・リソース・マネジメント）」「人的資源管理」にしても，その違いについてあまり気に留めないことが多いだろう。

　これから本書ではこうした用語の違いも説明されるが，まずはこれらの用語を含めた広い概念として「人事管理」との用語を用いている。また「人事管理論」とは人事管理を理解するために必要な知識を体系的に整理し，経営学の一分野として位置づけたものである。

(2) 人事管理と人事

　人事管理や人事管理論に関連する用語である「人事」は，一般にもよく使われ，関心を持たれることが少なくない。ここでの「人事」とは「人事異動」や「配属」のことであり，担当する職務，役割，勤務地などが変わることを意味

する。人事異動は自らの仕事や関わる人との関係，さらにはキャリアにも大きな影響があるため，高い関心が持たれるのは当然のことかもしれない。

　社会的に話題になる人事となると，内閣総理大臣が組閣する際，大臣に誰を指名するかを発表するいわゆる組閣人事であろう。大臣になる人によって，担当分野での仕事が変わり，関係する人々の仕事や国民の生活にも影響が生じる。また野球やサッカーなどスポーツで代表選手を選出し，ポジションを決定することも人事異動の1つと考えることができる。

　新聞などでは大企業トップ等，ごく一部の人事が知らされるだけだが，働く人にとってはその企業（組織）全体に人事異動の影響が生じるため，大きな関心事である。自分がどんな仕事を担当し，どこで勤務し，誰が上司となるかは本人のキャリアのみならず，家族や生活はもとより人生にも影響を与えるためである。

　組織において「人事」とは異動だけでなく，査定（評価）を意味する場合もある。これは人事異動とも関連しているが，昇給や賞与といった経済的報酬である賃金に直接的に結びついている。このように「人事」は仕事の種類，権限，金銭に結びつくため，働く人にとっては大きな関心事である。

　人事異動や人事評価を行うのは組織のトップや部門長であり，人事管理の仕組みを理解したからといっても，すぐに人事異動が有利にはならないだろう。経営学など学問においては確立された知識が学ばれるが，人事や人事管理の実際は個々の事例で異なり，また変化し続けるため，人事管理の学習は役に立たないと思われるかもしれない。

　しかし，人事管理や経営学を学習することによって，自らや周囲の人事異動や評価を通して，企業の戦略や活動を実感でき，企業の意思決定や制度を理解することができる。さらに，目標管理や教育訓練の重要性を認識し，それらを活用することで，今後の仕事や自己のキャリアを有利なものにすることも可能である。

（3）人事管理と労務管理

　人事業務の内容やその重要事項は時代と共に変化するため，人事管理を表す

科目や図書の名称は「労務管理」「経営労務」「人事労務管理」「人事管理」「人的資源管理（HRM）」などと変遷してきた。近年では「人材マネジメント」や「人的資本管理（HCM）」といった新しい名称も登場している。しかし，HRMなどアメリカの人事用語や概念をそのまま導入することは，日本での人材や人事部門のイメージや位置づけを低下させる可能性もあるため，こうした用語の導入には留意する必要があろう。

　労務管理は，今日でも人事管理と併存している伝統的な概念・用語である。これは主に工場や現業などの作業者を対象とする管理を意味するため，製造業の従業員が多い時代には代表的な名称であった。そのため労使関係や安全衛生など法規や全体管理が重視される一方，昇進・昇格，人材育成やキャリア管理など個別管理には限界がある。それに対して，人事管理はホワイトカラーを対象とする管理であり，採用，配属，異動といった雇用管理は労務管理とほぼ同様であるが，人事方針や要員計画といった人事戦略，自己申告や目標管理などのキャリア育成や個別の施策が多く含まれている。

（4）人事管理と HRM（人的資源管理）

　人事管理と同様な意味を持つ用語として「ヒューマン・リソース・マネジメント」（Human Resource Management）やそれを翻訳した「人的資源管理」がある。これらはまだ一般的な名称とは言えないものの，日本にも徐々に浸透してきている。これはアメリカで1970年代から人事管理の新たな名称として使われ始め，今日のアメリカはじめ諸外国においては一般的とされる用語である。しかし，他の多くの言葉と同様，海外で使われる用語の訳や使われ方には，日米の企業組織や人事部のあり方の違いという背景があり，注意を要する。

　アメリカでは従来からの人事管理すなわちパーソネル・マネジメント（Personnel Management）は経営の諸機能の中ではあまり重視されず，そこから人材を重視するという変革を示す意味からも人的資源管理（HRM）への転換が行われた。しかし，日本では重要な職能として確立されている「人事」という用語を「人的資源」に置き換える積極的な理由はなかった。あるとすれば，経営革新やコスト低減の下に人事の権限や職能を弱めようとする場合だけ

である。そうでなければ、人事を人的資源や人材に変更することは、人を資金や原材料といった他の経営資源と同列に論じることとなり、人事部や人事機能を弱めることにつながりかねない。日本では、人事という名称をアメリカのように人的資源に変更することが受け入れられない事情がここにみられる。

確かに人事部主導の経営や日本的経営からの変革を受けて、1990年代には人事管理や人事部を人的資源管理や人財部などに名称変更した企業もみられた。しかし、それらは日本社会に浸透し定着した用語にはなっていない。2008年リーマンショック後の世界同時不況、中国やインドなどBRICSやASEAN諸国の躍進などもあり、アメリカ型経営のブームもやや失速した感がある。

本書では、日本企業の中枢として高い評価を得てきた人事（部門）を経営に活かすことは経営の強みにつながること、また欧米の人的資源管理を超えた新しい人材マネジメントという意味から「人事管理」を使用している。

2．人事管理の意義

（1）人事管理の必要性

人事管理は、企業などの組織でなぜ必要とされるのだろうか。人事部や人事制度がほとんどない小規模の会社においても、人事管理は行われている。企業経営の継続や長期的な繁栄のためにそれが必要と考えられているためである。確かに優れた管理者は自らのカリスマ性や感性から、画一的な規則や規定された人事制度に基づく組織運営より優れた管理を行えるかもしれない。しかし、そうした管理者は限られ、その状況も変化するため、属人的な制度運営や人事評価は不公平なものとなりやすい。柔軟な制度や運用で対応できるというのはよいイメージがあるが、ある人に配慮したことで他の人々の不公平感を高め、不満を高めてしまう可能性も高い。全部門的な人事制度や評価には、統一的な制度や第三者として公正・公平な運用者が必要である。そこでは公平性、継続性、安定性が求められている。

したがって、人事管理の必要性は、①客観性・公平性の維持、②部門セクショナリズムの解決、③専門技術の活用、という点にあると考えられる。そし

て人事部門の役割としては，そうした必要性に専門性，規模の経済によるメリットが加わる。

そもそも採用，配置，異動，評価といった人事管理は，ライン長などが従業員の仕事に関して決定することで，絶対的に正しいという決定はあり得ない。しかし人事上の決定は必要であり，あらかじめ明示された統一的な規則や制度に基づいた決定とすることで，人々の納得を得られやすい。人事管理は「客観性・公平性の維持」につながるものと言える。

「部門セクショナリズムの解決」とは，企業などの組織で起こる部門間の利害衝突を解決することである。人事管理により，その解決のためのルールが与えられるので，いわば第三者的な裁定を行うことができる。また「専門技術の活用」は，人事管理を専門に行う人事スタッフがいることで，経験，勘やコツといった個人的な判断ではなく，心理学や社会学の専門性に基づく客観的な判断ができるということである。以上が，人事管理が必要と考えられる主な理由である。

（2）人事管理の位置づけ

人事管理は，企業組織などの経営管理ではどう位置づけられるだろうか。経営学の考え方では，経営を成り立たせるのはヒト，モノ，カネなどの経営資源とされ，その投入や活用などを行うのが経営管理とされている。この考え方ではヒトを他の資源と同列に論じている。それはヒトを物理的な労働力という側面だけから捉えたためで，限定的な人の位置づけにすぎないと考えられる。

このように経営資源をヒト，モノ，カネと分けることは，企業活動を形作る要素や部門構成とも符合している。確かに，労働力や技術ノウハウなどはヒトが生み出す経営資源と言えるが，原材料や資金などモノ，カネという他の資源を活用する主体は人である。人には経営資源に含まれる労働力の要素と管理者やスタッフなどとして意思決定と行動を行う主体としての要素があることに留意しておくべきである。

図表7-1　経営管理機能と対象となる資源

```
           経営管理機能              資　源
「ヒト」人事管理　　－－－－－　時間，エネルギー，能力，技術，
                                 ノウハウ，知恵，知識
「モノ」物流・商品管理　－－　商品，原材料，機械，設備，
       生産管理　購買管理　　流通，販売店
       販売管理　物流管理
「カネ」財務管理　　－－－－－　資本金，経費，借入金
```

出所：筆者作成。

（3）人事管理の目的

　人事管理の目的は，経営における目的達成，すなわち組織全体の目標達成を支援することである。これは人事部がスタッフ部門であることから共通の目的と言える。経営者と管理者は，人事管理の機能を含め，事業目的の達成や組織運営のための管理を行っている。それは計画を立てたり，資源を配分したり，担当者を決めたり，進展をチェックしたりということである。1人だけで仕事をする場合は，管理は自分の頭の中だけでも行えるかもしれないが，通常は組織で仕事をしているから，他のメンバーの働きを知ることが重要である。そこに管理の必要性が生じ，特に人事管理では他のメンバー，つまり従業員への対処が重要になってくる。

　したがって，人事管理の目的は，「組織目的をうまく達成する」という組織の目的遂行と「組織メンバーの活動をまとめる」という欲求充足を同時に行うことにある。これは経営管理そのものの目的とも言えるが，経営管理では従業員という人の問題から離れて，市場ニーズに合った商品企画やサービス網の整備などさまざまな戦略や資源の調達などを広く含んでいる。一方，人事管理では人の問題にフォーカスしている点でその独自性があると考えられる。

　組織目的をうまく達成することは，企業など組織の存在意義そのものであり，そのためのサポートをすることである。具体的には必要となる要員数を確保したり，要請される能力を育成したりすることを意味する。組織メンバーの

活動をまとめるとは，実際に確保された人材が本気になって働けるよう，彼らの欲求を充足させることである。具体的には，賃金体系や評価制度を納得のできるものとして，満足度を高めることなどである。こうした個人の欲求充足機能と組織の目的遂行機能の両立を図ることこそが，人事管理の目的である。

3．人事管理の定義と組織

（1）人事管理の定義

人事管理のあり方は時代と共に変わり，領域も相当な広がりがあるだけに，その定義は論者によって多様である。しかし，人材の価値を認識し，それを組織の目的達成に活かすことは共通である。以下は代表的な人事管理の定義である。

「人事管理は，人的資源をその最高の能力と協力を実現するまで利用するように，ある事業体の労働力を組織し，統制し，指揮する技術である」ワトキンス（Watkins, G. S., *The Management of Personnel and Labor Relations*, 1938）

「人事管理とは，従業員の内在的能力を最大限に生かし，自ら最大限の成果を確保しうるように彼らを処遇し，組織する方法についての規範体系である」ピゴースとマイヤース（Pigors, P. and Myers, C. A., *Personnel Administration*, 1956）

「人事管理とは，生産の人的因子として雇用関係に入った人間を，企業目的を達成すべく合理的に活用する一連の組織的・計画的手続きをいう」（藤田忠『人事管理』，1973年）

「多数の人が常時集まって一定の仕事をする場合に，それらの人々を一定の目標に向かって，よりよく協力させ，より効率的に労働できるようにする活動のこと」（森五郎『労務管理論』，1989年）

「HRMは，企業と従業員との関係のあり方に影響を与える経営の意思決定や行動のすべてを統轄する」ビアー（Beer, M. et al., *Managing Human Assets*, 1984）．

「人事管理とは，組織目的を達成するために，必要な人材を導入し，育成し，維持すると共に，協働体系を確立して，各人の能力を最大限に発揮させる一連のプロセスである」（後藤他『人事管理入門』，1987年）

図表7－2　人事管理チャート

組織目的の達成 ｜ 能　力　発　揮 人材導入　人材育成　人材維持 ………協働体系の確立………	「人材導入」……採用 「人材育成」……教育訓練 「人材維持」……給与，雇用，福利厚生 「協働体系の確立と能力発揮」…管理者

出所：後藤（1987）を参考に筆者作成。

このように表現や力点は異なるものの，いずれも「経営における人の有効な活用」を目指すことにおいて共通である。人事管理の目的で示した通り，経営管理や組織管理と共通な要素が多いものの，人（人材や従業員）に重点がおかれる点が特徴的である。

（2）人事管理の組織

企業や官庁において，人事管理を担当しているのは人事部だけと思われるかもしれないが，実際にはライン管理者と人事部が共同で人事管理の機能を果たしている。もちろん人事管理を専門に担当しているのは人事部門であり，人事管理の諸制度や施策を策定し，管理者や従業員にそれらを説明し，運用をサポートしている。

人事部門はどのような組織で構成され，役割分担されているかを概観した

い。図表7－3のように，人事管理は採用管理，異動管理，賃金管理，就業管理，教育訓練，福利厚生管理，安全衛生管理，労使関係などの機能に分かれ，それらを担当する部門内組織がいくつか設置されていることが一般的である。大企業など大きな組織では人事部門の中にいくつもの部署が存在し，それらの名称から機能がわかりやすいが，中小企業など小規模な組織では人事（部課）または総務だけが置かれて，各機能は係や担当として置かれるか，他の係と兼務となっているかもしれない。

図表7－3　人事管理の諸機能

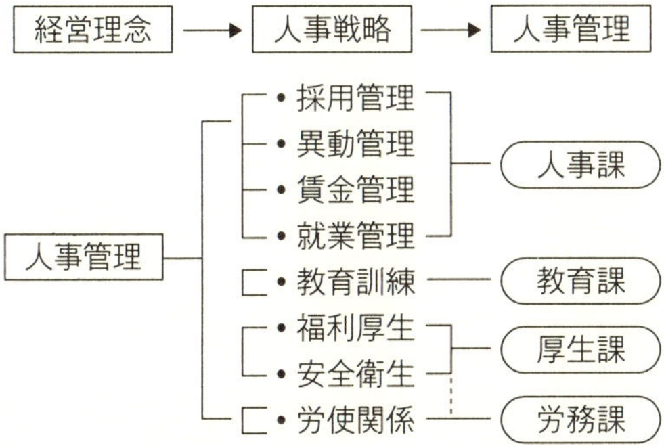

```
経営理念 → 人事戦略 → 人事管理

人事管理 ┬─ ・採用管理 ┐
         │  ・異動管理 │─ 人事課
         │  ・賃金管理 │
         │  ・就業管理 ┘
         ├─ ・教育訓練 ─── 教育課
         ├─ ・福利厚生 ┐
         │  ・安全衛生 ┘─ 厚生課
         └─ ・労使関係 ─── 労務課
```

出所：筆者作成。

図表7－3にみられるように，経営戦略を受け，人事戦略が策定される。さらに人事管理は，採用，異動，賃金などの人事管理のサブシステムに分かれるが，経営・人事戦略は人事管理の実行に影響を与えることになる。

組織がどう作られるかは個々の組織によって異なるが，一般に採用，異動，就業管理といった狭義の人事管理を担当するのは人事課，教育訓練を担当するのは教育課，福利厚生と安全衛生を担当するのは厚生課（安全衛生課），労使関係を担当するのは労務課といった名称が使われる。もちろん人事課がすべてを包含する場合や人事制度の設計を行う企画課が分離されるなど，いろいろな形態が考えられる。

4．人事管理の発展

　多くの人を集め労働をさせる原始社会にも人事管理と同様な管理はあったかもしれないが，管理監督の方法は組織的かつ計画的でなければならない。従業員に対する管理機能や制度，つまり人事管理部門の成立は第一次大戦後のアメリカとされている。これはアメリカでの大規模組織での管理が始まった，経営学の成立と関連する。

　労働者を対象とする「管理」は1910年代から行われ，組織的な人事労務管理の成立は1920年代からであり，それ以前は「人事労務管理」というより，管理不在の「労務処理」の時代と言える。森五郎教授の学説を参考にして，人事労務管理の発展を，専制的，親権的，近代的，現代的の4段階に分けて概観したい。

（1）専制的労務

　産業革命期の18世紀～19世紀半ばの時期は経営学の成立以前であるが，当然ながら労働は存在し，労働者（職人）を統制する意味での専制的労務は存在していた。ここでは管理（マネジメント）という考え方はまだない。18世紀にイギリスで始まった産業革命が，19世紀にかけてフランス，ドイツ他の欧州諸国やアメリカに広まり，これまでの家内工業や職人の仕事から工場労働への変化が起きていった。

　この時期には労働時間を規制する法律がなく，1日14時間もの長時間労働もみられた。当時の政府は，そうした労働形態を自由放任の思想から放置しおり，労働者を保護する法律はまだできていなかった。

（2）親権（温情）主義的労務

　親権主義的労務とは，温情により労働者を保護して，労働をさせる考え方である。これは，強権的に服従させる専制的労務を続けても労働者が疲弊し，疾病に至るなど生産性が上がらないことから生じた労働の捉え方である。この親

権主義的労務の時期は，欧米では19世紀後期から20世紀初頭にかけて，日本では大正期から第二次大戦時までが相当すると考えられる。

この時期，英国においてロバート・オーエンが，雇用している児童をニューラナークの特設学校に通わせるなど福利厚生施策が発達し，労働組合運動も行われた。労働人口の減少と労働力需要の増加により賃金が上昇し，女子・年少者の保護から工場法（労働者保護法）ができ，労働時間も9～10時間に短縮された。労働者の定着を図るため，労働条件の改善や福利厚生施設の設置もこの時代に始まっている。

（3）近代（労務）人事管理

欧米では1920年代，第一次大戦後から，日本では第二次大戦後から，経営学の成果と民主主義の思想が取り入れられ，科学的な近代人事管理が始まったとされる。これは強権的で専制的なものではなく，また親権的で温情としての福利施策といった雇い主の恩恵としてではなく，労使対等の民主的関係，平等主義での労務管理が行われるようになった時期である。経営管理の一環として体系的な労務管理が始まり，労働者の人格を認め，労務管理の専任部署やスタッフ（人事部）も設置されるようになった。

（4）現代人事管理

欧米では第二次大戦後の1950年代になると，従来の利益の最大化を追求する資本主義から社会的責任や公共性を持つ修正資本主義への変容がみられる。労働者の地位向上を背景に，産業民主主義での労使対等をさらに進め，労使は協同者（パートナー）としての新しい理念を基盤とする。人間関係論，行動科学などの研究成果を取り入れ，科学としての精緻化がより一層図られるようになった。個人の主体性など非金銭的な誘因も重視され，トップ，ライン管理者，人事スタッフの三者が一体化した人事管理として総合的かつ戦略的なものとなった。

1940～1950年代には，採用，人事記録，技能者・監督者教育，労使関係などの人事関連業務が広がった。また，1960～1970年代になると，行動科学の

成果によって，人事の仕事が広がり，また精緻なものとなった。組織開発，職務充実，MBO，教育訓練の体系化などが導入されたのもこの時期である。

5．現代人事管理の展開

経営学の歴史はおよそ100年で，行動科学の発展からその細分化が進んでいる。人事管理も1960年代以降における現代人事管理の展開では，その名称や概念に変化がみられる。そこで20世紀後半以降の現代人事管理に焦点を当て，今日に至る変化についてみていきたい。

（1）伝統的人事管理への批判

アメリカで発展した経営学の各管理機能の中で，人事管理（Personnel Management）に対する評価はあまり高いものではなかった。現代経営に大きな影響を与えている経営学者ドラッカー（Drucker, 1954）は「人事管理は付随的な雑用であり，企業の戦略やビジネスの実践から，かけ離れたもの」と位置づけている。その理由は「人事部門の諸活動に一貫性がなく，ただ雑多な仕事を寄せ集めただけ」というもので，かなり手厳しい評価を下している。

さらに人事部門は「ビジネスへの影響力はなく，有能なマネジャーも必要としない」とも指摘した。確かにアメリカをはじめ欧米のマネジメントでは，人事部門の権限は弱く，日のあたる部署とはされていない。それだけに出世志向ではなく，専門家志向の強いスタッフが集まってくる専門性の高い部門とも言える。

（2）人的資源と人事管理の変化

アメリカでは1970年代から，従来の人事管理から人的資源管理（Human Resource Management）への変化がみられる。この変化の理由の1つは「人的資源は企業の成長の重要な鍵」とする人的資本理論（Megginson, 1967）があり，もう1つは「人間を成長・開発・達成への無限の能力を持つ存在」という労働者に対する見方の変化（McGregor, 1960）がある。

これらの行動科学の影響を受けた人的資源管理や人的資源による捉え方により，短期的で調達可能なコストとしての労働力ではなく，長期的，教育訓練，投資価値のある資源としての人的資産（Human Assets）へと今まで以上に重要に位置づけられるようになった（Miles, 1965）。

（3）日本的経営とエクセレントカンパニー

雇用や人事教育が日本的経営の強みであったように，日本企業において人事労務部門の全社的な位置づけは高いものであった。それは新卒の一括採用と昇進制度，統一的な仕組みによる評価と賃金制度など，全社的な制度設計や運用を図る人事部門の影響力が強いためであった。企業の戦略的意思決定においても，人事部からの役員が専務や常務として参画していることは当然とされ，この点は欧米での状況とは大きく異なる。

したがって，1970～80年代の日本的経営のブームと共に，強力な権限を有する人事部門の存在がアメリカでの人事管理の変革に影響を与えていたと考えられる。日本的経営と重複する部分もあるが，同時期に起きたエクセレントカンパニー・ブームもまた，アメリカでの人事を変革し，その位置づけを高めることにつながったと考えられる（エクセレントカンパニー，セオリーZ）。

当時，IBMやHP（ヒューレット・パッカード）など，エクセレントカンパニーと呼ばれた超優良企業にみられる特徴として，強力な人事労務部門と雇用保障，教育訓練，内部昇進，公平な処遇，円滑なコミュニケーション，ライン管理者の人事，責任の重視などがあげられる。これらは人事管理の機能や人事部門の役割が重要であることを裏付けている（岩出，2001）。

（4）戦略的人材の概念による人事管理（1980年半ば～）

1970年代後半から，アメリカを中心にHR（人的資源）は単なる経営資源でなく，育成や活用を図ることで業績に重要な役割を果たせるものといった考え方が強くなった。そしてHRM（人事管理）を企業戦略と統合させることが志向された。人的資源は競争優位の確保に資する存在（Porter, 1980）との考え方に基づくもので，これは戦略的経営，特に競争戦略による変化である。

アメリカの企業では人事部門は中枢部門とみなされてこなかったが、戦略経営の隆盛から、人事の位置づけが高められることになった。ここにHRは競争優位の源泉であるとし、人材やHRMを重視する傾向がみられる。

さらに戦略経営をサポートする人事管理（HRM）は新たに戦略的人的資源管理（SHRM）へと発展を遂げている。その理由はいくつかあるが、1つは資源ベースによる企業理論の影響がある。資源ベース論では、人的資源を技能のストック（コア能力）と評価することが根底にある（Barney, 1991）。企業にとって真の競争力とはそうしたコア能力であり、企業にとって人材は付加価値を生みだすものである。それと同時に希少性がある、模倣が困難である、代替性が少ない資源と人的資源を捉えることである。

コラム7　「人事部」の名称が消える

アメリカでは人事管理がパーソナルからHRMへ変化したが、日本では伝統のある人事部が人的資源管理部には変わらないと記したが、やはり人事部の存在意義やあり方が変化していることは伺える。以下のコラムは2003年とやや古いが、成果主義人事など経営環境の厳しい中で、人事が縮小される、統合されるという動きの中の話である。この傾向は今でも変わっていない。日本的な人事部の名称変更の一端がうかがえる。

「これまで人事部でしたが、機構改革がありまして経営統括部になりました。そこで人事の仕事を担当している○○です」——。研究者と実務者が混在するある研究会で、出席者の1人がこんなふうに自己紹介をしたのを聞いて、「人事部がなくなった？」と一瞬とまどった。経営環境が激変、厳しさを増す中で、従来の「人事部」という名称が消えたり、別の名に変える会社が増えてきている。

経営環境のグローバル化の進展は、人事部に対して、経営が求める人材を、必要な場所に、そして、タイムリーに供給する戦略的機能を強く求めるようになってきている。これが、人事を上から管理することを主な仕事にしてきた従来型の人事部を、内部から突き動かしている。

人事部が経営企画室とか企画推進室の中に組み入れられ、人事部の名前が組織

名から消える現象は，そうした流れの中での結果である。そこでは経営戦略としての人事政策や人事企画の策定が主要な任務となり，その一方で，今も人事部のイメージで強く残る，給与計算や福利厚生などの業務はアウトソーシングされる例が多い。人事部の戦略的部分と，サービス的部分の機能分化である。

　一橋大学の守島基博教授によると，人事部が今直面している課題は3つだという。

　その1つが「人材供給」で，経営戦略を達成し，競争力を高めることに直結することが重要となっている。2つ目は，働き方の個別化の流れの中で，人材育成，モラール維持などの「人材のメンテナンス」。3つ目が，制度の設計と運用をどう進めるかという「人材インフラのマネジメント」。これについては，現場への人事機能の分散化がポイントになる。

　「人事部」の機能や役割が経営戦略の中で大きく変わってきている。しかし，相手が心も感情もある，生身の人間だということを忘れてはならない。

出所：『JIL 労働情報』No.312, 2003.6.20. より。
　　　http://www.jil.go.jp/mm/bn/jmm312.html

【参考文献】

今野浩一郎・佐藤博樹『人事管理入門』第2版，日本経済新聞社，2009年。
岩出　博『Lecture 労務管理』泉文堂，1995年。
奥林康司編著『入門人的資源管理』第2版，中央経済社，2010年。
菊野一雄『人事労務管理の基礎』泉文堂，2009年。
平野文彦・幸田浩文編『人的資源管理』学文社，2003年。
森　五郎編『労務管理論』有斐閣，1989年。

第8章 採用・配置・異動

> **キーワード**
> 労働力，職務中心主義，日本的経営，人事異動，人材ポートフォリオ

1. 雇用管理

(1) 雇用管理とは

　雇用管理とは，従業員の採用，配置，職務転換，昇進，退職など労働力の配分に対する管理である。それは組織で仕事をする人の動きに関する管理であり，その対象はさまざまな欲求，価値観を持つ人間である。従業員という人材の配置やその変化を通して，企業の目標を達成し，同時に従業員の目標にも応えられる適切なバランスが求められる。

　従業員は採用され，配置・異動を経て，やがて退職していく。そうした動きを人事管理における施策や活動を通してみると，募集・選抜・採用から組織に入り，配置転換・異動・昇進昇格を組織内で経験し，定年や中途で退職となり，組織から出る。これを労働力についてみるなら，まず労働力が調達され，労働力と職務の動態的な適合が図られ，労働力の調整がなされることとなる。

(2) 雇用管理の考え方

　雇用管理の基本的な考え方として，「人間中心主義」と「職務中心主義」がある。人間中心主義は日本的経営に代表され，職務中心主義は欧米型経営とされている。人間中心主義においては，まず人がはじめにいるという前提で，次に仕事を考え，そこに配置するという考え方である。一方，職務中心主義では

まず仕事があり、それに必要な人を配置するという考え方である。もちろん、これは単純化した考え方の説明であり、実際の組織では両者の中間が多いのであろう。現実には人と仕事それぞれの需給の変化が生じるので、結果としてどちらかで運用されているとみなされ、実践においては明確に区別できないことも多いと思われる。

2-1) 人間中心主義

　人間中心主義とは、まず人間が先にありきで、その人に合わせて仕事が配分されるという考え方である。その結果、雇用の継続が実現しやすく長期雇用につながるものである。しかし、この原則にこだわると、仕事が少なくても人の採用を続けるなど無駄な経営になる恐れがある。

　人間中心主義においては、採用した人材の雇用を維持する場合にその真価が発揮される。そのため、多くの人材は当初の仕事以外に他の職務も経験しておくことが有効となる。こうした他職種の経験や育成は短期的には非効率と思われるが、中長期においてはむしろ効率的になる。

　つまり、人間中心主義が有効に働くためには長期的な雇用が前提であり、厳密な職種別採用やスペシャリスト育成には適合しない。この考え方のベースには能力主義があり、人間中心主義は、職務拡充、チーム編成、フラット化組織などに適切な考え方と言える。また欧米でもSHRM（Strategic Human Resource Management：戦略的HRM）やHCM（Human Capital Management：人的資本管理）など育成重視の新たな人事管理はこの考え方に近づくものと考えられる。

2-2) 職務中心主義

　職務中心主義の考え方では、まず仕事がありきで、それから必要な人員を配置することになる。しかし、人と仕事をマッチングさせるということでは人間中心主義と共通であり、実際上、その違いはあまり大きくない。両者が区別されるのは、現在の仕事量が減り、その担当者数を減らす場合である。そのような場合、その仕事の担当者も仕事の縮小と共に解雇されてしまうかどうかという点である。

職務中心主義では、担当している仕事がなくなれば、それと同時に解雇されると考えられる。担当する仕事がなくなる従業員を他の仕事や部署に移して雇用を継続することは少ない。そのためには他社への転職も容易であるという社会環境や労働市場がなくてはならない。そうした環境、制度そして慣行があり、社会的にも認められるあり方となる。

　職務中心主義では仕事を比較的短期間に評価する成果主義がとられ、目標達成のインセンティブ効果が高い。日本でも欧米の職務やグローバル経営、また伝統的な長期雇用の弊害などから、職務中心主義に少しずつ近付いているようである。

　1990年代からの長期的な経済不況を背景に、従来からの年功制を主とする日本的経営が崩壊し、人事管理の考え方も人間中心主義から職務中心主義という欧米型へシフトが進んだ。景気の低迷が続き、企業は正社員採用に慎重となり、パート・アルバイト、派遣社員や業務委託などに依存する傾向が強くなった。そのため、2000年代には非正規社員が全雇用者の3分の1まで増加するなど、社会的にも雇用が不安定となった。

　国際競争の面から、日本企業は短期的な業績評価やコスト削減に注力せざるを得ない状況にあった。しかし、人々の価値観、労働市場そして退職金や社会保険などの制度は企業経営と同じスピードで対応できないため、雇用の悪化によって個人は不利益を被ったと言えよう。成果主義や短期的評価の実施には、担当職種を主体的に選択できる人事制度や労働市場が必要とされる。それらが整わない日本のような社会環境では、欧米型の職務中心主義の一部分だけを取り入れることになり、不利益が生じる可能性が大きい。人事システムはそれを取り巻く社会環境と密接に関わっていることを示す具体例でもある。

（3）日本的雇用管理の特徴

　日本的雇用の特徴とされるものは、終身雇用制と年功制、安定雇用による企業忠誠心など日本的経営の特徴と言われるものとほとんど一致している。他にも高いモラール、情報共有と経営参画意識の醸成、長期的視点による人材の評価と育成などがある。これらをみると、日本的経営の特徴は雇用管理に関する

ことが多いことがわかる。

　反対に，雇用以外の領域で日本的経営の特徴を探ると，優れた研究開発や長年の相互信頼に基づく顧客との関係構築，きめ細かく親切な販売対応などであろう。これらは商品開発，顧客との関係構築の期間など，長期雇用が前提で築かれる経営の強みである。そのため，日本的経営とは，長期的な人間関係・信頼関係が基盤になっていると言えよう。

3-1) 終身雇用と年功制
　日本的経営の中でも最もよく取り上げられる終身雇用制と年功制であるが，1990年代以降の日本的経営の見直しにおいて，両者は切り離されて議論されることが多い。一般には，終身雇用は維持すべきだが，年功制は弊害が多く廃止すべきといった論調である。しかし，実際には年功制は形式的にはともかく，実質的には廃止されていないと思われる。年齢だけの昇進，年功による年齢給は否定されているが，評価や処遇には年齢の影響は無視できず，能力や業績評価が年齢とある程度は比例することは否めない。もちろん，年齢を一切考慮しない評価もあり，徐々に年齢に対する人々の意識も変化している。

3-2) 企業忠誠心と高いモラール
　安定雇用による企業忠誠心・高いモラールについて，近年の国際調査の結果からは，日本で企業忠誠心やモラールが高いとは言えないとの結果もあり，どれほど実証的な論証ができているかは不確かである。しかし，長期勤続や長時間残業，休日出勤や行事への参加，海外を含め遠隔地への単身赴任などから，国際的に働きすぎ，滅私奉公の日本人ビジネスマンというイメージがあり，そこから生じた評価と思われる。

3-3) 情報共有と経営参画意識
　情報共有と経営参画意識の醸成については，トップダウンの欧米型に対して，日本企業の意思決定はボトムアップやコンセンサス型で，中堅層を含め多くの人が経営参画意識を持っていることに由来する。ここには職務充実とし

て，ジョブ・ローテーションで仕事の幅が広がり情報共有が進むことや，自分の前工程，後工程など関連部署の仕事を経験したり，考えたりするという視野の広さが関わってくる。これらがなぜ起きるかという点については，企業・職場は従業員が支えるという意識とその根底には長期雇用があるためと考えられる。

3-4）長期的な人材の評価と育成

長期的視点による人材の評価と育成は，おそらく最も根本的な日本的雇用の特徴と言える。日本は四方を海に囲まれた島国という閉鎖社会であったため，良好な人間関係を長期的に維持することが重視されてきた。欧米や他のアジア諸国のように外部からの他民族の流入はほとんどなく，農耕民族として同じ地域で生きていくことが前提で，そこでは協力関係の継続が絶対条件であった。その後，文明開化から近代化，工業化へ社会は移り，制度や技術は変化したが，安定継続を好む人々の意識は残っていると思われる。こうした面はあまり主張されないが，長期間の安定的な意欲・能力向上の背景として考えられるものである。

2．採　用

（1）採用とは

採用とは，企業内に欠員があるとき，外部から人を迎えて充員することである。日本企業においては，採用は，学校を3月卒業，4月入社の，いわゆる新卒者を採用することが一般的である。そのためには事前に，つまり在学中に就職活動が行われなくてはならない。

就職活動の開始が卒業の1カ月前ならともかく，半年前さらには1年前と早まると，就職活動が長期化し，学校教育に与える影響が少なくない。また留学や中途の入社者が増えて10月入社など，必ずしも4月入社にこだわらない企業も増えてきた。常時，必要な人材を募集し，中途入社が一般的な企業も少なくない。しかし，どうしても大企業による新卒採用が注目されるため，4月新

卒が重視されてきた。

今後，海外の大学の入学時期に合わせ，秋入学に移行する動きが東京大学をはじめ有力大学でみられるなど，4月の一斉入社という日本社会の慣行は少しずつ変化するかもしれない。

(2) 採用の考え方

採用を進めるためには，必要な人材の要件が明確となっている必要がある。これは人材の質と量の両面についてであり，具体的には学歴（大卒，高卒，短大・高専卒，高卒など）や専攻（事務系技術系や機械，看護，語学など）ごとに何名の人員が必要かということになる。新卒事務系の専攻の範囲は広く，法学，経済学をはじめ，文学，社会学，教育学等すべての文科系専攻が対象とされる。一方，技術系の場合は，職務との関連が強く，電気・電子，機械，建築，数学，化学，生物，農学などから専攻が指定される場合も少なくない。

中途採用の場合は，卒業後3年までであれば新卒と同様，専攻や経験はあまり限定されないが，10年程度の中堅では即戦力としての採用となり，職務経験が最重要な要件となる。近年の日本企業では次第に職種を特定した採用にシフトする傾向があり，新卒でも職務について専門志向が求められる場合もみられる。入社後には必ずしも厳密ではないものの，企業でのキャリアを自ら描くという姿勢が求められる。会社任せでの育成から，計画的で主体的な能力形成が重視されるようになってきたためである。

採用人員の算定には積上げ方式と総枠方式がある。これは言葉の通り，ボトムアップかトップダウンかという決め方である。積上げ方式では，各部門での業務計画に必要な人員を算定し，それらを積上げた総数から採用人数を決定することになる。それに対して，総枠方式では要員計画等に基づき，人件費総額から雇用可能な人員を算出し，そこから採用人数を決定する。両者は，いわば財務省などの予算編成・折衝と同様に，まずは積上げで希望を出させ，それをベースに本当に必要な人員について，予算と各部門での必要性，全社的な戦略等から判断し，最終的な人数を決めていくことになる。

このようなプロセスで採用がなされるなら，人事部門は全社的な情報収集や

それぞれの部門の立場を理解することになるので，他部門から人事の重要性も認識されやすい。一方，アメリカのように予算を各部門に任せ，部門長に採用，評価等のすべてを任せるなら，人事部門が全社的見地から調整する出番はなく，人事部門の位置づけは低いものになる。このように各部門に任せる方法を日本でとると，部門間の昇進や給与水準などでバランスを欠くことになり，社内のコミュニケーションや一体感が失われるなどマイナス面が多いと思われる。組織メンバーの一体感こそが日本企業の強みであるため，上記のような集権的な人事施策が取られていると言えよう。

(3) 新規学卒

　日本では大企業を中心に，新規学卒者を4月に一括採用することが一般的である。そこで入社することが基幹人材となるため，個人も企業もこのタイミングでの就職を望んでいる。特に大企業の場合，新卒以外での就職は難しく，昇進などでも不利と思われているからである。本来は中途採用など卒業後何年か経ってからの入社でも問題ないはずだが，実態としては新卒以外で人気企業（一般的には業績が安定した大企業）に基幹人材として入社することは難しい。そうした人気企業では，新卒者だけで求人をはるかに上回る入社希望者があり，その段階で人材が十分確保されるからである。

　実際には，中途採用や既卒者（新卒で就職できず，卒業後アルバイトなどをしながら就職活動をする者）の中にも有能な人材が多くいるだろうが，ほとんどの大企業は新卒者採用で人材を充足させている。もちろん中途で，また幹部としてスカウトで入社することも皆無ではないが，多くの大企業は新卒採用の方が有効と判断している。

(4) 中途採用

　新卒採用が難しい企業では，中途採用が主たる採用方法となる。多くの中堅・中小企業では中途採用の方が普通の採用であろう。いったん学校卒業時に新卒で採用された人も，その後，転職においては中途採用となるので，むしろ中途採用の方が一般的な採用形態と言える。大企業でも，好況期には人手不足

のため新卒が採用できないことや，ある特定分野での採用では新卒の充足ができないなどの理由で中途採用も併用されている。

　従来，財閥系をはじめとする伝統的な日本の大企業では全社員を新卒で採用し，その後，長い年月をかけて人材育成を図ってきた。そうして強固な企業文化を育み，社内での意思疎通，協力関係を構築してきた。こうした組織づくり，いわゆる純粋培養の人材（生え抜き）を重視してきた日本企業では，中途採用では異質な人材が混じるとこれを避けてきた。1970年代以降，国際化が進んだ企業では，海外での日本人派遣者と現地人材登用の問題や国内での外国人の活用などの問題が生じてくるが，国際人材の活用は進まない。それどころか生え抜きの日本人男性のみが基幹人材となる状況は，女性，外国人，中途採用など人材の多様化を課題としながらも，なかなか変化しなかった。このことは「内なる国際化」（吉原，1998）といった言葉からも伺える。

　しかし，中途採用については，新卒が取れないための次善の策という位置づけを一歩進めて，より積極的に導入する動きが1980年代にみられた。これは今日の人材の多様化，いわゆるダイバーシティにつながるものである。1980年代半ば，日本企業は高い業績をあげ，バブル経済と言われた好況期に，当時の住友信託銀行が伝統的な大企業として初めて中途採用制度を導入した。これは急成長する部門で必要な人材を確保するためで，他の大企業でも個別には行われてきたものの，定期的な採用制度としての中途採用は極めて異例であった。

　その後，他の大企業でも同様な制度が設置され，中途採用は新卒と共に採用の柱になるかのような動きもみられた。ここでの中途採用には，従来の企業文化を変えるために異質な人材を導入しようという，積極的な中途採用の活用も理由となった。これまでの強固な組織文化のままでは，国際化や新規事業には適合しないのではとの考え方がそこにあった。

　折から，組織変革がブームとなり，日本企業も曲がり角にあったことも中途採用の導入を後押しした。次善の策として，やむなく中途採用するのではなく，新規事業や特定職種には経験者の採用が，そのスピードやコスト面からも有効であるとの判断がなされたためである。ここで職種別採用や多様化した

キャリアなどが用意され，また人材ポートフォリオの考え方（日経連，1995）とも符合するものであった。

（5）採用の変化

このように，新卒の一括4月採用から，中途を含め通年採用などに多様化し，人材のあり方も1つのキャリアや評価だけではなくなった。大卒者でも入社3年以内に3割が退職するということから，3年未満の中途採用者は第二新卒等と呼ばれ，社会的にも中途採用が認められてきたと言えよう。

とはいえ，バブル期が終わり，1990年代後期からは長期的な不況期に入り，企業は採用を控えるようになった。特に派遣社員や業務委託など，自社の正社員が従事する仕事を減らすことがコスト削減につながり，有効な経営方法という考え方が主流となっていった。企業は正社員の採用に慎重になり，新卒採用を厳選し，中途採用というよりは派遣社員・パート社員など非正規社員活用にシフトしてきた。いわば，企業にとっては採用せずとも仕事をしてもらうという，採用以外のオプションが増えてきたと言えよう。

3．配置・異動

（1）配置管理

配置管理は異動管理と共に，人材の動き（人材フロー）を対象にするものである。配置と異動を含む，いわゆる人事異動は，組織を実際に作る場合に中心となる施策である。どこに人を配置するのか，異動させるのかということは，全社的な配置管理が行われている企業においては影響の大きな決定である。配置には，どの部門・部署に行くかというヨコの動きと，どの職級に昇進昇格するかというタテの動きがある。また両方を含むナナメの動きも頻繁に起こる動きである。

昇進・昇格とその構造的基盤となる職能資格制度は，人事システムの中核となるものである。これを基盤にして新たな人材のポジションを定め，仕事に割り付けるという配置，その後，タテヨコに人を動かす人事異動こそは，表に見

える人事管理の動きとしては最重要なものかもしれない。こうした人事異動に対応し，組織としての有効性を保持し，また高めることが求められる。配置や異動などの人事異動は，トップや部門長から従業員への強力なメッセージとも言える。従業員は自分はもちろん，周囲の人たちが今度はどの部門でどのような仕事を担当するのかに注目している。

（2）配　置

　配置とは人と仕事を結びつけることで，組織の中で担当する仕事を決めることである。総合職や一般職の採用において，個々の担当職務や配属部門は採用（内定）時点で決まっていない場合が多い。もちろん，あらかじめ担当領域や地域を決めて採用するという職種別採用や事業所採用などもある。いったん配置された仕事でも，数年後には変更される（再配置＝異動）ことも少なくないが，その後のキャリアにも影響が大きいため，やはり初任配属は重要な決定である。

　それでは配置（＝配属される部署）をどう決めるかを考えてみたい。一般には空席を補充していくが，新卒など若手人材についてはその育成につながるような仕事も考慮される。いわばキャリアのレールに乗せられることになる。例えば，必ず販売店の営業担当からスタートし，その後，営業を続ける人材とスタッフになる人材に分かれる等といったキャリアである。企業でどうキャリアを計画しているか，また本人の希望や能力が勘案されるかである。育成が重要とはいえ，企業での必要な人材の確保が重視されるのが前提で，それを満たした上で配置は決められる。

　例えば，あるポストが空いているからと，採用した新卒者（仮にＮさん）を配属すればよいと言うわけにはいかない。採用から2年程度までは育成期間であり，すぐに戦力とはなりえない。そんな育成中のＮさんを人材がすぐ必要なポストに配属することは得策とは言えない。それより該当する仕事の担当が可能な人材（仮にＡさん）を他部署から異動させる方がよい。その方がスムーズに仕事が進み，その部署での人材の要請に応えることができる。

　しかし，Ａさんを当該部署へ異動させるためには，後任者が不要かＮさん

と交代する場合を除き，いくつかの人事異動が同時か短い期間内に行われる必要がある。Aさんの現在のポジションには，一般的には経験が同じかやや少ない適任者を充てなければならない。そして若手・新人が担当できるポジションで空席となる所にNさんは配属されていく。最初から特定の職務と決めずに，新人向けのポジションで経験を積むことで，OJT等の指導が受けやすくなる。そして，いくつかの仕事を経験しながら，自分のしたい仕事に次第に近付いていく，そのようなキャリアを選ぶことも考えられる。

（3）配置転換（異動）

　すでに配置の項でも述べているが，同一水準（責任，権限，賃金などにおいて）の他の職務に変わることを「人事異動」または，単に「異動」という。これは，ヨコに移動する転勤・転属と，タテに移動する昇進・昇格のどちらも，広い意味では「異動」である。

　特にヨコに移動する場合は，「配置転換」略して配転ともいう。動きの小さなものでは同じ課の他の係へ移るものから，海外や他の都市の支社や事業所へ移るものもすべて異動である。一般的には，人事異動とは主に企業内での動きであるが，出向・転籍という場合は，企業間の動きを指している。

（4）配置転換の理由と考慮点

　担当の仕事が決まっていて，それを続けることが専門性や生産性からも望ましく有効であるなら，その仕事を変える配置転換などすべきではないだろう。しかし，実際には人事異動は常に行われている。その理由は，環境，企業，そしてそこで働く人も常に変化していて，有効な組織を継続的に保持することが求められるためである。

　配置転換（異動）は，①組織のニーズに基づく異動，②育成を目的とした異動，に分けられる。組織のニーズに基づく異動とは，仕事ができる人材（労働力）を質的にも量的にも確保するためである。戦略，計画，組織，人の状況が変われば，仕事と人の適正なマッチングは失われる。新たなマッチングを図るため，担当する仕事が変わるのである。

育成を目的とした異動の場合，組織の必要性というより，その人の育成を重視した異動ということになる。これは特に若手層には一般的で，大きく育てて一人前とし，そこから，より大きな力を発揮してもらうとの意図がある。育成を重視する異動が実現されるには，中長期的な人材育成の視点が必要であることは言うまでもない。

　また，異動すると言っても，どの範囲で動くかが重要となる。例えば本社の経理部から同じ本社の財務部や他の事業所の経理部への異動であれば，広くは財務経理部門内の異動である。しかし，経理から営業や人事など他部門へ異動する場合は部門間異動となる。

　こうした職種を変える異動は短期間での効率ではマイナスが多いが，複数部門を経験する人材がいることで企業全体でのネットワークや業務遂行において，プラス面が多くある。もちろん，その場限りの部門間異動などはマイナスになる可能性が高い。異動にはプラス面だけでなく，マイナス面の解消，例えば仕事の不適応によるミスマッチ，長年の担当によるマンネリ化や関係者との癒着などを避ける意味もある。

　また人事異動に人事部が関わることで，ライン部門が特定の人材を自部署から手放さないという弊害を避けるという効用もある。個人の異動に対する希望に一定の範囲で応えることで，モチベーションの維持やキャリア実現にも役立っている。

（5）配置・異動慣行の日米比較

　これまで述べてきた配置・異動は，日本企業に特殊なものとみられている。アメリカの人事管理が欧米型の代表的なものとされ，世界的に主流となる考え方となっている。日本は，人材を仕事よりも職場や組織に配置し，その後，担当の仕事を割り当てる。そして，正社員など中心的な人材については，当初の配属にこだわらず，他の部門にも異動することである。それは長期的な育成の方法であり，多岐にわたる仕事を理解しているゼネラリストを育成することになる。

　そうした他部門への異動を可能にしているのは長期的な視点と共に，職能資

格制度の存在である。これは職務や職位の等級とは別に,その人の勤続年数を重視した処遇制度で,これによって目先の評価を気にせずに異動が可能となる。つまり,他部門などへ行って新しい仕事を覚える場合,すぐに成果を上げられないが,それでも処遇では不利にならないので,そうした異動も受け入れることができるのである。

　一方,アメリカでは,職務にこだわりが強く,職務記述書での仕事内容を守ることが必要となる。同一職務でのキャリアを続け,異動はその職務での昇進や昇級が原則となる。また,他の部門への異動もあるにしても,関連性の深い職務という範囲であり,そうした異動は最小限に行われることになる（岩出,1995）。そのため,スペシャリスト育成の人事異動と考えられる。

4. 雇用調整・形態

(1) 退職

① 定年退職

　年齢を理由にした定年制に基づく退職が定年退職であり,現在は,60歳と定める企業がほとんどである。現在,65歳への定年延長が進められているが,アメリカのように定年制そのものを年齢差別として禁止する考え方には至っていない。現在も,老齢年金の支給開始年齢が65歳になることから,何らかの形で65歳までの雇用延長がなされる場合,多くは定年延長ではなく,いったん定年退職し,その後,1年契約の勤務を延長することが一般的になっている。

　もちろん,60歳代の人材の体力や能力は個人差があり,自営業者,経営者,起業家,その他自由業など60歳代はおろか,70歳,80歳代でも現役で活躍する人材も少なくない。それゆえ,企業の社員ということで,一律に60歳で定年退職という就業規則は不合理との見方もあろう。しかし,一方では,60歳代でもフルに働きたい,定年を大幅に延長せよとか,廃止せよといった声はさほど強くはない。その理由は,入社時に決められていたことと,これまで企業に留まってきたので,定年まで勤続してきた人には了解済みなためと思われる。

定年制度が存在する理由は，組織の人的構成を維持することと人材の新陳代謝を図ることとされる。これは，いつまでも高齢者が居残っていると，中堅や若手が就くポストもなく，次の世代が育成されないという考え方である。いわゆる，後進に道を譲る，ということになる。

② 自己都合退職
　定年以外の退職は，ほとんどが自己都合退職（本人都合退職または依願退職）である。これは，定年を待たずに，途中で自分の意思で退職することである。就職したものの，仕事や会社が向いていないと退職する場合，結婚や出産で家事・育児を行うため退職する場合，高齢になった親の介護等を契機に故郷での仕事を求めて，いわゆるＵターンする場合などが一般的である。

③ 早期退職
　近年は主に中高年層を対象に，会社が早期退職制度を設けて退職を勧奨するようなケースもみられる。これは定年でも自己都合退職でもなく，第三の退職形態になる。しかし，本来は会社都合による退職勧奨であり，そのために定年に至らずとも定年退職に準じた退職金を出すということで，リストラと定年退職の中間に位置するものである。実際には，企業の状況，退職者の年齢，退職金などの報酬の金額などから，その性格はどちらにより近いかが決まってくると言える。

（2）雇用調整
　退職等の自然減でなく労働力を調整する場合，残業など労働時間の調整が一般的である。もちろん長い目で見れば，新卒や中途などの採用中止が行われるが，それでは間に合わない場合，パート・アルバイト，派遣社員などの非正規雇用者の停止と残業規制が最初に行われる。
　また，工場などの生産現場では，時間短縮や一時帰休，また他の事業所や関連企業などへの業務応援なども行われる。同時に早期退職など退職優遇制度などで退職を勧奨することになる。そして，最後の手段として，会社都合による

解雇（いわゆるリストラ）が行われるが，企業の長期的な業績悪化があり，上記の取り得る対策を講じた後のことで，ここに至ると企業の損失は大きく，イメージも悪化してしまう。

そのため，早めの人員計画や処遇面での対処をすることで解雇を避け，社会的な非難や企業イメージを大きく損なわないようにすることが重要である。

5．人材ポートフォリオ

（1）雇用ポートフォリオ

人材や雇用のポートフォリオとは，人材の要件や雇用の形態を明確にするための枠組みを検討したものである。日経連（現日本経済団体連合会）が1995年に「新時代の『日本型経営』」によって提言した「雇用ポートフォリオ」は代表的なものである。これは，経済のグローバル化，低成長への移行，従業員意識の多様化等といった経営環境の変化に伴い，従来の画一的な雇用管理から，多様な人材のパターンが並存するものへ移行すべきという考え方を示したものである。

つまり，移動か定着かという企業側の雇用への考え方と，短期か長期かという従業員側の雇用への考え方から，雇用される人材を，「長期蓄積能力活用型グループ」「高度専門能力活用型グループ」「雇用柔軟型グループ」という3つに分類したのである（図表8－1を参照）。

「長期蓄積能力活用型グループ」では，長期雇用による中核として企業経営を担当する人材，「高度専門能力活用型グループ」といった技術や専門性を担うのは，外部で調達・活用する人材，「雇用柔軟型グループ」は管理・専門以外の人材で外部市場から調達する，というものである。

この提言は，低成長の日本が高齢化や高コスト体質になり，このままでは国際競争に対応できないと，国際水準や欧米的な慣行を踏まえたもので，当初は画期的な見方もなされた。しかし，その後の日本経済は長く停滞し，非正規雇用者が急増したことで，雇用不安から社会不安を招くことになった。この提案では外部調達になる人材が増えるが，そうした雇用を個人が望んでいればよい

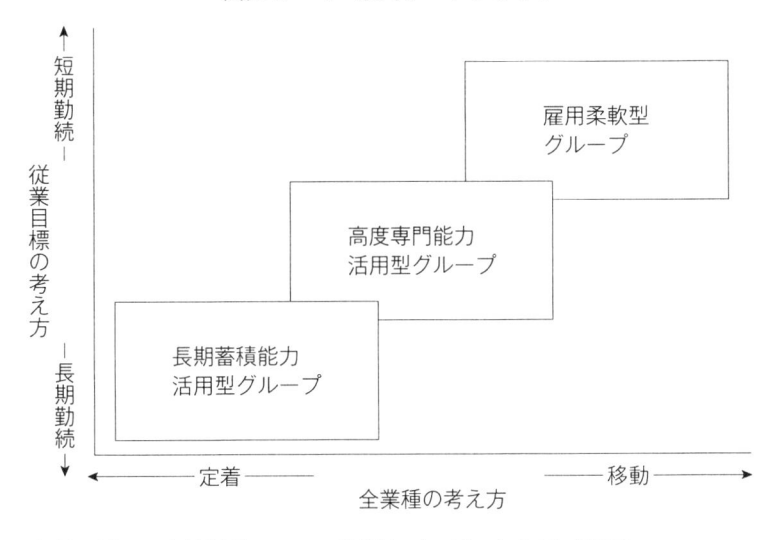

図表8-1 雇用ポートフォリオ

```
↑
短期勤続
　　　　　　　　　　　　　┌──────────────┐
従　　　　　　　　　　　　│雇用柔軟型　　│
業　　　　　　　　　　　　│グループ　　　│
目　　　　　　　　　　　　└──────────────┘
標　　　　　　┌──────────────┐
の　　　　　　│高度専門能力　│
考　　　　　　│活用型グループ│
え　　　　　　└──────────────┘
方　　┌──────────────┐
　　　│長期蓄積能力　│
　　　│活用型グループ│
長期　└──────────────┘
勤続
↓
　　←──定着──→　　　　←────移動────→
　　　　　　　全業種の考え方
```

出所：新・日本的経営システム等研究プロジェクト編（1995）。

が，実際は正規雇用につけず，やむなく非正規に甘んじている場合が多いのである。つまり，企業がコストのかかる正社員をできるだけ減らし，利益追求に適した雇用ポートフォリオであるが，適切な処遇を外部に得られる転職市場を持たない日本社会では雇用条件の悪化を招くなど社会的な問題が生じている。

（2）人的資源アーキテクチャー

　経営学研究者であるレパックとスネル（Lepak and Snell, 1999）が提唱した人的資源の構造である。人材の種類を価値（戦略への貢献性）と独自性（模倣困難性）に基づき，内部育成，外部調達，アウトソース活用，外部との提携という4種類の人材から成り立つとの構造を示したポートフォリオである。

　人材を組織内部に取り込むものとして，内部育成（internal development）と外部調達（acquisition）がある。内部育成では，企業固有のコアとなる競争力（firm-specific human capital vital for competitive advantage），価値，独自性ともに高い人材であり，外部調達するのは，価値がある能力だが，企業固有ではなく，労働市場で獲得可能な人材となる。

一方，人材を外部のままで活用するのが，アウトソース活用（contracting）と外部との提携（alliance）である。アウトソース活用では，主に定型の事務処理業務などで派遣社員，アウトソーシングを利用することで，仕事の繁閑にフレキシブルに対応することが可能となる。また，外部との提携では，企業への直接の貢献価値は高くないが，技術・技能の独自性が高いという科学者など高度専門家との連携やパートナーシップを意味する。

　人的資源アーキテクチャーでは，内部人材はコアに限られ，できるだけ非正規や外部の人材を使っていくことになる。これはコアというものが独立して存在するという発想からであるが，簡単な事務処理と安易に外部化すると，結果としてコア職務の力も低下するとして，外部化への行き過ぎが見直されている。特に日本では外部労働市場が適切には働かないので，市場価格や人材のコストとメリットを中長期的に判断すると，内部化の価値が見直され，外部活用が是正される傾向にある。

図表 8 － 2　人的資源アーキテクチャー

人材の希少性高い

外部との提携（Alliance） 提携やパートナーシップなど 高度専門家は企業への直接貢献価値は 高くないが，独自性高い。 情報共有や信頼が重要　→ 内部と外部の折衷的関係が必要	内部育成 (Internal Development) 企業固有のコアとなる競争力 (firm-specific human capital vital for competitive advantage) （価値，独自性ともに高い）
アウトソース活用（Contracting） 主に定型の事務処理業務など 派遣社員，アウトソーシングを利用 仕事の繁閑にフレキシブルに 対応可能	外部調達（Acquisition） 価値ある能力だが，企業固有ではなく，労働市場で獲得可能。 必要な人材を中途採用 → 自己キャリアを優先 コミットメント低下

人材の価値低い　←　　　　　　　　　→　人材の価値高い

人材の希少性低い

出所：Lepak and Snell（1999）に基づき筆者作成。

（3）人材ポートフォリオ

　この人材ポートフォリオは，戦略への貢献の仕方と期待される役割から人材のタイプを分類したものである（リクルートワークス研究所，2000）。具体的には，図表8－3に示されるように，創造と運用の軸と組織成果と個人成果という2つの軸によって，4つの人材タイプに分類している。「創造」とは新製品やビジネスモデル創造に関わること，「運用」は既存のシステムを運用すること，「組織成果」とは資源を統合し，組織成果を最大化すること，「個人成果」とはスキルを発揮し，個人成果を最大化することである。これらの組み合わせから，エグゼクティブ（創造と組織成果），スペシャリスト（創造と個人成果），マネジャー（運用と組織成果），オペレーター（運用と個人成果）という類型ができあがる。

図表8－3　人材ポートフォリオ

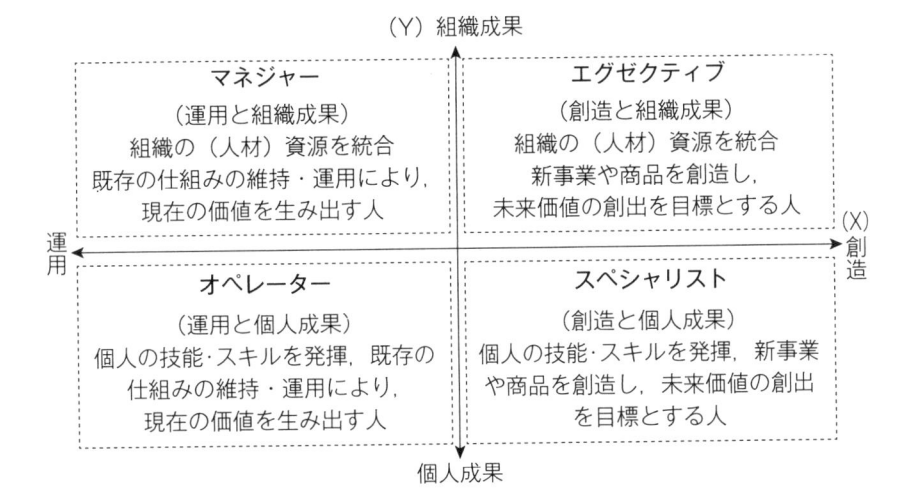

	(Y) 組織成果	
マネジャー （運用と組織成果） 組織の（人材）資源を統合 既存の仕組みの維持・運用により， 現在の価値を生み出す人		**エグゼクティブ** （創造と組織成果） 組織の（人材）資源を統合 新事業や商品を創造し， 未来価値の創出を目標とする人
運用 ←		→ (X) 創造
オペレーター （運用と個人成果） 個人の技能・スキルを発揮，既存の 仕組みの維持・運用により， 現在の価値を生み出す人		**スペシャリスト** （創造と個人成果） 個人の技能・スキルを発揮，新事業 や商品を創造し，未来価値の創出 を目標とする人
	個人成果	

出所：リクルートワークス研究所（2000）に基づき筆者作成。

エグゼクティブ（創造と組織成果）
　組織の（人材）資源を統合し，新事業や商品を創造し，未来価値の創出を目標とする人

スペシャリスト（創造と個人成果）
　個人の技能・スキルを発揮し，新事業や商品を創造し，未来価値の創出を目標とする人

マネジャー（運用と組織成果）
　組織の（人材）資源を統合し，既存の仕組みの維持・運用により，現在価値を生み出す人

オペレーター（運用と個人成果）
　個人の技能・スキルを発揮し，既存の仕組みの維持・運用により，現在価値を生み出す人

　この人材ポートフォリオでは，組織と個人，創造と運用の区別を明確にしているが，そのように明確に分かれるかについての根拠は乏しく，イメージでの位置づけとの感がある。例えば，エグゼクティブが組織的な創造で，マネジャーは組織的な運用と言うが，それほど創造の機会はなく，運用を通して創造も生じるのではないか。そうであればその切り分けは難しく，創造も生まれにくいと思われる。

6．異動に関わる制度

（1）ジョブ・ローテーション

　広い意味では人事異動に含まれるが，ジョブ・ローテーションという場合は，人材育成という意味合いが強い。3カ月ごとに4部署を巡り，1年間の育成を行うなどの場合である。基礎教育や昇進を目的に，従業員を短期間でいくつかの部門や職務間を移動させる制度で，人材育成の方法の1つである。

　読書や講義ではなく，業務体験を通して幅広い見識，知識，技能を身につけるのはとても効果的な教育方法である。また，特定の部門や職務に長期的に留

まることによる惰性やマンネリの克服にも有効なものとなる。

（2）自己申告制度

従業員が将来の能力開発や人事異動などの希望を会社に申告する制度である。本人の育成やキャリア開発を主たる目的とするが，人事考課のための広い意味での情報収集方法の1つでもある。自己認識，自己啓発のためのベースとして役立てることで，中長期的な能力開発，適正配置，動機づけなどに有効な制度となる。

（3）社内公募制

社内から広く人材を募集する制度で，新規事業への進出，企業風土の改革など既存の組織や枠組みにとらわれず，意欲・能力ある人材を発掘するために用いられる。導入企業は増加しているものの，人材の定着や育成にマイナスになる場合もあり，本当に効果のある運用のあり方について，各企業で慎重に検討しておく必要があると思われる。

（4）FA制度（フリー・エージェント制度）

従業員自ら異動希望を宣言し，その希望する職種・部門を公開し引き合いを待つという，プロ野球選手の新たなチームへの移籍方法を模した制度。そのためには，勤続年数，年齢，現部署の在籍年数など，一定の条件をクリアしている必要がある。やはり，メリットと共にデメリットもあり，各組織の文化や方針と共にその導入や運用には慎重な検討が必要と考えられる。

コラム 8　インターンシップ参加の成果とは

　人材採用コンサルティング会社，株式会社ジョブウェブ（本社：東京都港区　代表取締役社長：佐藤孝治 以下，当社）は，2012年10月2日～10月10日に，2014年度卒のジョブウェブ会員の学生を対象にインターンシップ経験に関する調査を行いました。調査の結果，9割強の学生が「インターンシップに参加して良かったと思う」と回答していること，そして6割強が「就職活動への自信がついた」と回答していることが明らかになりました。

■調査概要：調査期間 2012年10月2日～10月10日・調査対象 2014年度卒業予定のジョブウェブ会員321名（慶應義塾大学43名　早稲田大学27名　東京大学20名　京都大学16名　明治大学12名　立命館大学12名　同志社大学11名　大阪大学10名　東京工業大学9名　他）

【インターンシップ後，9割が「参加して良かった」。就職活動への自信がついた学生は6割強】

　インターンシップに挑戦して良かったかどうかについては9割強（97.2%）が「良かったと思う」と回答していました。その理由としては「就職活動や働くことへのモチベーション向上」，「優秀な学生との出会い」，「業界や会社についての理解の深まり」，「自分の強み・弱みへの気づき」，「社会人との交流」，「選考の経験」等が挙げられていました。

　　■インターンシップに挑戦して良かったと思う理由（抜粋）
・内容は実務をさせてくださるところ，グループディスカッションを行うところ等ばらばらだとは思いますが，社員の方との交流機会が必ずあると思いますので，そこで様々なことを質問できるのが良かったと思います。

・意識の高い友達に出会えたことで就活に対する姿勢が変わりました。今まではまだ先のことと思って何も取り組んでいませんでしたが，インターンシップをきっかけに，就活を真剣に考え，今できることは何など，自分を最大限に奮い起こそうという気持ちに変わりました。

・社員の方のやる気や，使命感，また，社員同士の仲のよさを直接見ることができ，将来ここで働きたいか否かを見極めることが出来ました。

・エントリーシートやWEBテスト，面接，グループディスカッションなど実際の選考と同じ流れを体験でき，就職活動の練習になった。

・他の学生と比べて，自分の能力の低さに気づけた。就活までに上げていきたい。

　就職活動への自信に変化があったかどうかについては，6割強（66.4%）の学生が「参加前より自信がついた」と回答していました。その理由としては「選考を経験したこと」「企業に求められるレベルが分かったこと」「優秀な学生の中でも頑張れたこと」「自分の強みが分かったこと」等が挙げられていました。一方で「選考に落ちた」「他の学生が優秀で圧倒された」等により自信を失ったという回答も見られましたが（8.1%），その中でも「この経験をバネにさらに努力したい」等の前向きなコメントが寄せられていました。

Qインターシップ参加後の就職活動への自信の変化（N＝321）

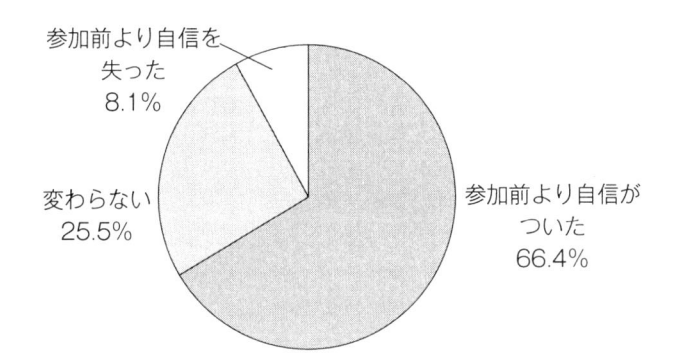

- 参加前より自信を失った 8.1%
- 変わらない 25.5%
- 参加前より自信がついた 66.4%

　学生はインターンシップのプログラムそのものに加えて社員・学生との出会いや選考の経験を通し，「会社や仕事についての理解，就職活動への意欲の高まり，自分の強み・弱みに関する気づき」を得たことに価値を感じていたようです。インターンシップを通じて学びや気づきを得たこと，そして今まで曖昧としていた仕事や社会人，選考内容，求められるレベルについてのイメージが湧いてきたことが，就職活動への自信に繋がっているのではないかと考えられます。

出所：株式会社ジョブウェブ学生調査担当。
　　　http://www.jobweb.co.jp/company/news/press/14675/

【参考文献】

岩出　博『Lecture 労務管理』泉文堂，1995 年。
ウルリッチ，D.（梅津祐良訳）『MBA の人材戦略』日本能率協会，1997 年。
後藤敏夫・沢本正巳・栗田久喜『人事管理入門』学陽書房，1995 年。
西川清之『人的資源管理入門』学文社，1997 年。
日本経団連『新時代の「日本的経営」』日本経団連，1995 年。
森　五郎『新訂 労務管理概論』泉文堂，1979 年。
リクルートワークス研究所「事業戦略と人材ポートフォリオ研究報告」（研究報告書 Vol.1），2000 年。

第9章 昇進昇格と人事制度

> **キーワード**
> 昇進格差，職能資格制度，専門職，複線型人事制度，ダイバーシティ

1．昇進マネジメント

（1）昇進が果たす機能

　一般に「人事」と言うと，人事異動のことを意味することが多いが，その意味する異動，つまり人の動き方にはいくつかの類型がある。担当する仕事の分野が変わるが，階層はそのままである場合は「配置転換」である。反対に担当する仕事の分野は変わらず，階層だけが変わる場合は「昇進」となる。このように2つの動きが人事異動には含まれる。

　前者は，例としては国内営業部から海外営業部へ担当する仕事（分野）が変更になる，つまりヨコに異動する場合である。また後者は，課長補佐から課長へ，課長から部長へといった上位の役職に変わるという意味（タテの異動）が含まれている。

　昇進は組織階層における上位の役職に就くことであるが，その基盤となる職級と資格等級の制度名から，厳密には昇進と昇格に分けられる。昇進することは仕事の原動力であり，モチベーションの源泉の1つとされてきた。昇進することで，より高度で責任のある仕事を担当し，それに応じてより大きな権限や報酬が得られる。パーソナリティの発達（アージリス，1972）に応じ，それに見合った昇進ができることは，成長の自然な姿でもある。しかし，1990年代

以降，20年以上もの間，経済が停滞している日本社会では，企業において安定した雇用や昇進を確保することはなかなか難しい情勢となっている。そのため，昇進を望むよりも雇用継続や安定収入といった生活基盤の確保を優先する考え方が広まっている。

　昇進がもたらす機能としては，育成，選抜，モチベーションの3つがあるとされる（八代，1995）。昇進することで，より大きな仕事，複雑な仕事を担当し，人は育成され，成長していく。昇進は組織の全員に一斉に与えられるものではなく，昇進に該当した人が選抜されることになる。そうした人は評価され，より多くの達成感や責任を得ることで高いモチベーションにもつながっている。

　一方，昇進できなかった人たちにとっては，そうした効用もなく，昇進制度の存在意義はないのだろうか。選抜されなかったことを悔しがり，やる気を喪失し，そのために退職する人もいるかもしれない。しかし，ある時期に昇進できなくても，昇進した先輩や同僚の姿から昇進の実態を理解し，モチベーションの保持，自己啓発の機会と捉えることもできるだろう。また昇進をはじめ人事制度が適切で公正に運用されているなら，それらの結果に納得し，組織に対する信頼感も高まるかもしれない。

　昇進を行う理由は，組織能力を維持・向上させるためである。組織目標を達成するためには，意欲と能力のある人材が継続的に求められる。昇進は，現在の担当者の任を解き，別の新しい仕事を担当させると同時に，経験と能力を高めた新しい人材がその仕事を担当する機会を与えることになる。責任と権限，新たな能力発揮，仕事の達成感，そして収入面からも，昇進することは勤労意欲向上のために有効なのである。

　いわゆる団塊の世代の多くは定年の時期を過ぎて，同世代の多人数による昇進競争はバブル期かそれ以前に終わっている。しかし，その後も経済の停滞や市場の飽和，さらに組織のフラット化もあり，昇進をめぐる状況は厳しいままである。すでに年功的な昇進の要素は減少し，昇進制度は変革されつつある。年齢や学歴を一切考慮せずに，現在発揮されている仕事の実績をもって昇進の要素とする傾向が強くなっている。

（2）昇進スピード

　昇進の問題の1つは，どのようなキャリア段階に昇進を設定するかである。これは組織構築の問題であると共に，個々の人材（従業員）のキャリアに関わる問題でもある。企業で独自に設定することは現実的ではなく，多くは他企業での動向や歴史的経緯，社会慣習等によって決まってくる。したがって，この問題が特に顕在化されるのは，外国（外資系企業など）との関係においてである。具体的には，転職や中途入社，海外駐在・出向，また外国人社員についてのポストや昇進への期待という問題である。

　国内企業でも，業界や規模間での昇進の違いによる待遇格差によって，人材の保持や流出という問題もある。昇進スピードをどう設定するかは企業の歴史・文化も関係するが，多くは経営戦略に関わる事項であり，人事上の重要な決定の1つと考えられる。

　日本企業は，諸外国に比べ，昇進が遅いとされている（小池，1999）。これは中国など，欧米系企業と日系企業が進出している地域で日本企業の特徴としても聞かれる点である。遅い昇進とは，①管理職などの役職に就くのに時間がかかること，②そのような管理職の候補となる選抜に時間をかけることが含まれる。具体的には，課長になる年齢は40歳前後となり，大学を出てから15～20年程度の勤続年数を要することである。

　このことは，20～30歳代という若手，中堅という意欲的な世代の人材に対して，明確な選抜をしないことを意味する。学歴などの採用条件と勤続年数が同じである，いわゆる同期生で，入社10年くらいはほとんど処遇に差をつけない。その方が組織全体のモチベーションを保持でき，転職を抑えられるので，組織にとってプラスと考えられている。人事評価も早急な結論を出さないため，長期的な人材育成が可能となる。個人にとっても，安定した状況の中で長期的に能力の育成を図ることができる。

　反面，自分の適性・能力を探り，転職してキャリアを開発したいと考える人や海外でのキャリア展開を計画する人は，遅い昇進をマイナスと捉える可能性が高い。遅い昇進では将来の見通しが立てにくく，また時間が経ってからでは，他の職業や職務が向いているとしても，やり直しがきかないと考えるため

である。

　早い昇進では選抜が入社後3年程度以内に行われることが多く，昇進したい若手人材のモチベーションを高めることができると考えられる。しかし，評価期間が短いため，昇進が的確になされたか，選抜されなかった層からの不満など不安定な組織となる可能性もある。どちらにしてもメリット・デメリットがあり，あらかじめ，どのような昇進制度をとっているかを組織は明確にし，そのことを求人に際しても知らせ，またその方針や運用を安定的に行うことが求められる。

（3）昇進格差

　昇進格差については，昇進スピードと関係するが，どれほどの差をどのような時期につけていくか，ということである。昇進パターンとしては，図表9－1に示されるように，3つの類型がある。

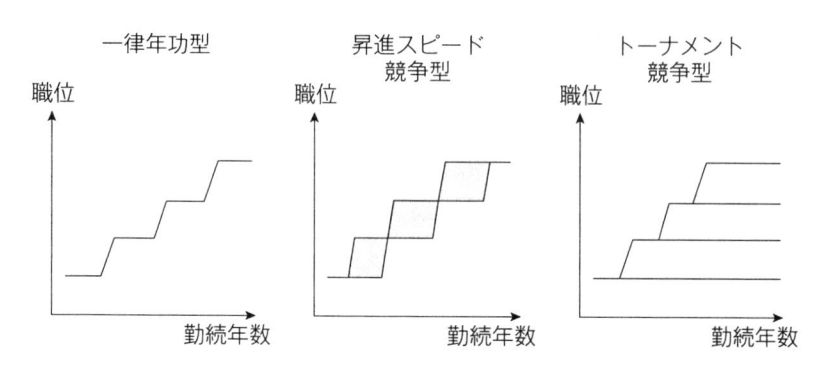

図表9－1　3つの昇進パターン

　　　一律年功型　　　　昇進スピード　　　　トーナメント
　　　　　　　　　　　　　競争型　　　　　　　競争型

出所：今田・平田（1995）による。

① 　一律年功型
　（年齢や勤続によって差をつけず，一律に昇進させる）
　これは一般的に年功的人事と解され，現在ではマイナスとみられることが多い。しかし，一律年功での昇進がすべての年代で行われるはずもなく，これは

若手や中堅世代など一定年齢層以下に対してのものである。より高い昇進を目指す中堅層以上での選抜やモチベーションを高める機能は果たせないが，一定年齢層以下では組織全体のモチベーションを保持する効果がある。

② 昇進スピード競争型
（昇進する早さに差をつけるが，同じ役職に追いつく可能性はある）
ある程度の幅を持って昇進競争が行われるので，いったん選抜から外れても，その後，追いつこうと頑張れるため，モチベーション効果がある。どの年数の遅れやどの段階まで追いつけるようにするかで，その効果は変わってくるが，やはり20歳代，30歳代が中心となろう。

③ トーナメント競争型
（一度昇進に遅れると次の段階の昇進競争に参加できず，それ以上の役職には就けない）
この昇進制度では，選抜に残った者のモチベーションは高まるが，それ以外の者のモチベーションは当然ながら低下する。この型の昇進制度を若手の段階から導入すれば，早い昇進ということになる。しかし，遅い昇進と言われる日本企業であっても，部長候補を選ぶなど一定年齢層以上からはこの型になっている。

（4）昇進基準

昇進するための要件として，年齢や勤続年数もあるが，仕事で成果をあげていることが重要であることは論を待たない。ある調査結果によると，昇進の基準として最も高いのは，業績評価（85％）であり，次いで能力評価（70％）となる。他には，在籍年数（45％），人柄（40％）が続き，多くの要素が評価対象になっていることがわかる。

また，係長昇進のように，若手中堅クラスの昇進では，実績をあげるのは今後という期待もあり，能力評価が相対的に高くなっている。そして，課長，部長と上位の昇進になるに従い，業績評価が重視されている。これは当然なが

ら，中堅以降では現在どれだけ業績をあげているか，即戦力としての力が重要となるためである。

2．日本企業の昇進パターン

　日本企業に多くみられる昇進パターンとは，一律年功型，昇進スピード競争型，トーナメント競争型のいずれか1つというものではなく，それらが各年代層に対して重層的に使われている。キャリア初期（主に20歳代～30歳代前半）には一律年功型，キャリア中期（30歳代～40歳代前半）には昇進スピード競争型，キャリア後期（主に40歳代以降）にはトーナメント競争型が当てはまると考えられる。日本企業ではこうした昇進のパターンが組み合わされることで，個人のモチベーションが高い状態に保たれ，組織全体の能力が最大限に発揮されるよう考慮されている。

　しかし，このような多様な昇進パターンで長期的に組織全体のモチベーションを高めようとしても，うまくいかない場合もある。例えば，遅い昇進では目の前に餌をちらつかせながら仕事への意欲を保持させるが，長期にわたってそれを続ければ従業員が疲弊してしまうかもしれない。さらに全員を対象に長期間をかけて選抜することは，人材の育成や組織のメンテナンスというメリットもあるが，一方では意思決定のスピードや組織の効率を低下させる恐れもある。

　また，このような昇進パターンは，大半の人が定年まで勤続するという長期雇用を前提に設定されてきたものであり，現在のように非正規雇用が増えて，長期的な昇進パターンが必ずしもとれない場合は異なるパターンが選ばれる可能性がある。つまり即戦力や短期志向の雇用関係においては，適切な昇進パターンを再検討する必要があるだろう。そのような場合，同じ会社内に，雇用形態によって複数の昇進パターンが生じることになるが，非正規の場合は一定限度までの昇進で留まり，それ以上の昇進を目指すには正社員に限られる。そのため，非正規社員が正社員になってからの登用制度も必要になるだろう。

3．職能資格制度

（1）資格制度

　資格制度とは，部課長などといった役職（職位）とは別に，社内で格付けされた資格に基づき処遇する制度のことである。これは簿記や中小企業診断士など社会的な資格とは別のもので，その企業独自の資格である。このような資格は，戦前には身分的な資格が，戦後は年功的な資格が主流とされている。1960年代から，日経連の能力主義管理として，能力を基準とした職能資格へ移行した。そのため現在では，資格といっても企業内の資格制度という意味ではあまり使われなくなっている。

　図表9－2では，1980年代の日立製作所の資格制度が示されている（石田，1989）。これによると，主任，課長，部長という職位があり，それぞれの職位には1人が配置されている。それぞれの職位に相当する企画職，副参事，参事といった資格では，配置人数の制約はあまりなく，該当者の経験年数や本来持っている能力が反映されていると考えられる。つまり，職位では担当職は1人に限られるが，資格制度では資格に該当する者は複数でも構わない。

図表9－2　日本企業の資格制度

役職名	資格名
事業部長	参　与
部　長	参　事 参事補
課　長	副参事
主　任	企画職1級 企画職2級

出所：石田（1989）による。

（2）職能資格制度

1960年代後半から，日本企業には能力主義に基づく人事管理が広まり，能力を基準とした「職能資格制度」への移行が進んだ。資格制度における資格には年功的な意味合いが強かったことに比較し，職能資格は能力を重視した資格であった。その後，現在まで，企業における資格制度といえば，職能資格制度のことを意味している。社員数1,000人以上の企業，いわゆる大企業では8〜9割が職能資格制度を導入しており，中小企業では半数以下の導入割合であるとされている。

職能資格制度は，職務遂行能力（職能）によって資格を格付運用される制度で，昇進（役職：部長など）と昇格（資格：参事など）を分離し運用することができる。仕事をする力は年功や経験とも関連すると言えるが，職務能力ではより直接的な関係であり，納得が得られやすい。保有する能力を最大限発揮しうる職位（ポスト）がどれほど用意されているかは経営や組織上の問題であり，個人の能力や成長の状況とは別である。

職能資格制度は，組織が用意できるポストを1人分に限定しないため，個人の能力の伸長に応じて適合した処遇を可能にする制度である。このように，職位ではなく職能資格等級で処遇することで，多くの人のモチベーションを保持できる。さらに賃金を資格等級にリンクさせることや各等級の賃金に幅を持たせることで，フレキシブルな賃金の設定が可能となる。

1990年代後半から，成果主義的な人事制度の導入により，次第に職能資格制度は時代遅れの制度といった見方がなされてきた。しかし，成果主義的な人事評価や昇進制度といっても，基盤となる制度をどうするかは別の問題である。成果主義的に運用するにせよ，職能資格制度に基づく人事制度を継続することは可能である。実際には，日本の多くの企業では職能資格制度に基づく能力を重視し，長期的に評価育成を図るという人事制度を用いているものと思われる。

4. 管理職・専門職制度

（1）管 理 職

　管理職とは，経営目的の達成のために，トップマネジメントの業務執行方針に基づき，担当組織の人事，業務，組織の管理を行う職位，またはそれを担う人のことである。管理職は，職務権限の範囲で部下を統括し，彼らを通して業務を遂行する役割・責任を有している。
　一般的には上級管理職，中間管理職，初級管理職などの分類がなされるが，中間管理職とされる課長クラスが該当者も多く典型的な管理職とされている。それより下位の係長，主任などの初級管理職は人事権を持たず，仕事上のリーダーではあるが管理職には含まれない場合も多い。
　最近では，部課長という呼称でなく，英語の manager からマネジャーやマネージャー等も使われる。それにアシスタント，ゼネラルを付けて係長，部長という意味で使われる場合もある。カタカナ名の管理職名は外資系企業とIT，ホテル，サービス業界に多くみられる。またフラット化による組織変革に伴い導入されるマネジャーもあり，通常の部課長という括りよりも広い階層の役職となる場合が多くみられる。

（2）専門職制度

　独立した一組織の長であり，部下と彼らへの指揮命令権・人事権を有するのが「ライン管理職」，いわゆる一般的な管理職である。それに対して「スタッフ管理職」と呼ばれる，部下も人事権も持たない管理職も存在する。こうしたスタッフ管理職が厳密な管理職かどうかは別に検討が必要であるが，これらの呼称は企業が任意に設定できることから広まったものである。従来の管理職は昇進コースが組織の上部に向かうものとの前提に立つ考え方だが，スタッフ管理職は，プロジェクトチームや組織内のスタッフとして，ヨコに広がる管理職や従来は専門職と呼ばれたものを含むことになる。
　そうした管理職の概念が広がりを見せる以前から設定されていた，もう1つ

の昇進ルートにあるのが「専門職」である。専門職は，1970年代から職務の高度複雑化を受けて設置された管理職と同等な職位と目される職位である。本来は専門分野での能力を評価し，独創的な仕事や高度な専門性を要す仕事に従事する人材を適切に処遇するための制度であり，「スペシャリスト」や「プロフェッショナル」とも称される。しかし，実際には，高度成長社会が終焉を迎え，企業の成長が鈍化した中で，社員の高齢化・高学歴化が進んだことから，ポスト不足に対処するための処遇的な制度との位置づけがなされてきた。

　そのため，専門職は出世コースから外れ，また組織での仕事が不得手とのマイナスのイメージが強まり，次第に呼称としては使われなくなった。現在では，課長という管理職名称がかなり多様になったこともあり，専門職的なポストやライン管理職であっても，「課長」やそれと同等な「マネジャー」や「ディレクター」といった名称が使われるなど外部からはその実態が見えにくくなっている。しかし，組織での役割の本質は変わらず，むしろ組織のフラット化やプロジェクトチーム制などが一般的になり，専門職的な役割の管理職は増えていると考えられる。

5．複線型人事制度

（1）正規従業員と非正規従業員

　現代の日本では非正規従業員が増加し，全就業者の3分の1，女子では過半数に達している。従来から，単純作業などで学生や主婦のパートやアルバイトは一般的であったが，1990年代後半からの変化は，そうした非正規雇用者が男性や卒業者等の若手中堅層，さらにはあらゆる層に及んだことである。これは派遣社員や契約社員，嘱託といった正社員以外の多様な雇用形態が広がったためで，ダイバーシティ（diversity）が求められるようになった。

　多様な雇用形態であれば，派遣労働のように1社に縛られず，自己の時間とキャリアに合わせて雇用先を自由に変えられるなど，よい面もあるかもしれない。しかし，その多くは正社員になれないため，やむなく非正規の職に就いており，結果として給与水準など労働環境は相当不利なものになっている。確か

に1980年代からの好景気の頃は，数カ月働き，次の数カ月は海外旅行や自己啓発にあてるなどフレキシブルな使い方もみられたが，不況期に入ると就職先の選択肢が狭まり，収入の低下や不安定さから不利益が増大している。

一方，企業にとっては，長期的に固定された費用が発生する正社員はできるだけ減らし，短期的に収益が上がることを重視しており，コスト低減のために，雇用の柔軟性の実現は大いに歓迎できるものであった。成果主義や任期制の導入などもこうした時代を背景に，あたかも欧米社会と同様，自由で不利益にならない転職や中途入社ができることが前提である。しかし，そうした社会環境，労働環境が異なる日本において，短期的評価となる成果主義や任期制などの派遣・契約型の雇用を増やすことは，労働条件の悪化につながり，組織のコミットメントや従業員のモチベーションを低下させたといえよう。

日経連が1995年に発表した雇用ポートフォリオでは，正社員を「長期蓄積能力活用型」グループ，短時間労働者を「雇用柔軟型」グループとし，派遣・契約社員を「高度専門能力活用型」グループ（第8章図表8-1　雇用ポートフォリオを参照）とした。さらにアウトソーシング（業務を外部委託）も広く使われたことで，正規従業員を減らすことがよい経営という考え方が広まった。

確かに国際的に比較すれば，日本は物価が高く，労務費コストも世界で最も高い国の1つである。そのため中国や東南アジアなどに生産拠点を移し，労働コストを下げることは，経営上の選択としては自然なことかもしれない。しかし，非正規雇用を増やすことは結果として，日本の長期安定的な雇用を減らし，社会経済を不安定にする。結果として，生活の不安や労働意欲や能力の低下を招き，国内消費も悪化する。目先の経営上の選択は，長期的には市場を含め大きなマイナスになる可能性がある。日本社会の繁栄や信頼がなくなれば，品質や生産性など日本の強みも失われかねない。

行き過ぎた成果主義やリストラの反省もあり，人事評価制度の見直しや良好なコミュニケーションを含めた協働などの再評価が求められている。例えば，個人だけでなくグループとしても評価することや，さまざまな立場やハンディキャップを尊重し考慮するダイバーシティやワークライフ・バランスの重視にそうした動きはみられる。世界的な新しいコンセプトであるが，古くからの日

本社会の良さを思い出させてくれる内容も少なくない。

　外資の特徴は，リストラや短期利益志向など市場原理，労働契約だけではない。それらも含まれるが，一方では個の尊重，人種・性別・年齢などによる差別のないこと，ファミリーケア，ワークライフ・バランスなど働きやすさにつながる考え方もある。新たな日本的経営や日本的人事慣行の再考・再構築をすることが求められている。

（2）総合職と一般職

　日本の大企業でホワイトカラー人材を採用する場合，1980年代までは大卒男子と高卒・短大卒女子という区分が普通であった。男性は管理職候補，女性はアシスタントや秘書などの補助職・一般職というもので，それ以外の男性の一般職や女性の管理職候補としての採用はあり得なかった。

　採用や雇用における性別による異なる取り扱いは，日本国内とりわけ企業内においては，重要な問題と受け止められていなかった。しかし，国際労働機構（ILO）が指摘したように，国際的には日本社会での女性管理職登用の遅れは顕著であり，批判されていた。こうした状況を受けて，1985年に男女雇用機会均等法が施行されて，女性の雇用はじめ人事教育面でも是正が行われ，企業は採用，処遇，昇進，教育などあらゆる面で男女の格差を廃止してきた。そのため現在では，従来は男子大卒に限られた昇進につながるコースを総合職として，性差による区分は廃止された。そして勤務地が限定され，昇進に制限がある一般職も男女での性差をなくした。

　これにより，男女差は形式的には廃止されたが，実態はまだ男性が総合職の大半であることや管理職への昇進も男性がほとんどを占める状況は見受けられる。これは企業の努力というより，結婚，出産，育児といった女性が主として担う家族・家庭の役割についての考え方や社会的なサポートの影響が大きい。反対に，仕事を続ける女性は家事をすることが難しく，結婚はできない，子供は持てないという状況はあまり変わっていない。これは少子化の問題として，女性だけでなく男性も含めた日本社会，特に都市部で深刻な問題となっている。

総合職の他に中間的な準総合職やエリア限定職などの職も設けられ，企業によってはかなり広範なコースが設定されてきた。このように形式的には昇進やキャリアに性差がなくなり，学歴や大学による区別もなくなっているが，実態としては極めて長時間，会社で残業することや，就業時間後の接待や付き合いなどが必要なことから，男性優先という実態はまだ少なくないと言えよう。

さらに，女性が男性と同じように会社で昇進するため結婚や育児もできないという社会は，真に豊かで進歩的な社会とは言えない。大切なのは，多くの選択肢があり，それなりに満足できる，実質的に選択できる道があることである。すべての女性が（男性も）出世志向で仕事中心の人生である必要はないが，それも選ぶことができることが重要である。反対に，結婚，出産，専業主婦の道も選べ，満足できる生活が送れることが大切である。もちろん収入，時間，嗜好，能力，努力などの組合せでバリエーションがあり，すべてを求めるわけにはいかないが，それなりに選べることが豊かな社会につながる。

現在は仕事志向の場合，仕事オンリーとなり，ほどよいバランスの組合せで満足する暮らしをすることはなかなか難しい。男女平等は，ダイバーシティやワークライフ・バランスを考える上での1つのきっかけである。豊かな生活とは何か，男女のあり方，社会のあり方について検討を続けなければならない。

コラム9　昇進・昇格の現状と課題

　労務行政研究所は，2009年10〜12月に上場企業等約4000社を対象に調査を実施し，138社から回答を得た。その約半数は製造業で内訳は電気，機械が，非製造業では商業，情報，サービスが10社以上になった業種である。資格制度の現状は図表1の通りである。

図表1　資格（等級）制度の現状

－(社)，％－

区分		全産業				製造業	非製造業
		規模計	1,000人以上	300〜999人	300人未満		
一般社員	合計	(138) 100.0	(41) 100.0	(57) 100.0	(40) 100.0	(63) 100.0	(75) 100.0
	職能資格制度	60.9	63.4	68.4	47.5	69.8	53.3
	職務・役割等級制度	15.9	12.2	15.8	20.0	11.1	20.0
	職能資格制度と職務・役割等級制度の併用	15.2	22.0	14.0	10.0	12.7	17.3
	資格（等級）制度はない	8.0	2.4	1.8	22.5	6.3	9.3
管理職	合計	(136) 100.0	(41) 100.0	(55) 100.0	(40) 100.0	(63) 100.0	(73) 100.0
	職能資格制度	41.2	39.0	50.9	30.0	49.2	34.2
	職務・役割等級制度	30.9	34.1	25.5	35.0	27.0	34.2
	職能資格制度と職務・役割等級制度の併用	19.1	24.4	20.0	12.5	15.9	21.9
	資格（等級）制度はない	8.8	2.4	3.6	22.5	7.9	9.6

［注］　本調査では，各制度を以下のように定義した。
　　　職能資格制度…職務遂行能力に応じて資格等級を定めて社員を格付ける制度
　　　職務・役割等級制度…組織における職務（仕事）の価値や職務遂行上の責任・権限の大きさによって社員を格付ける制度

　この表からわかる通り，一般社員では「職能資格制度」が約61％と最も多く，「職能・役割等級制度」が約16％，「職能資格制度と職務・役割等級制度の併用」が約15％である。製造業では「職能資格制度」が約7割を占めて多い。管理職では「職務・役割等級制度」の導入割合が半数と多い。

　次に，昇進昇格に関する課題・問題点を見ると，バブル期以降の採用抑制による中堅層の人員不足が48％，団塊世代の大量退職に伴う人員構成の変動が29％，昇格基準の厳格化に伴う運用面・社員意識面の問題が25％となっている（図表2を参照）。

　さらに，そうした問題点について企業からの具体的な指摘を示したのが，図表3である。ここには実際の問題点や対応策が示されており，企業からの貴重な情報である。

第9章 昇進昇格と人事制度　165

図表２　昇格・昇進に関する課題・問題点
－(社), %－

区　分	合計	1,000人以上	300～999人	300人未満	合計	1,000人以上	300～999人	300人未満
合　計	(126) 100.0	(40) 100.0	(55) 100.0	(31) 100.0	(126) 100.0	(40) 100.0	(55) 100.0	(31) 100.0
	❶団塊世代など高年齢層の大量退職に伴う人員構成の変動				❹昇格基準の厳格化に伴う運用面・社員意識面の問題			
課題・問題がある	28.6	32.5	23.6	32.3	25.4	22.5	25.5	29.0
課題・問題はない	54.0	52.5	52.7	58.1	35.7	27.5	32.7	51.6
どちらとも言えない	17.5	15.0	23.6	9.7	38.9	50.0	41.8	19.4
	❷バブル好況期の大量採用層の管理職層への登用				❺年功的な昇格・昇進運用による問題			
課題・問題がある	22.2	30.0	23.6	9.7	23.0	20.0	27.3	19.4
課題・問題はない	49.2	35.0	58.2	51.6	44.4	35.0	41.8	61.3
どちらとも言えない	28.6	35.0	18.2	38.7	32.5	45.0	30.9	19.4
	❸バブル好況以降の採用抑制による中堅層の人員不足							
課題・問題がある	47.6	67.5	43.6	29.0				
課題・問題はない	34.9	20.0	34.5	54.8				
どちらとも言えない	17.5	12.5	21.8	16.1				

図表３　昇格・昇進に関する現状の課題・問題点と対応策

[注]　「規模」は「A」＝従業員数1000人以上，「B」＝同300～999人，「C」＝同300人未満を表す（以下同じ）。

会社名（規模）	課題・問題点	対応策
摂津製油（C）	中堅層（35代後半～40代前半）が多く，労務費がこれから増えていく	
ポリプラスチックス（B）	中堅層の人員不足	・中途採用 ・長期的な採用計画の実施
ダイセル化学工業（A）	・一定等級での長期滞留 ・モチベーション低下	
旭有機材工業（B）	バブル好況時に採用できず，管理職層の人材が薄い	若手社員からの抜てき
化学①（C）	中堅層の人員不足で昇進・昇格者がいなくなる	組織の変更，兼務等
日本鋳鍛鋼（B）	40～50歳の社員が全体比で最少	中途採用を2年ほど前から積極的に推進
アドバネクス（B）	成果・能力主義の評価が徹底できない	人事による指導，チェック
日本オーチス・エレベータ（A）	・能力評価，能力発揮度の評価基準と実施が必要 ・年齢的な人員構成上の問題がある	採用と退職のコントロールが必要

出所：『労政時報』第3771号，2010.4.9.

【参考文献】

石田英夫『企業と人材』放送大学教育振興会，1989年。
今田幸子・平田周一『ホワイトカラーの昇進構造』日本労働研究機構，1995年。
小池和男『仕事の経済学』第2版，東洋経済新報社，1999年。
八代充史『大企業ホワイトカラーのキャリア』日本労働研究機構，1995年。

第10章 職務評価と人事考課

> キーワード
> 職務分析,職務記述書,業績考課,コンピテンシー,成果主義

　この章では,職務評価(仕事の評価)という人事管理の根源的な課題を取り上げる。仕事の成果を評価することは,該当者の能力,職務価値,成果,貢献度,努力などと関連し,どの要素を重視するか,どのように行うかなど多様な問題を含んでいる。職務評価の目的は,公正で公平な処遇を実現し,従業員の貢献努力を引き出し,組織の目標を達成することである。

1. 職務評価

　人事管理の重要な役割の1つは,仕事の実績,成果をどう評価するかということである。同一労働同一賃金という原則に従うとしても,何を満たせば同一労働となるかを決めることは簡単ではない。仕事を評価することは,仕事による成果に加えて,従事する人の努力や能力を評価することにもなるが,その前提としては仕事そのものの位置づけを明確にしておくことが求められる。なぜなら,仕事の評価とそれに従事した人の評価を同時に行うことは,評価の基準が曖昧になり,評価の正確さを欠くことになるためである。
　はじめに仕事の種類や困難度からその格付けを行い,そうした仕事に従事する人がどれほど職務の達成に貢献できたかを決定していく。それにより,賃金,人事異動,育成なども関連し決められることになる。仕事(職務)とそれに従事する人の評価を適切に行うことは難しいが,人事管理の存在意義に関わる最重要な機能の1つと言える。

（1）職務と関連用語の定義

　職務評価には人事管理に用いられる専門用語がある。これらは仕事を正確に定義するために用いられる。以下に定義される課業，職位，職務，仕事は，その代表的なものである。

- ・課　業　個々のまとまりを持った仕事のこと，職務分析の最小単位。
　　　　　「仕事」の限定された解釈（task）となる。
- ・職　位　1人当たりに割り当てられた課業のこと。仕事量から1人分としてまとめたもの（position）である。
- ・職　務　種類，性質／責任の度合から同一と考えられる職位のまとまり（job）である。
- ・仕　事　特定の目的を果たすための肉体的，精神的努力（「仕事」の一般的な解釈）である。

（2）職務評価のプロセス

　職務評価を行う手順は，次の通りである。

① 　職務分析の実施と職務記述書の作成

　職務分析とは，職務そのものがどのような内容，難しさを持つものかを観察やヒアリング，調査などから明確にすることである。これを行い，職務の価値を位置づけておくことは職務評価の前提となる。そして，その職務分析の成果を記述したものが職務記述書である。ここには，職務の内容，要件，留意点などが記されている。

② 　職務の相対的評価（職務等級の決定）

　職務分析，職務記述書ができると，職務の段階を位置づけることが可能となる。その結果，職務ごとの相対的な位置づけを行い，同じ段階にある職務を同じ等級の職務と決めることができる。どの程度の等級を作るか，どの範囲で近い位置づけの職務をまとめるかは，各企業の判断によって異なる。

③ 職務価値に基づく職務給の決定

職務等級が決定したら，職務が何かという範囲が確立され，各職務の位置づけ・段階が決められる。その段階である職務等級に応じて，職務額を決めていくことが可能となる。職務額そのもの，各段階の差額をどうするかは，市場価格と労務費コストを中心に，経済動向，業界水準，各企業の方針などに基づき決定することになる。

（3）職務分析

組織内の個々の職務について，課業の内容，職務遂行過程で求められる身体的・精神的能力，負荷を調査分析し，明確にすることである。この分析を通して，仕事の内容が定まる。仕事の内容，さらに責任，遂行要件，他の職務との関係などを明らかにすることは，有益な人事情報となる。アメリカ労働省（U. S. Dept. of Labor Employment Service）の職務分析の定義は「観察と研究によって，特定の職務に関する適切な情報を決定し，報告する手続き」というものである。

（4）職務記述書

職務分析により得られた職務の状態を記録したのが，職務記述書である。日本でも職務記述書，またはジョブ・ディスクリプション（Job Description）として知られている。企業内外で空きポストを募集する公募制を行う場合，職務記述書が公開され，職務内容を説明する情報となる。

職務記述書には，①職務名，②職務概要，③遂行される仕事，④職務遂行の要件，以上の4項目が含まれる。特徴的なのは，「職務概要」だけでなく，仕事の成果・アウトプットである「遂行される仕事」や仕事に必要な知識，技能や経験についての「職務遂行の要件」が記されていることである。

（5）職務評価

職務評価（狭義）とは職務の順位・段階を決めることであり，これは職務給をはじめ仕事に関連する，あらゆる給与の格付けにつながる。職務を重要度，

困難度,責任などから分類評価し,体系化することで,異なる職務間の序列やバランスをとることになる。職務価値を的確に評価することで,勤務地や部門間の異動を含め,人事上の処遇を公平・公正なものにしていくことになる。

2. 人事考課

　人事考課とは,組織目的を達成するために人材（従業員）の能力,態度,行動とその成果を評価することである。人事考課は,職務そのものを評価する職務評価と共に,人事評価とされる場合もあるが,その評価対象は人と仕事と別であり,両者は区別される。

　海外でも,評価は競争優位を獲得するための組織の推進力という重要な意味を持つとされ,多くの組織でコンピテンシーの枠組みに基づく,統合された業績管理システム（PMS：Performance Measurement System）が開発された。また,高業績型の人的資源管理（HRM）には不可欠なものとされている。

(1) 人事考課の種類

　人事考課では,成績（業績）,能力,情意（態度）の3要素に分けて評価することが一般的である。これは,評価の視点を直接・間接,投入・プロセス・結果などと時間や空間から広げて考えると行き着くものと言える。コンピテンシーなど視点や括り方がどれほど変わっても,本質的な評価の視点は変わりようがなく,この3要素は完成度が高いものと思われる。これまで多くの日本企業や組織で認められてきた納得性が高い考え方である

① 業績考課

　仕事の達成度,発揮能力（業績）を評価するもので,主に賞与,昇給に反映させることが多い。これはどちらかといえば短期的・直接的な評価であり,現在の成果主義的な評価と同様である。しかし,長期的な能力や個人の成果が明確にならない仕事,特にホワイトカラーの仕事も多いことは事実であり,このような場合に個人の成果を無理に数値化して評価するのはマイナス面が多くな

る。つまり，無理に数値化して評価しても納得性や公平感がなくなるため，成績評価だけに頼るのは問題となる可能性が高い。

② 能力考課

職務遂行能力の保有度を評価するもので，主に昇格・昇進，能力開発に反映させることが多い。これは名称の通り，能力を評価するもので，職務遂行能力が高ければ年齢や勤続年数は関係ない。そうであれば，職能主義は年功的との批判には当たらない。

しかし，仕事を実際に行う力には，その企業や職場での実績などの経験，信頼関係などの人的ネットワーク，それらを合わせて組織でのモチベーションや意欲を高めるリーダーシップ，影響力が求められる。理論的には，職務遂行能力は知識や技術等で記述されるが，経験の要素が大きいため，結果として年功的に運用されることになり，これにより批判されたのである。

③ 情意考課

職務遂行に対する意欲・行動（態度）に対しての評価であり，上司が部下をどう判断するかということで，最も主観的な評価となりやすい。しかし，遅刻や早退，勤務時間をはじめ顧客訪問回数などの客観情報も加味することで，主観的なものにならないようにすることもできる。服装，言葉遣い，態度が前向きで好感が持てることは，上司のみならず顧客や同僚など多くの人々から好感を得て，結果として高い業績につながる可能性が高い。

このように勤務態度は，主観的や恣意的との批判もあるが，業績との関連性が高いため納得が得られ，考課の全体に副次的に反映させる意義があるものと思われる。

(2) 人事考課の方法

人事考課を行う場合は，まず公平性に留意し，客観的・科学的・合理的に評価する必要がある。人事考課の結果は，昇級・昇給・賞与のみならず，育成や異動などに広く使われる重要な基礎情報となる。

評価の仕方は，①絶対評価（評定尺度法，チェックリスト法）と②相対評価（人物評価法，一対比較法）に分かれる。絶対評価は，対象者1人を尺度やチェックリストに基づき評価していくものである。それに対して相対評価は，他者との比較をしながら評価をしていくものである。予算点など限定がなく，全体での位置づけを行う場合は，絶対評価で評点を付ければいいが，選抜など限定される場合は，相対的な評価が必要となる。

(3) 人事考課の活用

これまでに記してきた通り，人事考課の結果は非常に重要な人事情報である。それだけに，これらの人事情報は給与や昇給の決定，職級の判断，適切な異動先の検討，教育受講の是非など多様な人事活動の意思決定のために活用される。人事考課は，明示された制度に基づく，数少ない客観的な人事情報と考えられるからである。

① 昇給・賞与

従業員の努力と成果に応じて給与の水準を高めていくことが，昇給である。当然ながら，人事考課は本人の努力と組織目標達成への貢献度が示されるため，人事考課における高い評価は賃金に反映する必要がある。

また，一定期間の従業員の貢献度を評価対象とする場合，期間での業績とより密接に連動し反映させるのは賞与ということになる。

② 昇進・昇格

昇進・昇格は該当者の権限や責任を増大させ，より大きな職務を担当させることにつながる。本人にとっては当該組織でのキャリアを進展させるものである。このように昇進・昇格は，本人の評価結果を反映する人事施策としては最も根底的なものとなる。これは賞与のように毎回で完結するものではなく，昇給と同様に蓄積していく処遇であり，中長期的な視点が求められる。人事考課の結果を活用し，新たな職位・職級への適格性が評価されることになる。

③ 配置転換

　配置転換は，昇進・昇格を伴わずに担当する職務や所属する部門を変える人事異動であり，これはやがて昇給，昇進・昇格にもつながるものである。従業員の満足度を充足させ，能力を発揮させ，いわゆる適材適所を実現するために，人事考課の結果を配置転換に活用していく必要がある。

④ 教　育

　ここでの教育とは，当然ながら企業内教育・訓練であり，人材育成施策の1つである。職務に関連し，どのような知識・能力等が必要か，こうした情報を人事考課から手に入れることが考えられる。そのため，人事考課の活用方法の1つとして，人事処遇や給与だけでなく，育成も重要なものと考えられる。

3．コンピテンシー

　職能資格制度に代わる新しい人事制度や評価制度の基盤となる概念として，コンピテンシーが導入されている。コンピテンシーを用いた人事制度は，高業績を生み出す行動，能力などの要素を評価基準とするもので，グローバル・スタンダードになっている。

（1）コンピテンシー

　コンピテンシーという概念は，マクレランド（McClelland, 1977）の行動科学研究に基づくものである。彼は，人の行動には意識にのぼらないさまざまな動機や価値観が影響していると考え，外交官らを対象とした業績の研究事例からコンピテンシー理論を構築した。これは高業績者（Hi-Performer）の行動特性をモデル化したもので，コンピテンシーを，知識（Knowledge）・技能（Skill）・態度（Attitude）という表層部分と動機，性格・特性，自己概念といった目に見えない深層部分から成り立つ，行動に結びつき発揮されている能力とするモデルである（図表10－1を参照）。

　コンピテンシーに基づく人事制度へシフトする背景にあるのは，職能資格の

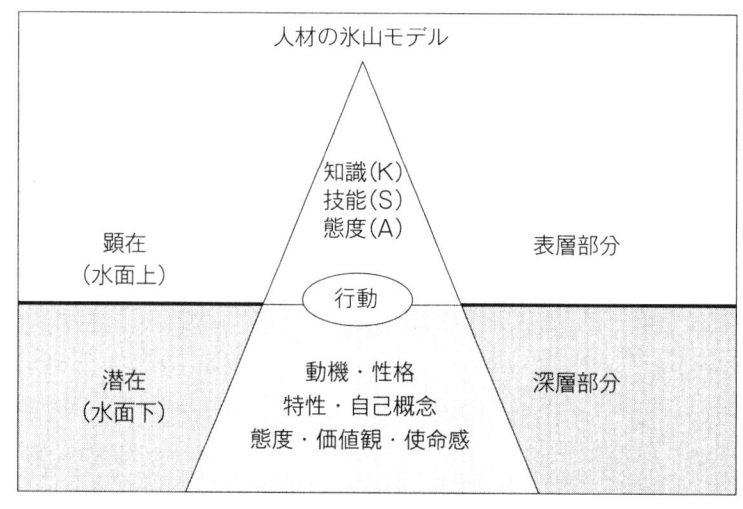

図表 10 − 1　コンピテンシーモデル（概念図）

```
                       人材の氷山モデル

                         知識(K)
                         技能(S)
          顕在           態度(A)           表層部分
         (水面上)
                          行動
─────────────────────────────────────────────────
                         動機・性格
          潜在          特性・自己概念       深層部分
         (水面下)       態度・価値観・使命感
```

出所：筆者作成。

運用が固定的になり，そこからより柔軟な人事制度へ，また狭い評価基準から広範囲のものへの変化，さらに職務重視から能力重視への変化がある。

（2）コンピテンシーの抽出

　コンピテンシーとは，従来の職務能力とみられる，知識（Knowledge）・技能（Skill）・態度（Attitude）といった，いわゆるKSAを表層部分とし，動機，性格・特性，自己概念といった目に見えない部分を深層部分としている。このような二重構造で行動を捉えることで，行動に結びつき発揮されている能力を説明する要因や要素が一層，精緻化され再現性を高められるとされる。

　コンピテンシーの具体的な内容は，これを導入する企業などがそれぞれ設定しており，その名称や強調点は異なっている。しかし，ヘイ，ウィリアム・マーサー，タワーズ・ペリンなど人事・人材を扱うコンサルティング・ファームにおいては，20〜30に及ぶ類型を対人能力，戦略，思考，管理，適応，調整，統合などに区分している。

（3）コンピテンシーモデルの活用

　コンピテンシーモデルは，人事管理や施策の中で採用，配置異動，評価，能力開発に活用がみられるが，限定的とされる（谷内，2001）。実際，2000年前後から，人事制度の変革に必ずあげられた成果主義とコンピテンシーであるが，どれほど日本企業にコンピテンシーが使われるようになったかを示す客観的なデータはない。その理由は，意味があいまいで統一されていないことと，人事制度が改革されてもその内実は非公開の場合が多いためである。

　さらに，2005年くらいから，次第に成果主義に批判的な見方が多くなり，コンピテンシーについての注目も薄らいできた。これは成果主義的な人事への転換を促進する基盤として，鳴り物入りで登場したコンピテンシーの内容が理解され，それなりに吸収されたり，また一定の評価がなされたためと思われる。

　アメリカでも，賃金に直接関連する部分での活用は少なく，コンピテンシーの限界を示しているとの指摘もあり，コンピテンシーだけで人事制度が変革されるというものではないことは明らかである。

（4）コンピテンシーの活用事例（武田薬品）

　コンピテンシー導入の先駆的企業として，よく取り上げられてきたのは武田薬品工業である。そこでは，コンピテンシーが単なる能力・資質ではなく，行動に示されること，実際の成果に結びつくこと，安定して発揮されること，という3点にみられるコンピテンシーの存在意義を高く評価している。

　同社では，これまでの人物主体から仕事主体へと基本的な考え方を変化させ，そのために武田薬品における21のコンピテンシーを設定した。それぞれには，コンピテンシー・レベルが最も低い1から最上位の6までが設定されている。

　以下の通り，チームマネジメント，達成行動，対人影響力，セルフマネジメントという4つの類型があり，その中でそれぞれ4～5のコンピテンシーが設定されている。

　① チームマネジメント：リーダーシップ，強制力，育成力，チームワーク

② 達成行動：達成志向性，イニシアティブ，徹底確認力，顧客指向性
③ 対人影響力：対人インパクト，対人理解力，関係構築力，組織感覚力
④ セルフマネジメント：自己貫徹力，セルフ・コントロール，フレキシビリティ，組織貢献力，自発的努力

4．成果主義

（1）成果主義という概念

　成果主義は，国際競争の激化や経済成長の低迷を背景に，競争力の高い経営の実現のために浸透してきたものと言える。短期的であれ，現在のアウトプットを増大し，その期の経営実績を改善すべくコスト低減を絶対視するアメリカ的な考え方に基づくなら，中長期的な評価や曖昧な評価を含む日本的経営は非効率なものとなる。具体的には，団塊世代が中高年となり，彼らへの手厚い処遇をはじめとする高コスト体質を打開すべく，経営陣からも採用されたと考えられる。

　成果主義は，21世紀に入りますます浸透してきた。給与水準の低下や雇用形態の多様化により，経済繁栄が停滞した時代である。商品開発や新規事業での利益が増大する等，日本的経営がもたらすメリットを生かし，組織が活性化・効率化する企業もあるだろうが，コスト増により競争力を失う企業も少なくないだろう。

　年功主義的人事制度に代わり注目され，人事変革の中心とされてきた成果主義人事とは，一言で言えば，個人の仕事の成果を重視する人事制度ということになる。すなわち，「成果の大きさ」とは「組織への貢献度」であり，そこに個人の処遇の根拠を据えている。しかしながら，これまでも議論されてきたように，成果の大きさとはどうやって評価するのか，ましてや個人の貢献や能力の発揮をどれほど明確にできるのか，という問題が常に生じている。

　2010年以降は，成果主義の弊害という論調もかなり多くみられるようになっている。それは，成果主義的な人事評価や処遇を行ってきた結果，協力することや指導することは損であるという個人主義が生じてきたためである。組

織としてのチームワーク，協力関係，OJT はもとより，モチベーションやコミュニケーションなど組織の各メンバーに醸成されるメリットや強みを失う恐れが大きくなってきたとされる。個人の貢献や能力を根拠とすることは，かなり大きな価値観の変化が求められる。それによって組織の信頼感や協力体制が崩されるとなると，多少のコスト削減ではカバーできない生産性や安定性の低下を招き，結果的には失敗につながる。

したがって成果主義を取り入れるなら，人事制度だけでなく，あらゆる価値観や制度を成果主義的なものに変えていかなければならない。しかし，それによって日本では失うものが多すぎるし，そんな変革が可能かとの感もある。能力主義は，成果主義的な人事により初めて行われたわけではない。これまで，1960年代からの職能資格制度が目指したものも能力主義であったが，実質的には年功的な運用がなされ，年功による批判を浴びたのである。

(2) 成果主義の評価

業績と業績を上げるための発揮能力に注目するのが成果主義での評価とされる。それは人事考課での，①業績考課，②能力考課，③情意考課において，業績考課のみで評価すると考えられる。しかし，このことは上記の通り，成果主義の限界をも含んでいる。つまり，同じ企業内でも部署が異なれば，同じ職務の担当はあり得ないが，その担当に従事することは本人の希望がかなったとは限らない。そうであれば，もし仕事の結果だけで評価するなら，本来の力を発揮できる，少なくとも本人が納得する職務を担当していることが前提である。

今はこの仕事を担当するのが育成の一環であり，ローテーションを経て，将来の専門職務が決まっていくといった中長期的な評価であれば，厳密な担当職務とのマッチングはさほど重要ではない。この場合，能力や情意も評価対象とされ，総合的な評価がなされるからである。しかし，成果主義で仕事だけの評価であれば，従事する仕事で評価して良いとの納得性が得られる配置が少なくとも必要になってくる。

同期の人が何年目で，彼らを比較するときに，こうした発想も生まれるのだが，どこに配置されるか本人が納得できない現在の配置方法では，成果主義に

よる評価は最初から大きな問題をはらんでいる。

　目標達成，すなわち成果の公平な評価は極めて困難であり，成果（業績）を生み出すプロセスやそこで発揮された能力を併せて評価することが妥当となる。このように成果主義に基づく評価は一見合理的であるが，実際には一面的な評価となり，問題が少なくない。その結果，今日の日本では，コンピテンシーは取り入れても，成果主義的な側面はあまり強調されなくなった。

　成果主義の導入が盛んであった90年代末から21世紀初頭にかけての評価においても，成果主義による賃金制度には問題が多く指摘されている。それらは，評価基準が不透明であること，評価者や仕事で評価が変わること，成果主義の目的が人件費削減であること，上司にすり寄る社員が評価されることなどである。

5. 目標管理

　目標管理とは，MBO（Management By Objectives）という名称と共に日本企業にもよく定着したマネジメントの方法論の1つである。近年の調査では，その導入率は80％程度とされている（労政時報，2010）*。1950年代〜60年代，アメリカの経営学者ピーター・ドラッカー，ダグラス・マクレガー，ジョージ・S・オディオーンらによって提唱された考えに基づくとされる。目標管理は「自己統制を通した目標による管理」（MBO：Management By Objectives through Self Control）の訳語であるが，自己統制の部分はほとんど省略されている。

　目標は上司によって決定されるのでなく，自ら設定し，それに向けて自らを律していくもので，組織メンバーの自己実現欲求に働きかける方法である。目標管理の捉え方としては，戦略的全社活動，個人的目標達成，能力開発目標の3つがある。しかし，目標管理＝数値管理とみられる傾向が強く，個人の自律的な目標達成方法や人材育成につながる能力開発の方法といった捉え方は弱まっている。

　組織メンバーは担当業務について，上司とのコミュニケーションを通して達

成すべき目標を設定し，その実現に向けて自ら努力を統制していくのが一般的な目標管理と言えよう。

＊）目標管理制度の導入率は91年以降，40％程度から急速に伸びている。2004年以降は，70％台後半で横ばいの傾向がみられる（2010年5月14日「労政時報」p.11より引用）。

6．目標管理による成果主義の展開

　ここでは，成果主義的な人事制度をいち早く導入し，注目されてきた富士通と武田薬品工業について，その状況を概観したい。

（1）富士通の事例
　富士通の事例から明確になった問題点としては，①不公平感，②評価の難しさ，③人事制度の不備があげられる。
　目標を達成しても，部門内での相対的な順位が下がると評価が下がってしまう。これは部門間の不公平感を招いている。これは成果主義に限らず，相対主義か絶対主義かで生じる評価の限界でもある。その際に重要なのは，上司とのコミュニケーションで，これがうまくいけば納得感を得られやすい。

1-1）アンケート結果　能力・成果主義マイナス面
　　・評価者や職種で評価が変わり不公平　　75％
　　・評価者ばかりを気にする社員が増える　60％
　　・一部の社員でモラールダウンが起きる　30％

1-2）能力成果を高める制度
　　成果主義に合わせ，仕事や職場を選択できる制度が必要となる。
　　・目標を自分から申告できる面接制度　　50％
　　・新能力等を習得できる社員教育制度　　40％

- 特定の成果達成時にもらえる報奨制度　25%
- 本人の意思で異動できる社内公募制度　23%
- 勤務時間を自分で決める裁量労働制度　22%
- 上司を評価するなどの人事評価制度　10%

(2) 武田薬品工業事例

　自己統制や自由裁量がある者＝目標管理の条件。したがって，管理者，MR (Medical Representative：医薬情報担当者) や研究開発担当者（裁量労働・みなし労働の対象者）が対象となる。

2-1) 目標管理を実施する上でのポイント
- 評価項目と評価基準を公開制度にする。
- 目標と達成基準を明らかにする。
- 評価の原点を自己評価に置く。
- 自己評価の結果に基づき，上司と部下との話合いを通じ，評価フィードバックを求める。

2-2) 納得性を重視
- 客観性が求められるが，これに固執しない。
- 主観が入ることは避けられないため，「結果イメージの共有」から納得性を確保する。
- 何を達成するかの指標とどこまでクリアかの水準から，結果イメージを共有する。

2-3) 評定者訓練
- コンピテンシーやアカウンタビリティーなど主要な概念の理解がないと，目標管理の実践はできない。
- 武田独自の成果主義の実践から，評定者訓練には特に注力が必要となる。

7. 多面評価

（1）多面評価とは

　多面評価（以下，多面観察，360度評価を含む）とは，人事考課における評価方法の1つであり，360°フィードバックや360度評価とも呼ばれる。客観的かつ公平な評価のため，直属の上司だけでなく，部下や同僚，他部門の担当者，顧客など，多面的に人材を評価する。その後，評価結果を本人にフィードバックすることも特徴である。

　このように多面評価は，従来の直属上司だけによる閉じられた評価と大きく異なるため，その有効性を発揮するための検討や注意も必要となる。とりわけ，むやみにこの評価方法を広げることは，組織への信頼や公正性を失う危険性もある。具体的には，対象となる職種を明確にし，評価者の選別に留意する必要がある。質問の内容と実施方法，本人へのフィードバックの内容と方法も十分検討すべきである。

　多くの人を関与させることになるので，コスト，手間，時間を要するため，対象を広げることは現実的でない。それだけに，この評価制度の実施率は全体では1割程度と少ない。

（2）多面評価の目的

　複数の上司や同僚，部下などさまざまな視点から評価を受ける多面評価は，その目的を明確にしておく必要がある。まず一般社員を含めて全員を対象にするか，管理職・リーダークラスのみを対象とするかによって異なる。前者であれば，人事考課の補助的な情報収集に加え，組織風土の変革，経営理念の浸透を目的にしていると考えられる。また，後者であれば，最大の目的は管理職やリーダークラスの人材の育成にあると考えられる。

　本来は，人事評価そのものの制度であり，また人事考課に加えて補助的な情報提供が目的とされるが，実質的には人材育成をはじめ副次的かつ複数の目的があると考えられる。そういう意味では，評価という名称はやや不適切で，む

しろ多面評価を通した育成となるのかもしれない。

　このように育成の効果が高い理由は，直属上司以外に多くの他者からみた自分の姿を確認できることである。自分では十分な仕事をしている，適切な指示ができていると思っていても，周囲や部下からそう思われているかは別であろう。自分自身が特に足りない点，弱みを客観的に認識することは，耳がいたい，認めがたいことかもしれないが，非常に貴重な機会となる。

(3) 多面評価の留意点

　多面評価が広まってきた背景には，成果主義として個人の業績を明確にすることやコンピテンシーという行動特性を評価要素とするといった要因があると考えられる。これは，従来の能力主義や職能資格という知識やスキルの保有より，成果につながる行動を評価しようとの変化が反映されている。

　とりわけ管理職やリーダーとなる人材には，自己の弱み，不足点，課題を認識させ，自ら育成し改善することが求められ，そのための能力開発の支援ツールとして多面評価が浸透してきたと言える。管理職やリーダー人材としての課題は何か，複数の上司，部下，同僚からの多面評価をうまく生かせば有効なものとなる。

　しかし，目的にあった方法や適切な運用ができないと，企業組織や管理職への信頼感を損ねて，結果として組織全体のモラールが低下するなど，大きなマイナスになる恐れがある。また，被評価者が評価者を選ぶ場合，公正な評価ができるかは難しく，フィードバックを恐れ，恣意的な評価となる恐れがある。評価者の選定方法も重要となる。このように多面評価のプラス面を発揮するためには，評価目的，評価方法，評価者などについて十分な検討が必要となる。

コラム 10　多面的評価制度とその活用

　多面的評価制度は，その実施率はおよそ1割弱という調査結果が多い。それだけに，まだ一般的な評価制度ではないが，今後の導入を検討する企業は少なくない。同制度を導入している企業は，どのような目的で，どう活用しているのだろうか。労政時報の調査結果に基づき，掲載事例となった企業の制度を概観する。

第10章 職務評価と人事考課　183

　取り上げられた企業は，ソフトバンク，大丸松坂屋百貨店，帝人，ノバルティス ファーマの4社である。いずれも多面評価制度の導入，評価，結果の活用で先駆的な取組みがみられる。これらの会社は，多面評価の結果を育成や昇進，配置の判断材料としても活用している。いわゆるアセスメントとしての活用で，多面的な情報収集によりキャリア形成支援にもつなげている。
　このように多面的評価制度は，単に人事考課・人事評価のためというより，能

図表1　掲載事例の概要

企業名 (従業員数)	ソフトバンク (連結2万1799人)	大丸松坂屋百貨店 (約5950人)	帝　人 (連結1万7542人)	ノバルティス ファーマ (4155人)
名　称	管理職サーベイ	行動特性多面観察	多面観察制度	管理職「360度フィードバック」，一般社員「180度フィードバック」(上司同僚アンケート)
目　的	・対象者の①自己認識，②能力開発，③役職登用・配置のアセスメントに活用 ・管理職層のマネジメント力向上がもともとのねらい	・①本人の気づきの促進，②現場での人材育成ツール，③適正配置の実現に活用 ・最大のねらいは，適正配置の実現	・①本人の気づきの促進，②上司による育成，③役職適性判定の補完情報として活用 ・本人の気づきを促すことに特化した旧制度を見直して導入	・本人の気づきを促し，主体的な行動変容につなげることが目的 ・賃金や昇進・昇格・配置などには結び付けない。上司への開示も義務付けない
対象者 (被評価者)	管理職層	全社員(契約社員の一部にも実施)	管理職層(課長の一歩手前の層以上)	管理職・一般社員(昇格時などに行う研修の対象者)
実施頻度	年1回	年1回	3年に1回	一般社員は3，4等級昇格時(平均30歳前後と37~38歳)。ファースト・ライン管理職は①管理職昇格後1~2カ月以内，②半年から1~2年，③3年以上経過後。部長にも実施
観察者 (評価者)	①直属上司，②同僚，③部下／メンバー，④本人。②，③は各3人以上(人数の上限なし)	①上司，②上司以外の上位者，③同僚，④部下・下位者，⑤本人。②~④は各2人。ジュニアスタッフは④を除く	①上司・斜め上司，②同僚，③社内の関係先，④部下・後輩，⑤本人。①~③各2~3人，④~⑤4~5人。計10人程度	管理職は①本人，②上司，③同僚，④部下。一般社員は④を除く。いずれも合計10人弱
観察者の選び方	本人が選び，上司が承認	直属上司が選任	直属上司が選任	本人が選任
設問の内容	コア能力評価(行動評価)に用いる「コア能力定義」を評価項目に設定。また，その中で特に重視する項目を選択させる。その人のよい点と今後の期待についてのフリーコメントも求める	コンピテンシーモデルと共通の4分野・21項目に「態度／意欲」2項目，「知識・技能」を加えた24項目	行動指針を踏まえ，管理職層として求められる行動を評価項目に設定。長所と改善が必要なところを記述するコメント欄も設置	管理職はリーダーシップに焦点を当てた「リーダーシップ・スタンダード」，一般社員は行動規範「バリュー＆ビヘイビア」を基にして，それぞれの項目につき幾つかの設問を設定。自由記述のコメント欄も設けた

〔注〕　上記は各社の概要を当研究所でまとめたもの。

力開発，キャリア開発，適正配置，本人の気づき，など，育成としての意味合いも大きく，これを導入，活用する企業は人材育成の先駆的企業と言えるだろう。

図表2　評価結果を活用するうえでの工夫

企業名 (従業員数)	ソフトバンク (連結2万1799人)	大丸松坂屋百貨店 (約5950人)	帝　人 (連結1万7542人)	ノバルティス ファーマ (4155人)
設問の設計における工夫	コア能力評価に用いる「コア能力定義」を評価項目とし，年度の中間時点で本人の能力水準を把握することで，その後の能力伸長につなげる	観察項目をコンピテンシーモデルと一致させ，行動特性を踏まえた配置や自律的キャリア形成につなげる。潜在的指向特性のデータとも関連付け，能力・適性を多面的に把握	管理職として求められる行動がとれているかを把握する。基本的に毎回同じ設問で実施しているので，前回の結果と比較して行動態様の変化を分析できる	「リーダーシップ・スタンダード」「バリュー&ビヘイビア」という自社が重視する行動規範等を評価項目とすることで，その実践につなげる
フィードバックするうえでの工夫	結果レポートを視覚的に示すなど，見せ方を工夫。また，本人にアクションプランを立てさせ，上司と面談をしてもらう	上司がフィードバック面談を行い，今後のキャリアの方向性や自己育成計画について話し合ってもらう	結果を有効活用できるように報告書を工夫し，解説書も作成。また，上司との面談で今後の行動計画を立てさせる	研修時に結果をフィードバックすることで，本人が結果を正しく受け止められるようにしている
その他，長期的なキャリア形成につなげるための工夫	能力開発につなげるため，多彩な選択型研修を用意。サーベイの結果を踏まえて必要性の高い研修を選択できるようにした	27，34，44，55歳時に人事部と「節目面談」を実施。各種アセスメントツールを活用し，会社の意向と本人の意思のすり合わせを行う	昇進候補者の適性に問題ないかなどを確認。多面観察で気になる点を昇進アセスメントの際に質問するといった形で利用している	研修で，コンサルタントまたは人材開発部員によるコーチングを行い，今後の行動計画を立てさせる

出所：『労政時報』第3803号，2011.8.12.

【参考文献】

清水　勤『ゼミナール人事管理入門』日本経済新聞社，1995年。

社会経済生産性本部・生産性労働情報センター「第8回 日本的人事制度の変容に関する調査（2005年度版）」，2004年。

谷内篤博「新しい能力主義としてのコンピテンシーモデルの妥当性と信頼性」(経営論集11(1)) 49-62, 文京学院大学総合研究所，2001年。

ブラットン，J．, ゴールド，J．（上林憲雄ほか訳）『人的資源管理―理論と実践』文眞堂，2009年。

労務行政研究所「目標管理制度の運用に関する実態調査」（労政時報第3681号），11，2010年。

第11章　賃金と報酬の制度

> **キーワード**
> 労働対価，賃金体系，所定内賃金，年俸制，賞与

1. 賃金管理と報酬管理

(1) 賃金管理への変遷

　労働が行われれば，その対価としての賃金が支払われるのは当然のことであろう。このように賃金やその決定ルールには長い歴史があるはずである。しかし，20世紀初頭に経営学が誕生し，人事管理も1920年前後に成立したように，1つの理論体系である賃金管理として捉えようとしたのは20世紀になってからのことである。

　1920〜30年代の主要な文献にJob Evaluation（職務評価）やPayment System of Wage（賃金の支払方法）との用語はみられるが，賃金管理という言葉はなく，Wage and Salary Administration（賃金と俸給の管理），Wage and Salary Control（賃金と俸給の統制）といった賃金管理についての用語が文献に現れるのは，スコット（Scott, *Personnel Management*, 1948）によると1940年代後期からとされる。1950年代以降になると，多くの文献に賃金管理は登場してくる（森，1979）。

(2) 賃金管理から報酬管理へ

　このように，「賃金形態論」から「賃金管理論」へ移行した背景には，賃金の支払い形態や方法に限定された賃金形態から，より広い問題領域を研究対象

とするようになったことがあげられる。さらに，そのような変化が起きた理由としては，企業の大規模化・複雑化により，管理の視点が重要になったためとされる（西川，1997）。

賃金＝労働の対償，すなわち給与，賞与という金銭的報酬（経済的配慮）として賃金を捉えるのが労働契約にみられる伝統的な考え方である。しかし，現代の賃金管理としては，経済的配慮だけでなく，社会，政治，心理，倫理的配慮が必要となる。この部分は，仕事は同じなのに，正社員の時間あたりの給与と非正規社員の時給とに差があることとも関連するものと言えよう。企業組織が大規模化や複雑化するにつれ，単純肉体労働というものから，高度知的な労働，協働メンバーとのネットワークや相互作用に対する比重が高まる。そのため，単純に時間あたりの労働で計れなくなり，意欲や信頼などの非金銭的報酬の重要性が増大することになる。

直接労働を規定する金銭的な賃金から，より包括的・体系的な捉え方をするために，賃金形態論 → 賃金管理論 → 報酬管理論という推移が行われたと考えられる（西川，1997）。

2．賃金の決定

現代社会ではホワイトカラーの職務が増大し，その仕事は複雑化し，働き甲斐，達成感，能力向上など非金銭的報酬への注目が高まっている。しかし，そのような仕事の質や能力への関心が現れるのは，一定水準の金銭的報酬が得られた上でのことであろう。むしろ，現在のように非正規雇用が増大し，収入レベルが低下するとなると，やはり金銭的報酬がクローズアップされてくる。いずれにしても，生活基盤を支える「賃金」の重要性は変わらないのである。

（1）賃金の持つ性質

賃金は，①労働対価，②生活保障，③コストという3つの側面を有している。労働対価とは，経済的な労働契約の条件であり，従事する仕事の市場価値，市場価格として対価が支払われる。これは労働という負担やサービス提供

のための補填や前提と考えられる。生活保障とは，仕事の従事者の生活に必要な金銭を支払うということで，最低賃金や社会厚生としての考え方を基盤とする。労働者はその仕事に従事することで，自らの活動時間の大半を費やすことになる。そのため，他からの収入がない以上，生活に不可欠な収入源であり，生存権に関わることとなる。それに対して，ボランティアや趣味の場合は，長い時間を費やしても生活保障のような収入は得られない。これは賃金の支払われる労働との大きな違いである。

コストとは，企業側の労務費を意味し，これは人件費という費用として捉えたものである。企業としてはコスト削減に常に追われるように，コストを下げることは利益の増大に直結するとても重要な課題である。しかし，コストをただ下げればそれでよいわけではなく，労働力の効用（労働がもたらす成果−労働コスト）を最大にする賃金水準を探らなければならない。業界，従業員の年齢構成，立地，評価スパンなどで適正なコストは大きく異なるため，個々の企業が最善となるコストを一定の公式で算出することは難しく，多くの情報から検討することが妥当である。

労務費を決める方法（標準労務費率）としては，過去数年間の分析を元に「売上高×標準労務費率」により人件費総額を決定する売上高配分方式（スキャンロンプラン）と，「付加価値×労働分配率」により人件費総額を決定する付加価値配分方式（ラッカープラン）という2つがある。

（2）賃金水準決定における考慮点

賃金水準の決定にあたっては，上記の賃金の性質に即して検討する必要があるが，一般に，賃金水準決定の4要因とされているのは，①生計費，②生産性（賃金決定要因），③労働力需給関係，④労使関係（調整要因）である（楠田，1993）。

生計費とは，もちろん生活をしていくために必要な衣食住の費用である。これは物価を基準に，モデル世帯での必要な費用を食料，衣料，賃料，教育費，光熱費など生活に必要なさまざまなものから積算し，求めることができる。代表的な算定方法としては，マーケットバスケット方式（全量積み上げ方式）が

ある。

　次に，生産性（賃金決定要因）であるが，これは企業側がどれだけの利益を上げて，その中から労務費コストを負担できるかという視点である。たとえ物価が高騰し，それに見合った賃金が必要となっても，企業がそのための資金を捻出できなければ賃金アップは実現できない。どうしても賃金を高めるとなると，今度は雇用を減らさざるを得なくなる。雇用か賃下げを選ぶとなると，まずは雇用の確保が最優先となろう。このように生産性の確保があってはじめて賃金アップは成立する。

　労働力需給関係とは，文字通り，労働力需要と供給との関係であり，労働力を提供する労働者と労働力を必要とする企業側のどちらが賃金と労働を必要とするかの比較と考えられる。市場の需給関係は，労働力のみならず，商品や原材料の価格の変化とその売上高，購買量の変化を示す際に用いられる。言うまでもなく，労務コストが低下すれば，より多くを雇用し，その反対なら雇用を減らすことになる。また，時間給のアルバイトのように労働時間であれば，時給単価が下がれば，より多くのアルバイトやより長時間の仕事を頼みやすくなる。

　労使関係（調整要因）とは，企業と労働条件の交渉を行うために組織された労働組合との関係が賃金決定に影響を与えることを意味する。本来は，労働者個人が企業との間で労働条件を定め，労働契約を結び，また賃上げや賞与の交渉，労働時間や職場環境を含めた労働条件を交渉することになる。しかし現実的に個々の交渉は難しく，多くの労働者の利害を代表して組織される労働組合が企業との交渉を行うことで労使関係が成立している。良好な労使関係は，相互信頼に基づく労使の交渉で企業，労働者双方にとって納得のいく賃金決定を可能にする。一方，関係が悪く相互不信であれば交渉は難しく，賃金も極端な決定になる恐れがある。

3．賃金体系

　賃金体系とは，基本給や諸手当など賃金項目の組合せのことである。どの賃

金種目を用い,それぞれにどれほどのウエイトをおくかをみることで,その企業の戦略やどのような価値観や従業員の行動が重視されているかを伺うことができる。賃金は,評価や配置とも関わるが,従業員の成果,さらには組織目的の実現に最終的にはつながるものであり,同時に経営理念を具現化したものでもある。

(1) 賃金の類型

賃金の類型には,大きく職種給,職務給,年功給,職能給がある。これらは賃金の個々の項目でなく,全体を大枠としてみた場合の捉え方である。

① 職種給

主に1960年代までに,広く欧州で適用されていた賃金類型で,企業をまたいで特定の職種に適用される。例えば,旋盤工など社会的に通用する職業や職種に対し,その技能の習熟度に対する賃金であり,属人的な仕事能力給と考えられる。これは企業内というより職業・職種別の賃金で,ギルドなど職人組合から発展した専門職業組合がその成立に影響している。

② 職務給

1920年代以降のアメリカで適用されてきた賃金類型で,大量生産方式の発達に伴い,企業の技術構造に特殊化した「職務」への支払である。産業や職業別の色彩の強い欧州型の賃金に対して,企業内の職務価値の大きさに対する賃金で,いわゆる大規模製造業などで確立された企業内の職務に対する賃金である。

③ 年功給

賃金を年齢／勤続／学歴など属人的要素で決定する賃金類型で,日本で戦前から存在し,戦後普及したとされる。しかし,年功的な考え方は,古くから日本をはじめアジアなど儒教の社会ではごく自然な考え方であろう。経験年数の長い方がよく仕事ができて,高い給与を得られることは,職場経験が職務能力

向上と見合うことであり、ある程度の納得が得られそうである。

　終身雇用慣行によって、「人」への賃金支払という意味では合理的な賃金指標になったが、能力主義という考え方には矛盾する。昨今の年功的な賃金に対する批判とは、実際には組織への貢献が高くなくても、長く勤続しているだけで自動的に昇給を重ね、高い給与水準になっていることに対するものである。

④　職　能　給

　職務遂行能力の質や大きさを格付けて、それ（資格）に応じて賃金を決定するもので、年功性の矛盾を払拭し、仕事をベースとするが、属人的要素もあり、年功的にも配慮された高度成長期の日本企業で現実的な賃金制度であった。「人」でも「仕事」でもなく、「職務遂行能力」への賃金支払であり、能力主義の一形態と言える。

（2）決定要素別の基本給

　賃金の7割を占めるとされる基本給をどう決定するかで、属人給、仕事給、総合（決定）給との区別がなされる。

①　属　人　給

　年齢、勤続年数、学歴、性別など属人的要素だけで決定されるので、これは年功給と同様なものとなる。

②　仕　事　給

　職務内容や従業員の保有する職務遂行能力など、仕事要素で決定される。

③　総　合　給

　属人的要素と仕事的要素を分類せず、年齢、勤続、学歴、職務、能力、人柄等を総合的に勘案し、決定される。この方式による基本給が8割と最も多いが、これは内容次第で年功的になってしまうことも考えられる。

4．代表的な賃金体系

(1) 基準内賃金と基準外賃金

　現在の賃金体系の基本とされるのは，1946（昭和21）年の電産型賃金体系である（図表11－1を参照）。この体系では，賃金は大きく基準賃金と基準外賃金とに分けられる。基準内賃金には，基本給とされる本人給，能力給，勤続給，家族給などが含まれる。基準外賃金とは，時間外手当が代表的であるが，ほかに特殊作業手当，当直手当などが含まれている。

図表11－1　基本的な賃金体系（電産型賃金体系）

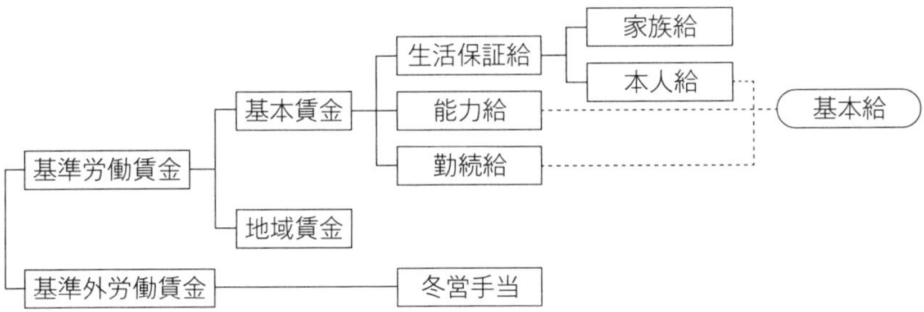

```
                              ┌─ 家族給
                   ┌─ 生活保証給 ┤
                   │           └─ 本人給
         ┌─ 基本賃金 ┼─ 能力給           ├─ 基本給
基準労働賃金 ┤         └─ 勤続給
         └─ 地域賃金
基準外労働賃金 ─── 冬営手当
```

出所：電産型賃金体系（1946（昭和21）年）に基づき筆者作成。

(2) 所定内賃金と所定外賃金

　基準内賃金・基準外賃金とよく似た区分けとして，所定内賃金・所定外賃金がある。この所定内という言葉は，残業など時間外勤務をしない就業規則上の正規労働時間の労働である所定内労働時間に由来するもので，その場合に支払われる賃金を意味している。それに対して，所定外賃金とは時間外手当や賞与であり，労働時間や業績に応じて変動的に支払われる賃金である。所定内賃金は，以下の通り，基本給と諸手当からなり，所定外賃金は，時間外手当と賞与からなりたつものである。

図表11-2　所定内賃金と所定外賃金

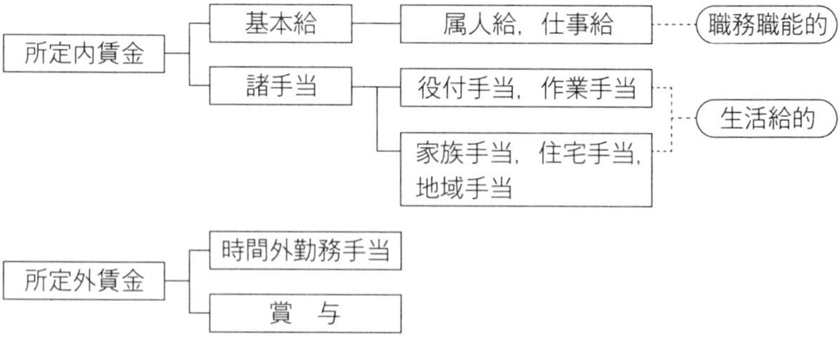

```
                ┌─ 基本給 ── 属人給, 仕事給 ┄┄ (職務職能的)
所定内賃金 ─┤
                └─ 諸手当 ─┬─ 役付手当, 作業手当 ┄┐
                              │                              ├┄ (生活給的)
                              └─ 家族手当, 住宅手当, ┄┘
                                  地域手当

所定外賃金 ─┬─ 時間外勤務手当
                └─ 賞　与
```

出所：筆者作成。

5. 年俸制

(1) 年俸制とは

　年俸制（ねんぽうせい）とは，前年度の業績や来年度への期待や役割を基準として，年間の総額賃金を決定する賃金の決定と支払いについての方法である。通常，賃金は毎月の金額を基準に算定し，それに毎年のベースアップや昇給額を上乗せするという方法で決まっていたが，年俸制の賃金決定においては，年間賃金総額を毎年新たに決めることになる。年俸制というと，よくプロ野球選手の年間報酬が年俸として引き合いに出される。そこでは一定額の安定的な支給ではなく，昨年の実績に応じて年俸額は大きくアップダウンしている。プロ野球選手のような大幅な増減でなくても，過去の蓄積にとらわれず，今の実績に沿った賃金という考え方は共通である。

　企業での年俸制でも，理論的にはそのような毎年の「個人交渉」で年収額を決めていくことになるが，実際にはあまり大きく年収が変動する年俸制は少ないようである。その理由は，元来，年間所得がさほど多くない従業員では生活給的な部分が多くを占めるので，ドラスティックな変動は難しいからである。また売上歩合制のような販売員であれば実績に応じた金額の支給も可能であるが，ホワイトカラーは間接的かつ組織で仕事をしているため，個人の実績がわかりにくいことも一因である。したがって，年俸制になっても大きな変動はな

く，支払いも毎月で，従来の月給制と一見するとあまり変わらないようである。

それではなぜ年俸制が注目されるのか。年俸制を導入する最大の理由は，給与の水準を下げやすいことである。年功賃金では積み上げていくため，賃金の総額は毎年着実に上昇するが，年俸制では昨年の実績を考慮する必要がないため，長期的な据え置きや減額がしやすくなる。年俸制はまず管理職に導入され，その後，専門・技術職，販売・営業職へ拡大していくのが一般的である。中堅以下の一般職にはあまり導入されない。現代日本企業の年俸制導入の最大の理由は，賃金上昇をくい止めることと考えられる。しかし，これを契機に賃金が自然に上がらない仕組みとなるため，経営陣からは導入を進める動きが続くかもしれない。

（2）導入・非導入の理由

このように日本企業で導入されつつある年俸制は，プロ野球選手や独立した専門家のように，短期的で個々の契約に基づくという伝統的な年俸制とは異なる。いわば，従来の年功制賃金からの払拭を図るため，または個人の成果を明確に評価しそれを反映させるためといった変化に対応したものと考えられる。

年俸制導入の理由としてあげられるのは，「業績評価の明確化」「実力／能力主義の強化」「経営参加意識を高める」などがある。これは，成果主義的な人事制度の導入やグローバル競争を背景にしたコスト低減や利益追求が背景にある。個人の業績を明確にすることが組織にとってもよいことで，そのために年俸制を導入すると考えられる。

それに対して，導入しない理由としては，「業績評価は容易だが，能力査定が難しい」「従来の給与体系で適切に評価可能」「行き過ぎた能力主義はモラールを下げる」などがあげられる。これは，今日では納得性が高いコメントである。成果主義に基づき，個人の能力，業績を追求していくと，コミュニケーション，業務上の連係，OJT等の指導がうまくいかなくなり，組織の業績は低下することになる。

そうであれば，中高年の給与水準を下げるために導入する形式的な年俸制などは，月額基準賃金に戻した方がよいように思える。その方が従業員にも企業

の姿勢やメッセージがわかりやすい。ある程度，長期的で安定的な給与水準が確保されることで，仕事への意欲を高め，職務遂行の質も確保できる。もちろん，従業員としても，賃金を常に変わらない既得権としてではなく，横ばいや減額もあり得る制度と認識しておく必要はあるだろう。

6．賞 与

（1）賞与の金額

　賞与は，夏と冬のボーナスとして，日常生活に欠くべからずという存在というほど浸透している。しかし，給与の半年分近くと多額の賞与が支給されるのはバブル時代までの話で，それも大企業などに限られていたことである。非正規雇用者にとっては賞与はごく限定的なものにすぎない。賞与額の大小を問わず，賞与制度を持つ企業は大多数であり，賃金制度においてはそれなりの位置づけがなされている。

　確かに年俸制では，当初から賞与込みとして年間支給額が決まるので，それをそのまま12カ月分として支給するか，賞与分として2回分を分けて支給するか，ということが考えられる。それでも賞与を残す場合が多いのは，お盆と暮れ・正月には帰省や法要などにまとまったお金が必要となるという社会生活の慣例によるためであろう。

　年間の賞与総額は，賃金月額の4～5カ月分に相当することが多い。したがって，夏期に2カ月程度，冬期に2～3カ月程度との支給が多いと考えられる。もちろん，この金額は毎年，その企業の業績によって変動されるが，できるだけ安定的に賞与支給ができるよう労使間で協議や交渉をしてきたのが，これまでの経緯である。

　賞与を実施している企業は，労働省調査で95％を超えており，ほとんどの企業で行われていると言える。しかし，国際的には給与の数カ月分に及ぶ多額な賞与を支給するのは日本企業に限られ，欧米では1カ月分程度の支給に過ぎないとされる。すなわち，賞与は本来の月額給与を低く設定し，変動に備えた，歴史的に成立した日本特有の賃金制度なのである。

（２）賞与の意義

　賞与の性格をめぐっては，利益の還元とする経営者と，後払い賃金とする労働組合とで意見が分かれる。つまりあらかじめ予算として取り置いたものなら「後払い賃金」であり，予想外に高い利益を上げたから，その還元であるとすれば「利益の還元」となる。おそらく当初は，利益が高かった分の収益を分配するという意味合いがあったが，実際には利益が予想通りであったり，むしろ低下していても，できるだけ賞与を支給しようということになり，安定的なものとなっていったと考えられる。

　つまり，現在では，後払い賃金という性格が強まったと言える。しかし，21世紀以降の成果主義的な人事・賃金制度が主流となり，年俸制が一般化するなら，安定的に支給する賞与の性格は変わるかもしれない。年俸制で年間支給額が下がるなら，それは賞与分が下がったと考えることが妥当であり，本来の賞与の性格に戻ったとも考えられる。

　このように，賞与は企業の業績と個人の生活との間のバッファーとしての役割を果たしてきたと考えられる。経営者の主張する「利益の還元」だけではなく，また労働組合の主張するような確実に定まった「後払い賃金」とも言い切れない。ある割合はそれぞれに該当するが，全体としては微妙にその比率を変え，物価や競争状況などの変化に対応する生きた制度として，今後も賞与は有益な制度として存在するであろう。

7．退職金

　退職金を報酬管理に加えるかどうかは，やや微妙である。なぜなら，労働の対価という報酬の要素もあるものの，年金や福利厚生制度との関連も強いためである。従来は，退職金という言葉が示すように，退職金とは退職一時金であり，従業員にとっては長年の勤続に対する功労金とされてきた。同時に住宅ローンなどの返済や老後の生活の基盤となる資金でもある。そのため，貴重な財産である退職金をどのように安定的に保管し，老後の生活の補助とするかが重要な課題とされてきた。

今日では退職金を一時金ではなく，退職年金として支給される場合も多いが，退職金も賞与と同様，日本企業の賃金慣行となっている独自の制度である。退職金制度がある企業は約9割，大企業ではそれ以上の割合なので，事実上ほとんどの企業に存在している。

(1) 退職金の意味

退職金の意味については，勤続報償説，賃金後払説，生活保障説の3説がある。まず，勤続報償説では，長期勤続者に手厚く支払われることから，長期勤続を推奨し，人材の定着を図ることをその理由としている。長期的に人材が組織に留まることで，忠誠心や愛着はもとより，知識や技能が蓄積され，高い水準の仕事につながる。さらに人材も育成され，顧客への信用も得られる等メリットは計り知れない。

しかし，このような考え方は，1990年代からの成果主義的な雇用やそれを支える価値観からは否定されがちである。なぜなら，長期蓄積人材は，能力や技量が向上しなくても高額な水準の給与が続き，マンネリ化した仕事からは怠惰で無駄の多い組織運営を招くといった批判である。

次の賃金後払説では，本来は給与や少なくとも賞与として適宜支払われているべき賃金を企業が貯めておいたもので，それを退職時にまとめて受け取るとの捉え方である。これは預けておいた賃金が後で支払われることであり，労働者の権利となる。ただし，そうであれば，途中で退職した場合は後払い金を十分に受け取ることができず，この点からの説明はうまくできない。

最後に，生活保障説においては，企業とは純粋な利益集団という経済的な存在だけでなく，社会的な存在でもあると捉えることが前提となる。企業は本来経済的な存在であり，利益なくしてはその存続はできない。しかし，利益をどう生かすか，どう使うかという視点からは，短期的直接的に利益増大だけを図ることが最善とは言えない。すでに社会貢献や福利厚生施策があるように，さまざまな方法で，また中長期的な視点を持って，企業は人材による貢献を安定させ向上させることができる。多額の退職金が支給されるなら，従業員は老後の生活を安定させられると考え，その企業に長期勤続をしようとするし，モチ

ベーションの保持にもつながるだろう。

　定年後の老後生活資金となる退職金は，社会保障制度として，国の社会政策の一環とも言える。ただし社会全体に対する老齢年金ではないので，各企業で，また各個人でもその金額は異なり，社会貢献や社会政策として果たせるのは部分的な役割となろう。

（2）形　態

　形態としては，退職一時金が伝統的であったが，高齢化社会の出現により企業は一時金による負担急増を避けるため，退職一時金に加え退職年金制度を設置するようになっている。中小企業ではまだ退職一時金による企業も多いが，大企業ではほとんどが退職一時金と退職年金の併用という制度へ移行している。これにより，企業は長期に負担平準化を図ることができ，退職金支払い能力を維持することができる。また，従業員にとっても一定の割合を年金化することで，生活資金の安定的な確保や運用につながることになり，メリットもあると考えられる。

　また，1998年から松下電器やコマツなどで，退職金前払い制度も導入されている。これは本人が希望すれば，従来の退職金を受け取らない代わりに，毎年，退職金相当分を賞与支給時に受け取るというものである。ただし，支給時期が異なる一時金と前払い退職金では，税金や利息などでどのように公平さを保つかなど，新たな問題が生じる。

> **コラム11　リーマンショック後の賃金・人事制度改定**
>
> 　2008年リーマンショック以降，国内外の経済情勢はさらに不安定な様相を呈している。そんな中，企業は新たな経営・人事戦略にそった人事制度，賃金制度を模索し，また改定に踏み切っている。これは成果主義人事を標榜して制度刷新が行われた2000年前後の改定後の動きと言える。
> 　取り上げられた企業は，セイコーエプソン，日立製作所，カシオ計算機の3社であり，いずれも先進的製造業である。今回の制度改定の方向性としては，管理職の役割期待の明確化，個人の成長と意欲向上，処遇の基軸の見直しと評価の明確化などがあげられる。個々の改定項目や内容については，図表の通りである。

図表　掲載3社の概要

会社名 (従業員数)	セイコーエプソン (1万3045人)	日立製作所 (3万2908人)	カシオ計算機 (2608人)
制度改定の対象[人数]	基幹社員(管理職層) [約1600人]	管理職層[約1万1000人]	一般社員[約2000人]
制度改定(導入)時期	2012年4月 [前回改定：賃金制度1995年度／賞与制度2000年度]	2011年10月 [前回改定：2000年]	2010年6月 [前回改定：2004年]
改定項目	賃金・人事制度全般 【抜本改定】	賃金・人事制度全般 【ベースは従来の枠組みを維持】	格付け制度、給与制度 【評価制度は原則変更なし】
制度改定の狙い、方向性	役割主義人事制度への移行により、組織の"最適"フォーメーションを起点に適材適所を実現。会社の持続的成長と管理職の成長を促し、個々人の役割、経営戦略の実現への貢献に対して、公平・公正に評価処遇する	グローバル事業展開の加速に向けて、これまでの長期的に人財を育成していく仕組みを活かしつつ、グローバル労働市場の考え方・基準を取り入れた、社員のチャレンジ精神、継続的な成長意欲を刺激する処遇制度に転換	①社員の早期成長：新たな役割定義に基づく具体的な成長目標の明示 ②業界水準での適正な処遇：給与は「仕事への報酬」という趣旨の下、役割と評価に応じた給与・賞与を徹底
処遇の基軸(資格・役割体系)	<資格等級制度→役割グレード> 役割の大きさに基づき9段階の役割グレードに格付けし、かつマネジメント職とプロフェッショナル職(専門職)の2系統に区分	<従来の職能資格制度を維持> ①格付けの考え方を「優秀者」から「発揮能力が高い者」へ変更、②職位・職責の差を直接処遇に反映させるため、5段階の「職位区分」を新設——など	<資格制度→役割格付け制度> 従来5段階あった資格をG1～G3の3段階に再編。各グレードには全職種共通の役割定義を設定し、これを職種別(全60職種)に展開
評価	<昇給：能力+業績評価、賞与：業績評価→賞与評価のみ> 目標管理をベースに「業績目標」と「組織力強化目標」の達成度を評価	<「HITACHI VALUE」の発揮度を資格、報酬に反映> ①評価段階を5段階→7段階に細分化、②「発揮能力が高い者」および「改善を要する者」を一定割合想定した評価を実施——など	<従来同様、業績評価のみ実施、昇給・賞与、昇格に反映> ①目標管理による「目標達成度評価」、②職種別の「仕事ぶり評価」、③部門目標に対する「貢献度評価」——の三つで構成
昇格・降格、登用	<資格別の昇格要件に従い選考→毎年の役割評価で適正に格付け> 「役割の位置付け×役割の難度」で役割の大きさを測定(役割記述書を基に4軸・10要素で決定)	<VALUE発揮度評価に基づく人財総合評価の結果で昇降格を実施> 5段階評価で最高評価を得ると昇格、2年連続最低評価の場合は降格(従来より厳格に実施)	<役割基準の格付け制度導入により、柔軟な昇格降格が可能に> 各グレードの最低滞留年数を2年とし、優秀者の抜擢促進。降格のルールを明確化、より厳格に適用
月例給与	<積み上げ型の資格別範囲給→グレード別固定額(昇給なし)> 役割グレード別に一律定額を支給するシングルレートで決定。評価に基づく水準のアップダウンはなく、役割の変更に応じて改定	<月俸を「資格給」と「職位加算給」に分割> 職位加算は区分別定額、資格給は従来同様年1回改定。月額水準に「職責の重さ」「評価の高さ」に応じた上限を設定	<基本給+家族・住宅手当=諸手当を廃止、基本給に一本化> 基本給構成以外の仕組みは変更なし。グレード別範囲給による昇給方式、昇給率は「基本給レンジ×評価段階(5段階)」のマトリクスで決定——など
賞与	<職位・職責を基に個人業績を加味→会社業績+個人業績評価> 支給額は、役割グレードの基本給額に「支給乗数(月数)」を乗じて決定	<職責の重さをよりダイレクトに反映させる「職位加算」を新設> 全体は、資格別の基準額、個人業績加算(これらは従来どおり)、新設の職位加算(職位区分別定額)の三つで構成	<個人業績の反映ウエートを全体の4割→6割に拡大> 基本給連動比率と逆転させた。査定賞与額は、従来どおり「標準額×業績評価別係数(5ランク)」で算出

[注] 上記は各社の制度の特徴を編集部でまとめたもの。
出所：『労政時報』第3832号，2012.10.26.

【参考文献】

今野浩一郎・佐藤博樹『人事管理入門』日本経済新聞社,2002年。
楠田　丘『労務管理実務入門』労務行政研究所,1993年。
佐藤博樹・藤村博之・八代充史『新しい人事労務管理』有斐閣,2007年。
西川清之『人的資源管理入門』学文社,1997年。
平野文彦・幸田浩文編『人的資源管理』学文社,2003年。
森　五郎『新訂 労務管理概論』泉文堂,1979年。

第12章　国際人事管理

> **キーワード**
> 国際比較，異文化マネジメント，多国籍企業，国際HRMモデル，グローバル人材育成

1．国際経営と人事管理（HRM）

（1）国際人事（IHRM）の重要性

　国際人事管理（国際人事マネジメント，国際HRMまたはIHRM：International Human Resource Management）は，国際経営における人事・人的資源管理を意味する。その対象は，多国籍企業（MNC：Multi-National Corporation）をはじめとする国際企業が中心となる。そこでは国内同様に人事管理の機能や課題が扱われるが，複数の国々の人材が対象となるだけに，国内より複雑で広い領域のものとなる。

　近年，国際人事管理（以下，国際人事または国際HRM）がその重要度を増しているが，なぜそのような状況が現れているのだろうか。その理由として，図表12－1に示されるように3点が考えられる。まず1つには，ビジネスの国際化に伴い，海外企業や外国人とのビジネスの機会が増加したことである。国際化の進展は明らかであり，外国人を含めた国際ビジネスの取組みや英語によるビジネス・コミュニケーションがますます盛んになっている。このように外国人とのビジネス機会が増えることは，海外や国内での外国人社員を含めた人事異動，評価や人材育成の問題が生じることになる。

　2つには，人事管理から人的資源管理（HRM）への変化により，国際的な

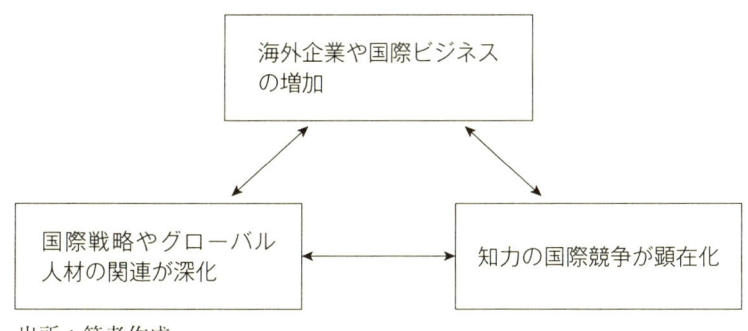

図表12－1　国際人事が重要度を増す3つの理由

```
                ┌─────────────────┐
                │ 海外企業や国際ビジネス │
                │ の増加           │
                └─────────────────┘
                   ↗          ↖
                  ↙            ↘
┌─────────────────┐        ┌─────────────────┐
│ 国際戦略やグローバル │ ←──→ │ 知力の国際競争が顕在化 │
│ 人材の関連が深化   │        │                 │
└─────────────────┘        └─────────────────┘
```

出所：筆者作成。

ビジネス戦略やグローバル人材育成等グローバルとの関連が深まったことがあげられる。人的資源管理はアメリカの人事管理の捉え方で，これまでの人事管理が定型的で受動的な業務が多かったのに対して，人的資源管理では経営戦略との連動が強まり，事業やビジネスの国際展開への関わりが増えたことを意味する。

　3つには，ナレッジマネジメントにみられるような知識・人材が活用され，知力の国際競争が顕在化したことである。これは上記の2つとも関連するが，人材や知力の優位性が，国際ビジネスにおいてより重要になっていることを意味する。こうした国際的なナレッジマネジメントの実現を支えるのはネットワーク・コンピューティングやクラウドなど情報技術のインフラであり，それらによって質量両面においてナレッジの国際的共有が促進され，その価値が明確になっている。

　次に，国際人事（マネジメント）を考える上での学問的なアプローチとしては，以下の通り，3点が考えられる。まず第一は，国際比較の視点から，労使関係や人事制度の違いを比較・分析することである。これは一般的には，国際比較経営とされるもので，異文化マネジメントとも近いが，経営，戦略，組織，人事などの経営学により近い問題について異同点を比較するものである。

　第二には，異文化マネジメントの視点から，国際組織における人間行動や文化的な異同点をみることである。これは異文化での経営，組織，人間に注目し

て，文化の多様性や異なるコミュニケーションへの対応を考えることになる。

　第三には，多国籍企業（国際経営）の視点から，国際化，経営戦略と人事管理を検討することである。これは，国際化の発展段階や多国籍企業をベースに，経営戦略や組織，人材戦略や人材育成を研究することである。必ずしも諸外国との比較ではなく，特定国の国際経営の発展や国際化が進んだ企業を対象に考えることも多い。

（２）国際人事（IHRM）のモデル

　国際人事マネジメント（IHRM）であっても，それらの機能においては国内の人事管理と同様であり，人事計画，採用・配置，教育訓練（人材開発），評価，処遇，労使関係，企業内コミュニケーションが含まれる。しかし，国際人事マネジメントの対象となる従業員の国籍は多様であり，企業活動の場となる地域・国が本国以外で多岐にわたるため，さらに数段複雑なものになる。

　モーガン（Morgan, 1986）は，国際 HRM を人的資源管理の機能，従業員の国籍，活動する国の３次元で分解し，国際 HRM モデルを構築している。国際 HRM では，①必要とされる広い視野（perspective），②広がる活動範囲（scope and activities），そして③高い危険度（risk exposure）があることに注目している。

　モーガンの国際 HRM モデルによると，まず HRM の諸機能について，対象となる従業員はどの国籍なのか，実際の活動はどこで行われるのかで，いくつかの組合せが生じる。しかし，HRM の諸機能はどこでもほぼ共通に存在するので，あとは従業員の国籍と活動のある国との組合せとなる。

　日本国内だけで経営される企業であれば，日本人の従業員（本国従業員）が，日本（本国）で活動する場合のモデルだけである。これに対して，アメリカに工場進出をした日本企業であれば，アメリカ人が現地従業員，日本人が本国従業員，他に中国人やカナダ人の従業員がいれば，彼らは第三国従業員となる。そして，そうした従業員が活動（勤務）する国としては，アメリカ人従業員は現地（アメリカ）が大多数だろうが，本国（日本）となる可能性もある。また，日本人（本国）従業員の多くが活動する国は本国（日本）であろうが，現地

図表12-2　モーガンによる国際HRMモデル

HRMの諸機能		従業員の国籍		活動する国
人事計画 採用・配置 教育訓練 評　価 処　遇 労使関係	×	現地従業員 (HCNs) Host/Local-Country Nationals 本国従業員 (PCNs) Parent-Country Nationals 第三国従業員 (TCNs) Third-Country Nationals	×	現　地 本　国 その他

出所：P. V. Morgan (1986) に基づき筆者作成。

（アメリカ）となる場合もある。さらに，中国人やカナダ人従業員の活動する国は日本，アメリカ，さらにその他の国となるかもしれない。

このように，その会社が本社を置く国籍，従業員の国籍，その従業員が勤務する国は固定したものではなく，それぞれの国，地域からの影響を受けることで人事管理や施策のあり方も変わってくる。それらの要素を考慮しながら，会社の方針や戦略を実現するために，国際HRMの必要性が高まっていることが理解されよう。

（3）国際人事による海外勤務支援活動

国際人事（マネジメント）の活動が行われているのは，一般には国際企業と考えられる。そうした企業は多国籍企業やグローバル企業と呼ばれるが，海外事業はもちろん，人事管理においても外国人評価や研修などの多くの活動が加わる。企業の国際化の段階により，国際人事部，海外人事部といった専門部署が設けられ，対応がなされている。

ここでは国際人事が取り組む具体的な業務の1つとして，海外駐在など海外派遣をすることで生じる海外人事サービスと現地ローカルの労務対応を検討する。まず従業員の国際移動に伴う人事関連サービスの提供としては，事務手続

(赴任者のビザ手続き,海外移動手配),準備教育（赴任準備のためのオリエンテーション,異文化適応の研修,海外子会社のある国や関連機関との連係による情報収集）そして赴任サポート（住居・生活への支援,家族へのサポート,海外での危機管理への対応など）があげられる。

次に現地（ローカル）の法律,労働組合,雇用慣行への対応がある。具体的には,現地の拠点における法的義務,就業規則やガイドラインの設定と遵守,少数民族への雇用上の優遇措置,労働組合との折衝,労働慣行への配慮等が含まれる。これらは,現地の法令や雇用事情に詳しい人事,法務部門や労働組合と連係しながら,弁護士ら外部専門家にも確認しながら対応を進めている。

2．多国籍企業の国際戦略モデル

国際化が進んだ現在,グローバル経営は一部の大企業や多国籍企業だけが行っているものとは言えない。たとえ小規模な企業や国内にのみ拠点を置く企業であっても,国際経営のプレイヤーとなりうる時代となっている。しかし,国際経営に特徴的なモデル,経営戦略・組織の発展,国際人事のあり方を検討するためには,やはり早くから国際化が進んだ多国籍企業やグローバル企業を対象にすることの意義は大きい。ここでは,伝統的なグローバル企業と言える多国籍企業とその発展類型としてのさまざまなモデルを理解し,国際HRMのあり方について考える基礎としたい。

（1）多国籍企業とは

多国籍企業（Multi-National Corporation, MNC）は,20世紀の資本主義経済の発展を牽引する存在であった。GM（General Motors ゼネラル・モーターズ：自動車),GE（General Electric ゼネラル・エレクトリック：電機),IBM（International Business Machines インターナショナル・ビジネス・マシンズ：コンピュータ),エクソン（Exxon：石油）などに代表されるアメリカを中心とする巨大企業は,また代表的な多国籍企業でもある。こうした巨大企業はその売上高や従業員数が中小の国家規模にも匹敵するため,国家を超えた企業組織として,その社会

的存在や影響についても，多くの議論を巻き起こしてきた。

　多国籍企業の統一的な解釈や明確な定義はなく，本拠のある国以外で，生産またはサービスの設備を所有もしくは支配している企業（国連，1973）やハーバード大学による定義のように，複数の海外拠点を持ち，海外経営拠点を1つの共通した経営戦略で統括する大企業などの定義がみられる。

　ロビンソン（Robinson, 1985）は，多国籍企業に至る企業の国際化・グローバル化の発展段階を示している。この発展段階は，国内企業，輸出企業，国際企業，多国籍企業，超国家企業と，企業の国際化の進展を理解する上で基本的な考え方となっている。さらに，人材や組織に焦点を当てた国際HRMの位置づけやあり方を考えるためにも重要な捉え方である。

① 国内企業（Domestic Company）
　国内市場を基盤とする。輸出はあっても，国内市場が中心で商社等によるもの。

② 輸出企業（Export Company）
　輸出の開拓，または海外との窓口部門として輸出部や海外部が設置される。商品の輸出を通じての国際化の段階にある。

③ 国際企業（Inter-national Company）
　海外対応スタッフ部署や海外事業部門が設置される。海外での生産活動が開始されるが，KD生産や合弁事業であることが多い。生産活動がない場合でも，複数の海外販売子会社による商品企画への影響があり，海外向けの対応がなされている。

④ 多国籍企業（Multi-national Company）
　全社的に国際化に対応した組織体制が構築される。海外子会社が自立する海外展開事業を統合する必要性が高まると，地域統括会社を設立する。
　企業の一国への忠誠心は弱まる。グローバル最適化を模索し，親会社国を経由しない地球規模での事業展開もできる。

⑤ 超国家企業（Supra-national Company）

世界統合マネジメントの実現。世界的視野を持つ，真のグローバル企業であり，企業の国籍は意味をなさない。法的規制に抵触しないかぎり自由な資源分配，活動をする企業。欧米多国籍企業の進化した形とされる。

（2）E-P-R-G 多国籍企業モデル

ヒーナンとパールミュッター（Heenan and Perlmutter, 1979）は，海外子会社がどのような経営管理を志向しているかに着目し，多国籍企業を4つに分類した。それらは本国志向（Ethnocentric），現地志向（Polycentric），地域志向（Regiocentric），世界志向（Geocentric）であり，それぞれの頭文字を取って，E-P-R-G モデルとされている。それぞれの派遣人材，経営組織，本社との関係，評価，育成などの内容やそれぞれの特徴は次の通りである。

① 本国志向（Ethnocentric）
・本社から海外へマネジャーを派遣して海外子会社をマネジメントしている。
・主要な地位を派遣者が占め，本国の統制が強く，現地従業員のキャリアは制約されている。
・海外赴任者の選抜育成が重要となる。海外赴任のコストは高く，帰任後のキャリアは配慮される。
・派遣者は本社基準（評価，処遇，教育など）により扱われるが，現地従業員は現地基準での処遇，評価となるため，現地従業員のモチベーションは低下する。

② 現地志向（Polycentric）
・海外子会社のトップマネジメントに現地の人材が就任している。現地での人事管理（採用，評価，異動，教育など）が行われている。
・現地におけるコミュニケーションは良好だが，本社との調整は志向の違いや，それを相互に理解するための文化，言語の違いから困難になっている。

- 優秀でモラールの高い現地マネジャーを獲得する，現地特有の状況への迅速な対応が重要となる。
- 現地従業員のキャリアアップがあるものの，子会社のトップまでであり，それ以上の国際キャリアには限界がある。

③ 地域志向（Regiocentric）
- 地域統括本部が設置され，地域内および子会社間の協議が増大している。
- 本国志向と現地志向の中間的な位置づけとなり，地域本部には本社から権限委譲が行われている。
- 各国の有能な人材が地域内の主要ポストに配置され，地域内の調整は本社との調整より容易となる。
- 地域本社で評価基準が決定され，現地各国子会社との調整統一が図られる。

④ 世界志向（Geocentric）
- グローバルに経営資源の最適活用を目指し，ニーズと能力で人材を最適に配置している。
- 本社と子会社，子会社間の人材移動により，組織内の知識を最大限に活用している。
- グローバル・マネジャーの育成による国際競争力の向上と確立を図る。
- 国際人事システムは複雑となり，グローバルな統合の実現は困難となる。

（3）バートレットらの多国籍企業モデル

　バートレットとゴシャール（Bartlett and Ghoshal, 1989）は，多国籍企業を，その組織と戦略から4つのタイプに分類したモデルを示した。それらは，マルチナショナル（Multi-national：多国籍）型，グローバル（Global：地球）型，インターナショナル（International：国際）型，トランスナショナル（Transnational：世界）型である。それぞれの組織のあり方と特徴については，次の通りである。

① マルチナショナル型（Multi-national）

各国の海外子会社への権限分散であり，「現地志向の多国籍企業」に対応するもので，自己充足の組織の連合体と考えられる。

② グローバル型（Global）

本社での中央集権であり，「本国志向の多国籍企業」に対応するもので，本社中心に，世界規模へ拡大を図るハブ組織と考えられる。

③ インターナショナル型（International）

本社（または地域統括本部）からの調整による連合組織であり，権限というより，知識，イノベーションによる調整によって運営，連係を図ろうとする。

④ トランスナショナル型（Transnational）

世界規模で統合された組織であり，「世界志向の多国籍企業」に対応する。世界中に拡散した各組織が相互依存して，知識共有の実現を図る。

それぞれの多国籍企業の組織では，経営資源と組織能力の持ち方によってその特徴が示されている。しかし，そうした資源や能力を本社に集中させるか分散させるかによって，どちらが優れているかは単純には決められない。海外市場，生産販売の機能，イノベーションと学習など，それぞれの分野に現れる各タイプの特徴を示したのが，図表12－3である。

ヒーナンとパールミュッターによるE-P-R-Gモデル，バートレットとゴシャールの多国籍企業モデルを比較すると，本国志向はグローバル型，現地志向はマルチナショナル型，世界志向はトランスナショナル型にほぼ対応していると考えられる。また，石田（1999）は，前者は権限・コントロールとの関係性を中心としたモデルであり，後者は知識とイノベーションの創出と波及という視点を加えたモデルであると指摘している。

企業における多国籍化の発展段階，多国籍企業の志向タイプおよび組織統制や競争環境の違いにより，国際人材，グローバル・マネジャーの役割は異な

図表 12 − 3　多国籍企業 4 タイプの組織と経営

	マルチナショナル型 (Multi-national： 現地志向)	グローバル型 (Global：本国志向)	インターナショナル型 (International： 本社志向)	トランスナショナル型 (Transnational： 世界志向)
経営資源	海外子会社に分散	本社に集中	本社が調整	活動に応じて， 海外子会社に分散
組織能力	海外子会社は 自律的に現地経営	海外子会社は 本社に依存	海外子会社には， ある程度の分散と自律	本社・海外子会社は 双方向の調整
組織の形態	権限分散型	中央集権型	調整型 (マルチナショナルと グローバルの中間)	統合型 有効な分散と調整
戦略課題	現地環境への適応	グローバルな効率性	イノベーションと学習	イノベーションと学習
重視される 目標	現地市場への対応・	規模の経済性	効果的な研究開発	子会社・本社双方向 の知識移転と開発
伝統的な 組織モデル	欧州企業	日本企業	米国企業	新しい企業モデル

出所：バートレットとゴシャール（1990）を参考に筆者作成。

り，どのような国際人的資源管理が適切になるのかも異なる。しかし，こうした多国籍企業の類型とその特徴がわかることで，企業経営やその戦略に適合した組織のよりよい理解とその運営につながるはずである。

（4）日本企業の国際人事

4-1）生産現場の従業員

　ここでは，日本企業の国際化の進展を考慮しながら，どのような国際人事マネジメント，国際 HRM が行われるかを考察したい。はじめに生産現場や事業部門の従業員を取り上げる。これは一般には，海外進出のある大企業の製造現場の作業員がその典型的なものである。日本的な人的資源管理の慣行である，安定的な雇用，OJT 等の教育訓練，多能工化，情報共有などを海外拠点に移転することが可能なのかは，日本企業の国際経営，人事管理が直面している課題である。

　内部育成，内部昇進，柔軟な職務観，平等主義などの理念に基づく考え方は，特に現場を支える現地従業員のキャリアや職務満足の観点からも受け入れ

られやすい。しかし，現地の文化的背景，理念，慣行との違いも考慮して，海外への移転を考えなければならない。

4-2）ホワイトカラーの従業員

ホワイトカラーや経営管理層については，日本企業の人事処遇には不満が多く，これまで現地の状況に合わせてきたとされる。遅い昇進は日本企業の特徴であるが，これは長期雇用が前提となるため，アジアでも欧米でも，ホワイトカラーからはあまり歓迎されていない。つまり，海外のホワイトカラー人材のキャリア志向と日本企業での人事管理は相容れないことが多い。そのため，優秀な人材の採用，保持，育成ができないという問題を抱えてきた。

海外では昇進が早く，日本では昇進が遅いという2つの経営方式を切り離し，それぞれの方式を別個に持つ方法もあるが，企業全体の各部門を異動し，キャリアを高める人材の立場を考えると，実際の運用は難しく，理想的な解決方法とはならない。一定水準までの昇進であれば，各国や各部門にいる人材キャリアを独自に進めることは可能であるが，その後の昇進可能性や各部門にいる人材間の公平さを考えると解決は容易ではない。国際化の進展により，欧米多国籍企業を見習い，幹部候補（ハイ・ポテンシャル）について早期選抜を図る動きもあるが，長期的育成を重視する伝統的な人事管理とのギャップを埋めるのは簡単なことではない。

（5）国際人事への取組み

1980年代半ばから，国際経営の進んだ日本企業では優秀な海外人材の活用を図るため，現地のマネジャークラスを選抜・登録する国際的な人事システムを採用するようになった。そのための第一歩は，国際人事管理システムの構築である。これは海外拠点のトップとなりうる人材を選抜し，本社でも把握しておくことである。組織の一定段階以上の管理職，通常は本社と海外統括会社のマネジャークラス以上の人材には，海外を含めた企業グループ全体で統一的な人材の評価基準を適用することが可能となる。

これにより，グローバル人材の異動が理論的にはできるはずであるが，実際

には海外への移転となると大きな生活の変化を伴い，物理的な制約もあるので簡単には進まない。英語圏で生活している欧米人が日本のような英語が通じない国に赴任するとなると，相当な覚悟が必要であろう。日本企業であれば，日本人マネジャーは海外赴任をしても，数年後には日本本社に帰任することを願っている。したがって，外国人の登用は海外統括会社とし，その海外地域内で異動させることが現実的な方法なのである。

本社や海外拠点での部長やシニアマネジャーなどの幹部クラスになると，マネジメント能力に加えて，経営理念や企業文化の伝達者としての役割も重要となる。国際的なキャリアの整備はできても，実際にそれを運用するには海外子会社から本社への逆出向など，本社も海外拠点のマネジャーの登用が現実的であることを示さなければならない。さらに，日本本社で勤務経験を持つことがインセンティブになるキャリアや価値観が必要となる。

一方，日本人にとっては，海外駐在から帰任後のポストなど海外キャリアが気になる点である。かつては海外駐在が羨望のポストだった時代もあるが，昨今では海外経験は必ずしも歓迎されていないという。しかし，グローバル時代の今日，日本人にとって海外で，そして英語で仕事をすることは大変有意義な経験となり，語学力や異文化対応能力を得ることにつながるはずである。多くの若手人材をグローバル人材として育成するためには，チャレンジのできる現地ポストと帰任後のキャリア展望があるなど，海外赴任が魅力的なものであることが求められる。そのためにも，ある程度は長期的な視点での人材育成が必要であろう。

3．グローバル人材育成と組織学習

（1）グローバル企業と組織学習

国際経営学者プーチック（Pucik, 1992）は，今日の多国籍企業にグローバル戦略を担える幅広い国際スキルを有する上級管理者の不足を問題としている。これは，有能な現地管理者を確保することよりも深刻な問題であるという。グローバル組織において必要となる能力，コンピテンシーを獲得するためには，

どのような学習や経験が有効かを明らかにすることが重要な課題となっている。

図表12－4は，プーチックがグローバル人材の育成や学習のために，HRMはどのような役割を果たすかを考察し，まとめたものである。これによると，組織学習，組織改善，組織文化のコンピテンシーについて，組織デザイン，配置，評価，選抜，報酬などの雇用管理，人材育成，コミュニケーションを含めたHRMの制度や施策がどのように関わるかが示されている。

多国籍企業のHRM（人的資源管理）のそれぞれの管理，施策が果たす役割は，組織的な学習，継続的な改善，競争的な文化などといった企業が持つ広い意味での能力や実行力に対して，どのような効果をもたらすかが示されている。こうした能力や実行する力はコンピテンシーと称されていて，グローバルな勤務経験や体系的な海外経験，学習により高めることができる。コアコンピテンシーは，グローバル人材と国際HRMのあり方を規定する上で重要な要素となる。

図表12－4　グローバル人材育成とHRMの役割

能力育成コンピテントHRMの役割	組織的な学習のコンピテンシー	継続的な改善のコンピテンシー	競争的な文化のコンピテンシー
組織設計	統合化されたネットワーク	タスクフォースとチームの柔軟性	フラットかつリーン，権限委譲
配置と選抜	余裕のある資源	実行能力	リーダーシップ，異文化相互作用
成果の評価	チームワーク，イニシアティブ	顧客重視，コスト／品質	リスクテイキング，価値と行動
報酬制度	協力，情報共有	プロセスの改善，評価	報酬のグローバルな分配
管理者の育成	多機能で複数国のキャリア	オペレーション，遅い異動	社会化，グローバルな機会
コミュニケーション	異分野との連係	ワークショップ，会議	共有化されたミッションと文化

出所：V. Pucik（1992）に基づき筆者作成。

（2）グローバル人材育成と課題

　次に，グローバル人材の育成についての考察をしていきたい。ここでは，大きく海外派遣要員（Expatriate），および現地管理者（Local Manager）という2種類の人材の育成と活用という課題がある。日本企業を想定した場合，一般には前者は日本人社員，後者は外国人社員が対象となる。いずれの社員もグローバル人材であり，国際企業でのキャリア，評価，異動，昇進，教育などのあり方が含まれる。

2-1）海外派遣要員の育成と課題

　まず海外派遣要員の育成についてであるが，海外派遣要員にとって海外勤務経験は重要かつ不可欠なキャリアと考えられる。海外での経験や人材育成としての要素と本来の国際業務担当としての業務達成の要素から，この問題を考える必要がある。求められるものとしては，グローバル視野での調整能力や管理能力の養成である。さらに，現地での仕事においては，当事者間の信頼と理解の構築，微妙なニュアンスを含む情報交換がある。

　日本の多国籍企業と欧米の多国籍企業においては，海外派遣要員の管理で違いがみられる。これらを比較すると，日本の多国籍企業ではコスト削減のため海外派遣要員を減らしながらも，日本人による直接的コントロール体制を続行する傾向が強い。さらに，多様な文化が混在する組織での創造性の開発や活用は難しいとされる。

　一方，欧米の多国籍企業では海外子会社の現地国籍の人材を大いに活用するのみならず，第三国の人材活用も行われ，本社経営幹部の多国籍化も進んでいる（茂垣，2006）。このように欧米の多国籍企業では，多文化での経営や創造性の開発ができているとみられる。しかし，日本企業が欧米型の多国籍企業になることは現実的には難しい。

　これは，国際化の進展と共に，国際企業がどのような形で深化しているかを示したバートレットとゴシャールのモデルからも明らかである。欧州企業がマルチナショナル企業，米国企業はインターナショナル企業になる方向性にあるが，日本企業は中央集権型のグローバル企業となる傾向がある。そうであれ

ば，欧米の国際企業のように，海外子会社での現地化や本社スタッフの多国籍化が進まないことは必然であり，それをもって国際化が遅れているとは言い切れないのである。

2-2）現地管理者の育成と課題

次に，現地管理者の育成と課題についてである。日本の多国籍企業においては，優秀な現地人材を確保することが困難とされている。日本企業では，現地で中核となる管理者は安定志向型である，つまり自分のおかれた立場でベストを尽くすタイプで，新たにチャレンジをする力は弱いという特徴がみられる。

日本の多国籍企業が優秀な管理者を獲得するためには，次のような3点を考慮する必要がある（石田，1999）。

① 現地の優秀な人材を獲得するためには，権限・責任・報告システムなどの条件を整え，現地の一流企業と競えるような給与水準とインセンティブを与える。
② 海外子会社のコア管理者の異動・昇進の範囲（キャリアパス）を海外子会社に限定せず，地域本社，第三国の子会社，さらに本社まで広げる。キャリア拡大は，海外子会社のコア管理者に対して昇進可能性を広げ，彼らの動機づけと定着に役立つ。
③ 日本の多国籍企業は，人によるコントロールの有効性に信頼を置いているため，日本人派遣管理者が多くなる。しかし，普遍的な理念の明示化による統合努力とシステムによるコントロールを重視すれば，派遣人員の削減は可能となる。

これらの指摘は，人事制度，リーダーシップ，経営のコントロールなど多岐にわたり，人材育成の面からはキャリアの拡大など有益な示唆が含まれている。

4. 日米欧企業にみるグローバル人材育成

(1) 日本企業の事例

1-1) トヨタ自動車

　課長，次長，部長クラスを対象にした人材育成の3段階プログラムが設置され，上級マネジャーに対しては，世界選抜による研修により，世界に通用する人材育成を目指している。グローバル人材育成制度を「本人の意欲を高め，グローバルな視点で物事を考えるようにすること」と定めている。

　同社は，2002年にグローバル人材の育成機関「トヨタインスティテュート」を設置し，全世界の経営幹部候補やミドルマネジメントを対象に，トヨタウェイと称される経営哲学，価値観，実務を行う上での手法の共有化を図っている。これは，21世紀のグローバルな事業展開を担う人材を確実に，かつ継続的に育成する制度を確立しようとするものである。

　トヨタインスティテュートのプログラムには，グローバル・リーダー育成ス

図表12-5　「トヨタインスティテュート」プログラムの概要

	グローバル・リーダー育成スクール GLS (Global Leadership School)	ミドルマネジメント育成スクール MDS (Management Development School)
ねらい	グローバルトヨタの視点で，リーダーシップが発揮できる経営人材の育成	機能別トヨタウェイを体系的に理解し，実践できるマネジメントの育成
対象者	全世界の将来の経営幹部候補　約180人/年	全世界のミドルマネジメント　約300人/年
内容	・トヨタウェイに基づく指導力の向上 ・経営知識，スキルの強化 ・グローバル人脈形成	・製造部門：トヨタの製造事業体運営全般と製造部門のトヨタウェイ理解　等 ・販売部門：トヨタ販売理念に基づく最新マーケティング手法の理解　等
プログラム	SEDP (Senior Executive Development Program) 上級幹部育成プログラム EDP (Executive Development Program) 幹部育成プログラム JEDP (Junior Executive Development Program /基幹職3級特別研修)	MMC (Manufacturing Management Course /製造事業体コース) SMC (Sales & Marketing Course /販売代理店コース)

出所：小寺 (2002) に基づく。

クールとミドルマネジメント育成スクールの 2 つがあり，それらの概要は，図表 12 - 5 に示される通りで，プログラムの期間は，数カ月から約半年間である。特に次代のトヨタのグローバル・リーダーを育成する EDP が中心となっている。

2011 年 10 月，トヨタ自動車は「短期海外留学プログラム」を開始することを発表した。この取組みは，内定者が入社前半年間で海外の大学へ留学できるシステムである。同社は，若い時点で海外経験を積ませることにより，グローバル人材を育成し，確保をすることを狙いとしている。グローバル人材育成が早まり，広がる動きがみられる。

1-2）松下電器産業

　松下電器産業（現パナソニック）は，2000 年にグローバル経営の実践のため，グローバル・キャリアディベロップメント・システムを設定した。これは，日本人・現地人トータルでの経営幹部の育成，グローバル要員の幹部育成，日本人社員全体のグローバル化を進めるものである。

　幹部社員の現地化については，中期アクションプログラムに基づく SEDP（シニア・エグゼクティブ・ディベロップメント・プログラム）があり，海外子会社社長育成の研修，優秀人材を確保するためのヘッドハンティング，リクルートによる採用，日本への派遣研修プログラムなどを実施してきた。

　グローバル・キャリアディベロップメント・システムに含まれる経営幹部研修としては，MEDC（松下幹部開発コース），SEDP（シニア・エグゼクティブ・ディベロップメント・プログラム）がある。MEDC は，期間約 10 カ月で，グローバルな経営展開ができる経営者の育成を目的とした，将来の事業部長候補となる若手部長職を対象にしたコースであり，経営戦略の実例を学ぶための欧米優良企業の訪問，社内の海外事業部研修でのグローバルな視点の学習などが含まれる。SEDP も期間は約 10 カ月であり，将来のグループ企業の社長後継者に対する研修である。

　これらの研修は，将来的には経営幹部研修に一元化して，事業部長，海外子会社社長になるための研修にすることが構想されている。さらに，現地社員の

モラール向上，日本人出向者のコスト削減，内なるグローバル化の推進，主任以上の昇格基準に語学力採用，新任社員を対象とする2カ月のグローバル販売研修のプログラムなどがある。

（2）アメリカ企業の事例

2-1）GE（ゼネラル・エレクトリック社）

　GEの国際HRMの特徴は，トップ500人とそれに続くハイ・ポテンシャルと呼ばれる優秀人材については本社が管理していることである。同社では，海外業務のみに従事するインターナショナル・スタッフを置かず，国際要員は本国と海外勤務の両方を経験するという交流型の担当職務の方法を採用している。GEの価値観，カルチャー共有の研修プログラム，現地の上級人材には本社と同様な評価制度の適用がなされる。

　各国の市場でビジネスを展開するGEは，現地を熟知した現地人材を活用するローカル志向である一方，グローバルに市場と顧客を理解し，グループ共通のビジネスにつなげる必要もある。そのため，世界の経営幹部候補とのネットワークは非常に重要である。

　研修としては，グローバル・ブレインという経営幹部を海外に派遣するワールド・トレーニングプログラムがあり，さまざまな国で勤務することで実際の問題に対処する能力を身につけ，国際的な人脈を構築することができる。また，経営幹部会議では四半期ごとに各事業部の幹部が召集され，50～70億ドルものビジネスに責任を持つ幹部同士がアイディアを直接交換し，情報の共有化を図っている。

2-2）エクソンモービル

　エクソンモービル・グループでは，グローバルな競争力を高める人材マネジメントが行われている。世界200の国・地域に拠点展開し，10万人近い社員を擁する巨大なグローバル企業グループは，人材こそ最も重要な示唆であり，高い競争力の源であるとする。

　同社には，多様性の持つ強みを実現し，積極的に伸ばすエクソンモービル・

グループの取組みがある。それらは、①事業を行うあらゆる地域で、最良の人材を採用・確保・育成すること、②個性および文化の違いを尊重し、個々の従業員が潜在能力を最大限発揮できるような、生産性の高い職場環境を創り出すこと、③国際的な環境の中で、文化の違いを超えて能力を発揮できるリーダーを発掘し、養成すること、以上である。

エクソンモービル・グループのすべての人材には、共通して、論理構成力、コミュニケーション能力、国際性、柔軟性および創造性が求められている。同社では長期的視野に基づく内部登用が人事の基本政策になっており、グループ全体から候補となる役職者を選び、最適な地位に配置する。世界のどこで働いていても、同じ職種・職階の社員は、誰もが必要な知識・能力を同じように持つことが前提とされており、研修プログラムも原則として世界共通なものであるという。

育成プログラムは多く、リーダーシッププログラム（初級、中級、上級管理職別）、業務遂行能力向上プログラム（共通に必要となるコンピテンシーについて）、ファンクショナルトレーニング（職種に特有なスキル）がある。

（3）欧州企業の事例

3-1）ABB（アセア・ブラウン・ボベリ）

ABB（アセア・ブラウン・ボベリ）はスイスのチューリッヒに本社を置く欧州最大の重電メーカーで、世界140カ国に21万人の社員を抱える巨大な企業グループを形成している。ABBのマトリックス組織構造は、欧州、米州、アジア太平洋の地域別担当と発電プラント事業、産業用機器など4つのビジネスセグメント担当からできている。

世界中の役員は、グローバルに展開される製品戦略や企業活動についての意思決定を下している。他方、各国のローカル企業として各国市場の需要に対応しようとする。つまり、ABBはグローバルな調整機能の下に各国のローカル企業の連合体で、マルチ・ドメスティック組織と呼ばれている。

ABBでは、事業領域別のビジネスエリア・マネジャー、地域別のカントリー・マネジャーがマトリックス組織構造の中で仕事をするため、両者の対立

が生じることもある。そうした中で最優先と考えられているのは、グローバル・マネジャーの育成である。グローバル・マネジャーは、従来のマネジャーに比べて、非常にオープンな精神を持ち、想像力、洞察力、異文化や言葉の壁を解決する。ABBでは公用語が英語であり、グローバル・マネジャーは全員、英語が堪能であることが求められる。同社では英語を母国語とするのはマネジャーの30％に過ぎないので、世界中で人材交流をする。具体的には3～4カ国で実務経験を積むことで、グローバル・マネジャーを育てている。

3-2）ネスレ

ネスレには、本社で採用された800人の国際要員がいる。その大半が若いうちに本社から海外に派遣され、徐々に担当分野と責任の範囲を拡大している。このように、同社では専門の国際要員が存在しており、キャリアディベロップメント・プログラムの体制が敷かれているが、そのローテーションの方法は、現実的でフレキシブルに決定される。また同社では、コアとなる国際要員はお互い知り合いの仲であるため、評価制度は統一的なシステムや明確な基準を設置していない。近年、同社では、南アメリカ、アジア、中国等のビジネス拡大に対応したリージョナル専門要員を採用し、育成していく方針である。800人の国際要員とは別に、各国法人の上位10名近くのスタッフは、ハイ・ポテンシャルとしてキャリアディベロップメント・プログラムに沿って育成されている。

同社には、本社のあるスイスおよび5つの地域にトレーニング・センターがあるが、同社はこれらの施設を利用して、全世界規模でコース別のプログラムを組んでいるほか、各国別でのセミナーを開催している。

コラム12　グローバル企業の人事制度と組織

　企業のグローバル化が進展すると，世界中に拠点を展開する企業グループにおいて，人事制度や評価制度のグループ内統一化が必要になってくる。そのため，世界の拠点の中で日本本社の位置づけ，人事制度や組織構造の見直しも求められることになる。グローバルレベルで人事制度，評価制度などの統一を図る企業として，労政時報が取り上げた4社を通して，国際人事管理の実際を見てみたい。

　グローバル化の進展により，大企業だけでなく，中小企業もグローバルレベルの事業展開が求められる。そのため，日本本社主導で，日本の制度や組織をグローバル展開するか，海外と日本では別個の制度として，海外は派遣者によるマネジメントとする方法が多かった。グローバル化が進展することで，日本本社の方式を広げる方法から，日本と現地で連携を取るタイプ，さらには世界標準で行うタイプへと移行していく（図表1を参照）。

図表1　組織のグローバル化タイプ

未グローバル化	<タイプ1> 日本主導型 グローバル展開タイプ	<タイプ2> 日本主導型 グローバル連携タイプ	<タイプ3> 無国籍型 グローバル連携タイプ

　事例となっている企業は，住友化学，三菱ふそうトラック・バス，日本板硝子，曙ブレーキ工業の4社である。その中で，住友化学と曙ブレーキ工業は本社主導の海外マネジメントから次の段階に移行しつつある。三菱ふそうトラック・バスと日本板硝子では欧米企業との合併・買収があり，急速なグローバル化が進展しており，グローバルベースで共通の制度や組織構造が取り入れられている。

　人事制度，組織体制，グローバル人材の育成について，図表2を参照してほしい。先駆的な国際企業となっている4社のグローバル組織や人材育成の実際のあり方が伺える。

第12章　国際人事管理　221

図表2　掲載事例の概要

会社名 (連結従業員数)	住友化学 (3万6103人)	三菱ふそうトラック・バス (約1万2000人)	日本板硝子 (2万9700人)	曙ブレーキ工業 (7800人)
HRMのグローバル化を推進する基本スタンス	・国籍、人種等を問わず、有用な人材の確保・配置(適材適所)、育成を進める ・そのための仕組み・システム(理念、人材管理、報酬、評価、教育研修)を整備 ・グローバルでの「共通の価値観」を設定、全社で共有化を図る	・グローバル規模での適材適所の実現、社員育成の強化、成果を上げた社員が評価される制度の実現を目指す ・ダイムラーと同様の組織構造を導入し組織最適化 ・人事施策と人事プロセスの双方をグループ共通のものへ統合	・買収先企業の人材とグローバル経営ノウハウを活用し急速なグローバル化を進める ・マネジメント層の適材適所の任用を強く意識し、個人業績評価システム、報酬ポリシー、職務等級制度につき、グローバルで一貫性を持つよう順次統一	・さまざまな背景、価値観を持った社員が、お互いの違いを認め、良さを融合させることを「真のグローバリゼーション」と定義 ・上級管理職のグレーディングについては、「ポジションクラス」と呼ぶ職務基準の等級・賃金制度を導入
グローバルレベルでの制度一律化	・グループの世界展開を支える基幹人材として、海外グループ会社の主要ポジションに従事するGPH(グローバルポジションホルダー)を設定、任用 ・GPHの評価基準を全社で統一。グループ内の経営人材を横並びで比較可能にすることで、適材適所の配置を推進	・管理職層について、ダイムラーグループと同じ階層構造に基づいた等級制度を導入 ・各ポジションで作成する職務記述書で、職務・権限・責任の三要素を明確化。職務評価基準で職務評価を行う ・課長クラス(L4)以上に人事考課・育成システム「LEAD」適用	・マネジメント層を適材適所に任用することを強く意識し、同階層の人事績評価システム(目標管理)、報酬体系やインセンティブ、職務グレード構造を、グループ全社でグローバルに順次統一 ・個人目標設定、業績評価を通じて基本給与を決定	・部門長と海外も含めた各拠点長クラスの上級管理職(M4相当)に、グローバル共通の格付けに基づく職務基準による等級制度(ポジションクラス)を適用し、職務給制度を導入 ・ポジションクラス適用者の給与はグローバル共通で、シングルレートにより決定
グローバル化を進展させる組織体制の整備	・グループ各社の統合・協働、本社機能の強化・効率化を進めるため、米国ほか海外4拠点に2008年、本社の出先機関：コーポレートブランチ(CB)を設置 ・CBは「グローバル人事諸施策の実行」と「関連会社の人事関連の支援」を担う	・グループ共通の組織ポリシー、組織構造を導入することで組織最適化：三つの事業部門を縦軸、グループ全体の共通機能を横軸とする「マトリックス組織制」を編成。役割分担を進め、最適な資源配分を行う	・事業統合の結果、全事業を4事業部門に統合し、事業部門長の統括のもとでグローバルな事業運営を行う ・人事や経理などの専門機能は、グローバル組織として運営されているグループファンクション(機能)が各事業部門に提供する	・各海外拠点で遂行する企画の立案、プロジェクトの進捗管理を行う「グローバル企画課」を設置。生産技術部門も「生技開発室」と「グローバルモノづくり推進室」の2部署体制とするなど、各部門でグローバルを意識した組織構成を進める
グローバル人材の育成	【グローバル研修】 ・リーダー育成研修：課長～部長クラスの候補者(将来のGPH候補を目指す) ・グローバルリーダー研修：事業部長クラスの候補者(GPH予備軍と位置付け) 【ローカル研修】 ・日本人若手社員の優秀層対象の選抜研修 ・海外マネージャー研修(海外各社のローカルマネージャー対象)	・新卒から入社3年目まで、3年目から管理職前、そして管理職以上の3階層ごとに、育成上のゴールと求められる能力を定義 ・マネジメント候補層のリーダーシップ開発、育成の取り組みとして、グループ全域を育成対象とする「ICT」(インターナショナル・コンサルティング・チーム)を活用	・買収先企業が70年代から築いてきた「グローバルマネジメント育成プログラム」を基盤に、マネジャー育成プログラムをグループ共通で提供 ・日本では一部のメニューを「過渡期的措置」として日本人向けに日本語でアレンジ ・真のグローバルリーダー輩出のため、早期選抜し、実戦・経験を積ませる	・グローバル共通の理念共有研修「アケボノ・スタンダード・パッケージ」を導入。共通テキスト「アケボノ・スターター・ブック」を基に、全世界で同内容の入社研修を実施 ・グローバル展開の中で得られる知見の共有、多様化推進、人財交流、価値創造の場として「akebonoグローバル研修センター(仮)」を新設

[注] 上記は、各社取り組みの特徴を編集部でまとめたもの。
出所：『労政時報』第3828号, 2012.8.24.

【参考文献】

石井脩二編著『知識創造型の人材育成』中央経済社，2003年。
石田英夫『国際経営とホワイトカラー』中央経済社，1999年。
江夏健一・桑名義晴編著『理論とケースで学ぶ国際ビジネス』同文館，2001年。
小寺信也「グローバル人材開発最前線：トヨタ自動車」国際ビジネスコミュニケーション協会『Global Manager』Vol.9, 2002年5月10日。
白木三秀『日本企業の国際人的資源管理』日本労働研究機構，1995年。
日本在外企業協会『グローバル経営における組織・人材戦略』，2000年。
野中郁次郎・徳岡晃一郎『世界の知で創る―日産のグローバル共創戦略』東洋経済新報社，2009年。
バートレット，C. A., ゴシャール，S.（吉原英樹訳）『地球市場時代の企業戦略』日本経済新聞社，1990年。
茂垣広志『国際経営』学文社，2006年。
ロビンソン，R. D.（多国籍企業研究会訳）『基本国際経営戦略論』文眞堂，1985年。
Heenan, D. A. and H. V. Perlmutter, *Multinational Organization Development*, Addison-Wesley Pub. Co., 1979.
Morgan, P. V., "International Human Resource Management: Fact or Fiction", *Personnel Administrator*, vol.31 (9), 1986.
Pucik, V., N. M. Tichy, C. K. Barnett (eds.), *Globalizing Management: Creating and Leading the Competitive Organization*, John Wiley & Sons, Inc., 1992.

索　引

A－Z

ABB ……………………………………… 218
CDP（Career Development Program）…… 99
CEO …………………………………………… 52
CKO …………………………………………… 87
ERG 理論 …………………………………… 30
GE（ゼネラル・エレクトリック社）… 9, 217
HCM（Human Capital Management）…… 129
HP（ヒューレット・パッカード社）… 9, 125
HR プランニング ………………………… 15
HRM プロセス …………………………… 15
IBM ……………………………………… 9, 125
IT ……………………………………………… 78
KSA ………………………………………… 174
MBA（Master of Business Administration）
　………………………………………………… 99
MBO ……………………………………… 178
MTP（Management Training Program）
　………………………………………………… 97
Off-JT（Off the Job Training）……… 103, 105
OJT（On the Job Training）………… 103, 105
PM 理論 …………………………………… 44
QC（Quality Control）………………… 73, 98
―――サークル ………………………… 98
SHRM（Strategic Human Resource
　Management）………………………… 126, 129
SL 理論 …………………………………… 46, 47
TQC（Total Quality Control）………… 98
TWI（Training Within Industry）……… 97
ZD（Zero Defects）………………… 73, 98

ア

アウトソーシング ……………………… 8, 161
アサヒビール …………………………… 10, 11
アージリス ……………………………… 68
アダムス ………………………………… 32
アルダファー …………………………… 30
暗黙知 …………………………………… 82
意思決定の役割（decisional）………… 53
異文化マネジメント …………………… 201
インセンティブ ………………………… 36
インターナショナル …………………… 208
ウォーターマン ………………………… 65
ヴルーム ………………………………… 31
ウルリッチ ……………………………… 17, 57
運動 ……………………………………… 98
衛生要因 ………………………………… 28
エクセレント・カンパニー ………… 65, 125
エクソンモービル ……………………… 217
オーエン ………………………………… 123
オディオーン …………………………… 178
オハイオ州立大学 ……………………… 44
オープンシステム ……………………… 1
オムロン ………………………………… 10, 11

カ

海外派遣要員（Expatriate）…………… 213
階層別教育 ……………………………… 102
外発的報酬 ……………………………… 33
外部環境 ………………………………… 4
花王 ……………………………………… 11, 12
課業 ……………………………………… 168
学習する組織 …………………………… 90
課題別教育 ……………………………… 102, 103
価値観 …………………………………… 63
監督（supervision）…………………… 52
管理（management）…………………… 52

──────エキスパート┄┄┄┄┄┄17, 18
──────職┄┄┄┄┄┄┄┄┄┄┄┄52
企業組織┄┄┄┄┄┄┄┄┄┄┄┄┄┄65
企業風土┄┄┄┄┄┄┄┄┄┄┄┄┄┄63
企業文化（corporate culture）┄┄┄65
基準外賃金┄┄┄┄┄┄┄┄┄┄┄┄┄191
基準内賃金┄┄┄┄┄┄┄┄┄┄┄┄┄191
期待┄┄┄┄┄┄┄┄┄┄┄┄┄┄┄┄31
──────理論┄┄┄┄┄┄┄┄31, 32
基本給┄┄┄┄┄┄┄┄┄┄┄┄┄┄┄191
教育訓練┄┄┄┄┄┄┄┄┄┄┄┄┄┄97
教育研修┄┄┄┄┄┄┄┄┄┄┄┄┄┄96
業績考課┄┄┄┄┄┄┄┄┄┄┄┄┄┄170
業績評価（Performance Appraisal）┄┄16
競争戦略┄┄┄┄┄┄┄┄┄┄┄┄┄┄8
協働体系┄┄┄┄┄┄┄┄┄┄┄┄┄120
業務的リーダーシップ（transactional leadership）┄┄┄┄┄┄┄┄┄┄50
金銭的インセンティブ┄┄┄┄┄┄┄36
金銭的報酬┄┄┄┄┄┄┄┄┄┄34, 186
グリッド理論┄┄┄┄┄┄┄┄┄┄┄70
グローバル┄┄┄┄┄┄┄┄┄┄┄┄208
──────・キャリアディベロップメント┄┄┄┄┄┄┄┄┄┄┄┄┄216
──────経営┄┄┄┄┄┄┄┄8, 204
グローバル人材┄┄┄┄┄┄┄┄┄┄212
──────育成┄┄┄┄┄┄┄201, 215
グローバル・リーダー┄┄┄┄┄┄215
訓練と開発（Training and Development）┄┄┄┄┄┄┄┄┄┄┄┄┄16
経営資源┄┄┄┄┄┄┄┄┄┄┄┄┄79
経営戦略┄┄┄┄┄┄┄┄┄┄┄┄4, 7
経営理念（corporate philosophy）┄┄4, 62
形式知┄┄┄┄┄┄┄┄┄┄┄┄┄┄82
ケネディ┄┄┄┄┄┄┄┄┄┄┄┄┄56
現地管理者（Local Manager）┄┄┄213
現地志向（Polycentric）┄┄┄┄┄206
権力動機（need for power）┄┄┄29
コア能力┄┄┄┄┄┄┄┄┄┄┄┄┄126
構造づくり（initiating structure）┄┄44

行動科学┄┄┄┄┄┄┄┄┄┄┄┄┄123
行動規範┄┄┄┄┄┄┄┄┄┄┄┄┄63
衡平理論（Equity theory）┄┄┄┄32
国際 HRM┄┄┄┄┄┄┄┄┄┄┄┄203
──────モデル┄┄┄┄┄┄┄┄202
国際企業（Inter-national Company）┄┄205
国際人事┄┄┄┄┄┄┄┄┄┄┄┄┄203
──────管理（International Human Resource Management）┄┄┄┄200
国際比較経営┄┄┄┄┄┄┄┄┄┄┄201
国内企業（Domestic Company）┄┄205
ゴシャール┄┄┄┄┄┄┄┄┄┄207, 213
個人知┄┄┄┄┄┄┄┄┄┄┄┄┄┄82
コスト┄┄┄┄┄┄┄┄┄┄┄┄186, 187
コミットメント┄┄┄┄┄┄┄┄19, 51
コミュニケーション┄┄┄┄┄62, 63, 65
雇用ポートフォリオ┄┄┄┄┄┄┄161
ゴール（goal）┄┄┄┄┄┄┄┄┄48
コンティンジェンシー理論┄┄┄┄46
コンピテンシー┄┄┄┄┄170, 173, 212
──────モデル┄┄┄┄┄┄┄┄175

サ

サブシステム┄┄┄┄┄┄┄┄┄┄┄2
360度評価┄┄┄┄┄┄┄┄┄┄┄┄181
資格┄┄┄┄┄┄┄┄┄┄┄┄┄┄┄157
──────制度┄┄┄┄┄┄┄┄┄157
資金管理┄┄┄┄┄┄┄┄┄┄┄┄┄185
自己啓発（self-development）┄┄┄┄┄┄┄┄┄┄┄┄┄┄97, 104, 105
自己決定┄┄┄┄┄┄┄┄┄┄┄┄┄34
自己申告┄┄┄┄┄┄┄┄┄┄┄┄┄36
仕事┄┄┄┄┄┄┄┄┄┄┄┄┄┄┄168
──────給┄┄┄┄┄┄┄┄┄┄190
資質論┄┄┄┄┄┄┄┄┄┄┄┄┄┄43
市場セグメント┄┄┄┄┄┄┄┄┄┄8
システムズ・アプローチ┄┄┄┄┄14
システム類型論┄┄┄┄┄┄┄┄┄┄69
シャイン┄┄┄┄┄┄┄┄┄┄55, 66, 68
社風┄┄┄┄┄┄┄┄┄┄┄┄┄┄┄63

索　引　225

従業員志向（employee oriented）……………44
従業員チャンピオン……………………17，19
従業員持株制度……………………………36
準拠パワー…………………………………51
情意考課……………………………………171
小集団活動……………………………73，98
昇進……………………………………151，154
　　──格差………………………………154
　　──・昇格……………………………172
　　──スピード…………………………154
　　──パターン…………………………156
情報技術（Information Technology）
　　………………………………………78，79
情報伝達の役割（informational）………53
賞与…………………………………………194
職位…………………………………………168
職業能力開発………………………………99
職種給………………………………………189
職能給…………………………………189，190
職能資格制度…………………………98，158
職能別教育…………………………………102
職場外訓練…………………………………103
職務…………………………………………168
　　──拡大（job enlargement）………35
　　──記述書………………………168，169
　　──給…………………………………189
　　──充実（job enrichment）………35
　　──遂行能力…………………………158
　　──設計………………………………15
　　──中心主義……………………128，129
　　──評価……………………………167，169
　　──分析……………………………168，169
所定外賃金…………………………………191
所定内賃金…………………………………191
ジョブ・ローテーション…………9，19，34
人員配置……………………………………15
親権主義的労務……………………………122
人材育成……………………………………100
　　──プログラム………………………102
人材マネジメント…………………………17

人事異動……………………………………36
人事管理（Human Resource Management）
　　……………………89，113，116，118，119
　　──システム…………………………3
人事考課……………………………………170
人的資源開発（HRD：Human Resource
　Development）…………………………96，97
人的資源管理（HRM）………………8，115
人的資本理論………………………………124
親和動機（need for Affiliation）………29
スタッフ管理職……………………………159
スペシャリスト……………………………160
成果主義……………………………………176
　　──人事………………………………176
　　──的な人事制度………………158，179
生活保障……………………………………186，187
生計費………………………………………187
生産志向（production oriented）………44
生産性………………………………………188
世界志向（Geocentric）…………………207
全社戦略……………………………………7
専制的労務…………………………………122
戦略的人的資源管理（SHRM）………8，126
戦略パートナー……………………………17
総合（決定）給……………………………190
属人給………………………………………190
組織改善（Organization Improvement）…17
組織開発（Organization Development）
　　……………………………………67～69，74
組織活性化……………………………71，72
組織構造……………………………………4
組織知………………………………………82
組織風土（organization climate）………63
組織文化（organizational culture）
　　…………………………4，55，56，63～67

タ

退職金………………………………………195
対人的役割（interpersonal）……………53
ダイバーシティ（diversity）…160，161，163

多国籍企業（Multi-national Company）
　　　　　　　　　　　202, 204, 205
達成動機（need for Achievement）……29
多面評価……………………………181, 182
短期海外留学プログラム………………216
地域志向（Regiocentric）………………207
チェンジ・エージェント（change agent）
　　　　　　　　　　　　　　　　……19
知識……………………………79, 80, 85
　　──資産………………………83, 84
　　──ワーカー……80, 83, 85, 88, 91
チーフナレッジ・オフィサー
　（Chief Knowledge Officer）…………87
チャンドラー………………………………7
中間管理職………………………………159
超国家企業（Supra-national Company）…206
賃金体系……………………………188, 191
提案制度……………………………………73
ディール……………………………………56
デシ…………………………………………33
動機づけ（モチベーション）……………25
　　──施策………………………………34
　　──要因………………………………28
東レ…………………………………………12
トップ………………………………………65
　　──マネジメント……………………52
ドメイン……………………………………7
トヨタ…………………………………10〜12
　　──インスティテュート……………215
ドラッカー……………………74, 124, 178
トランスナショナル……………………208

ナ

内発的動機づけ……………………………33
　　──理論………………………………34
内部環境……………………………………4
ナレッジマネジメント（Knowledge
　Management）………78〜80, 84, 89, 201
ナレッジワーカー………85, 86, 88, 90, 91
日本的経営………………………………125

人間関係論………………………………123
人間中心主義…………………………128, 129
ネスレ……………………………………219
年功給……………………………………189
年功主義的人事制度……………………176
年俸制………………………………192, 193
能力開発（ability development）…96, 97
能力考課…………………………………171

ハ

配置転換……………………………151, 173
配慮（consideration）……………………44
ハウス………………………………………48
ハーシー＝ブランチャード………………47
パス（path）………………………………48
　　──・ゴール理論………………46, 48
ハーズバーグ…………………………26, 28
バートレット…………………………207, 213
パラダイム……………………………63, 64
パールシュッター………………………206
パワー（power）……………………42, 50, 51
　　──の源泉……………………………51
非金銭的な報酬……………………………34
ビジネススクール………………………99
ピーターズ…………………………………65
ヒーナン…………………………………206
ファミリー・ケア………………………162
ファヨール…………………………………53
フィードバック……………………………31
フィードラー………………………………46
フォード……………………………………9
フォロワー（follower）……………42, 46, 50
不公平感……………………………………32
プーチック………………………………212
フリンジ・ベネフィット…………………16
ブレーク……………………………………70
フレックス・タイム………………………35
フレンチ……………………………………14
　　──とベル……………………………68
　　──＝レーベン……………………50, 51

索　引　227

プロ人材育成 12
プロセス 53, 54
　　　──理論 30
プロフェッショナル 160
ベッカード 68
ベニス 68
変革推進者（change agent）...17, 19, 69
変革的リーダーシップ
　（transformational leadership）......50
報酬金制度 36
ポーター 32
　　　＝ローラー 32
ホフステッド 65
ホワイトカラー 80, 210
本国志向（Ethnocentric）......... 206
本田宗一郎 64

マ

マクレガー 178
マクレランド 29, 173
マズロー 26
松下幸之助 64
松下電器産業 216
マネジメント 25, 52
　　　──のサイクル 53
　　　──・プロセス 54
マネジャー .... 52〜54, 159
マネジリアル・グリッド
　（managerial grid）......45, 69, 71
マルチナショナル 208
ミシガン大学 44
三隅二不二 44
ミドルマネジメント 52, 216
ミンツバーグ 53, 55

ムートン 70
メッセージ 65
目標管理（MBO：Management by
　Objectives）............. 30, 98, 178
　　　──制度 74
目標設定理論 30
モチベーション 4, 31, 155
森五郎 68

ヤ

有能さ 34
輸出企業（Export Company）...205
欲求階層説 26

ラ

ライン管理者 9
ライン管理職 159
ライン長 13
リーダー（leader）......... 41, 43, 54
　　　──行動 49
リーダーシップ（leadership）...4, 41, 46,
　50, 53, 57, 58
　　　──・スタイル 48
連結ピン 52
労使関係 188
労働対価 186
労働力需給関係 188
ロック 30
ロビンス 25, 41
ロビンソン 205
ローラー 32

ワ

ワークライフ・バランス ...161〜163

《著者紹介》
宮下　清（みやした・きよし）

　大分大学経済学部・大学院経済学研究科教授・博士（学術）。
筑波大学第一学群社会学類卒業，米国インディアナ大学大学院経営管理研究科修了，横浜国立大学大学院国際開発研究科博士課程修了。日産自動車株式会社，産能短期大学，首都大学東京などを経て現職。英国オックスフォード大学 SKOPE 研究所客員研究員。青山学院大学，東京都立大学，産業能率大学非常勤講師を歴任。

【主な著書】
『組織内プロフェッショナル』同友館，2001 年（単著）。
『知識経営時代のマネジメント』創成社，2007 年（共著）。
『知を創造する経営』文眞堂，2011 年（共著）。ほか

（検印省略）

2013 年 10 月 20 日　初版発行　　　　　　略称 ― 経営人事

テキスト経営・人事入門

著　者　宮下　清
発行者　塚田尚寛

発行所　東京都文京区　　株式会社　創成社
　　　　春日 2-13-1

電　話　03（3868）3867　　FAX　03（5802）6802
出版部　03（3868）3857　　FAX　03（5802）6801
http://www.books-sosei.com　振替　00150-9-191261

定価はカバーに表示してあります。

©2013 Kiyoshi Miyashita　　組版：トミ・アート　印刷：S・D プリント
ISBN978-4-7944-2421-1 C3034　　製本：宮製本所
Printed in Japan　　　　　　　　落丁・乱丁本はお取り替えいたします。

─── 経営選書 ───

テキスト経営・人事入門	宮下　　　清	著	2,400円
知識経営時代のマネジメント ― 経営学のフロンティア ―	中　山　　　健 丹　野　　　勲 宮　下　　　清	著	2,400円
東北地方と自動車産業 ―トヨタ国内第3の拠点をめぐって―	折　橋　伸　哉 目　代　武　史 村　山　貴　俊	編著	3,600円
おもてなしの経営学［実践編］ ―宮城のおかみが語るサービス経営の極意―	東北学院大学経営学部 おもてなし研究チーム みやぎ おかみ会	編著 協力	1,600円
おもてなしの経営学［理論編］ ― 旅館経営への複合的アプローチ ―	東北学院大学経営学部 おもてなし研究チーム	著	1,600円
おもてなしの経営学［震災編］ ―東日本大震災下で輝いたおもてなしの心―	東北学院大学経営学部 おもてなし研究チーム みやぎ おかみ会	編著 協力	1,600円
経　営　戦　略 ― 環境適応から環境創造へ ―	伊　藤　賢　次	著	2,000円
現代生産マネジメント ―TPS（トヨタ生産方式）を中心として―	伊　藤　賢　次	著	2,000円
雇用調整のマネジメント ―納得性を追求したリストラクチャリング―	辻　　　隆　久	著	2,800円
転職とキャリアの研究 ― 組織間キャリア発達の観点から ―	山　本　　　寛	著	3,200円
昇　進　の　研　究 ―キャリア・プラトー現象の観点から―	山　本　　　寛	著	3,200円
経　営　財　務　論	小　山　明　宏	著	3,000円
イノベーションと組織	首　藤　禎　史 伊　藤　友　章 平　安　山　英　成	訳	2,400円
経営情報システムとビジネスプロセス管理	大　場　允　晶 藤　川　裕　晃	編著	2,500円
グローバル経営リスク管理論 ―ポリティカル・リスクおよび異文化 　　ビジネス・トラブルとその回避戦略―	大　泉　常　長	著	2,400円

（本体価格）

─── 創成社 ───